高等教育房地产类专业精品教材

房地产投资分析

主　编　王珍莲　窦义粟
副主编　王万力　洪　明
参　编　薛　明　宋玉坚　徐　婷
　　　　申雪飞　袁文静
主　审　陈国胜　周国军

北京理工大学出版社
BEIJING INSTITUTE OF TECHNOLOGY PRESS

内 容 提 要

本书根据《房地产开发项目经济评价方法》和《建设项目经济评价方法与参数（第三版）》等相关国家标准规范编写。全书共十章，主要内容包括房地产投资分析概述、现金流量与资金的时间价值、房地产投资环境及市场分析、房地产投资项目基础数据的估算、房地产筹资与融资、房地产开发项目财务评价、不确定性分析和风险分析、房地产投资决策分析、房地产项目的国民经济评价与社会评价和房地产开发项目可行性分析报告撰写。

本书可作为高等院校房地产类相关专业的教材，也可供在房地产领域工作的相关专业人员阅读参考。

版权专有　侵权必究

图书在版编目（CIP）数据

房地产投资分析 / 王珍莲，窦义粟主编. —北京：北京理工大学出版社，2020.12（2021.1重印）

ISBN 978-7-5682-9312-9

Ⅰ.①房⋯　Ⅱ.①王⋯ ②窦⋯　Ⅲ.①房地产投资－投资分析　Ⅳ.①F293.353

中国版本图书馆CIP数据核字（2020）第244234号

出版发行 / 北京理工大学出版社有限责任公司

社　　址 / 北京市海淀区中关村南大街5号

邮　　编 / 100081

电　　话 /（010）68914775（总编室）

　　　　　（010）82562903（教材售后服务热线）

　　　　　（010）68948351（其他图书服务热线）

网　　址 / http://www.bitpress.com.cn

经　　销 / 全国各地新华书店

印　　刷 / 北京紫瑞利印刷有限公司

开　　本 / 787毫米×1092毫米　1/16

印　　张 / 15

字　　数 / 362千字

版　　次 / 2020年12月第1版　2021年1月第2次印刷

定　　价 / 45.00元

责任编辑 / 王晓莉

文案编辑 / 王晓莉

责任校对 / 周瑞红

责任印制 / 边心超

图书出现印装质量问题，请拨打售后服务热线，本社负责调换

编写委员会

组织编写 中国建设教育协会
中国房地产业协会

顾　　问 王凤君　胡安东　张永岳

主　　任 丁祖昱

副 主 任 严　安　张　燕　宗　磊　窦义粟
张　健　王晓光　周　滔

主　　编 王珍莲　窦义粟

副 主 编 王万力　洪　明

参　　编 薛　明　宋玉坚　徐　婷
申雪飞　袁文静

主　　审 陈国胜　周国军

前 言

房地产投资分析贯穿房地产投资项目的整个周期,为房地产投资决策提供依据,其要求房地产投资分析人员接触项目并根据自身经验及专业能力,从可行性、收益性和风险性等方面对项目做出预判,从而引导后续可能的规划、融资、策划、施工、营销或运营等流程。

本书紧扣房地产投资分析实务的要求,从理论、方法和案例三个层面理论联系实际地解读了房地产投资的可行性、收益性和风险性分析的框架、流程和内容,能够满足房地产投资分析人员职业能力培养的要求,可作为房地产相关专业的课程教材,也可作为房地产投资相关工作人员的学习参考书。

本书由多年从事房地产教学工作的一线教师合作编写。全书由广西财经学院王珍莲和仁恒置地集团有限公司窦义粟担任主编,由上海立信会计金融学院王万力、洪明担任副主编,上海立信会计金融学院薛明和宋玉坚、西安欧亚学院徐婷、房教中国申雪飞和袁文静参与了本书部分章节的编写。具体编写分工如下:第一章由王万力编写,第二章和第六章由宋玉坚编写,第三章和第五章由薛明编写,第四章由王珍莲和申雪飞编写,第七章由徐婷编写,第八章和第九章由洪明编写,第十章由王珍莲和袁文静编写。全书编写过程中,由王万力全程组织协调,薛明负责前期工作,宋玉坚负责后期全文收集整理,王珍莲负责全文校对工作。此外感谢吴梦琳为本书的编写提供了相关的案例素材。全书由上海易进文化发展有限公司陈国胜、房教中国周国军主审。

由于编者水平及实践经验有限,加之编写时间仓促,书中难免存在疏漏或不妥之处,敬请广大读者批评指正。

编 者

目 录

第一章　房地产投资分析概述 ……… 1

第一节　房地产投资 ……………… 1
一、房地产投资的相关概念 ……… 1
二、房地产投资的类型 …………… 3
三、房地产投资的作用 …………… 5
四、房地产投资的影响因素 ……… 6
五、房地产投资的周期 …………… 9

第二节　房地产投资分析 ………… 11
一、房地产投资分析的概念 …… 11
二、房地产投资分析的任务 …… 11
三、房地产投资分析的内容 …… 12
四、房地产投资分析的方法 …… 13
五、房地产投资决策分析与房地产
　　可行性分析的不同 ………… 14

第二章　现金流量与资金的时间价值 … 16

第一节　现金流量 ………………… 16
一、现金流量的概念 …………… 16
二、现金流量图 ………………… 16
三、房地产投资活动中的现金流量 … 17

第二节　资金的时间价值 ………… 20
一、资金时间价值的概念 ……… 20
二、资金时间价值的计算 ……… 21
三、名义利率与实际利率 ……… 22

第三节　资金的等值计算 ………… 23
一、资金等值的概念 …………… 23
二、资金等值的计算 …………… 23

第四节　Excel在资金时间价值计算中的
　　　　　应用 ……………………… 28
一、终值的Excel操作 …………… 28
二、现值的Excel操作 …………… 30
三、年金的Excel操作 …………… 32
四、名义利率与实际利率的Excel操作 … 34

第三章　房地产投资环境及市场分析 … 36

第一节　房地产投资环境分析 …… 36
一、房地产投资环境的含义及特征 … 36
二、房地产投资环境的分类 …… 37
三、房地产投资环境分析的内容 … 38
四、房地产投资环境分析的方法 … 42

第二节　房地产市场分析 ………… 46
一、房地产市场分析的含义、作用和
　　层次 ………………………… 46
二、房地产市场调查的概念和原则 … 47
三、房地产市场调查的内容 …… 48
四、房地产市场调查分类 ……… 51
五、调查问卷的设计 …………… 52
六、房地产市场调查报告的撰写 … 55

第三节 本章案例 …………………… 56
　一、上海某住宅项目市场调查报告 …… 56
　二、消费者购房需求调查问卷 ………… 60

第四章 房地产投资项目基础数据的估算 …………………… 63

第一节 房地产开发项目投资与成本费用构成 …………………… 63
　一、总投资与总成本费用 ……………… 63
　二、开发产品成本 ……………………… 65

第二节 房地产开发项目投资与总成本费用估算 …………………… 66
　一、土地费用 …………………………… 66
　二、前期工程费 ………………………… 69
　三、建筑安装工程费 …………………… 70
　四、基础设施建设费 …………………… 71
　五、公共配套设施建设费 ……………… 72
　六、开发间接费 ………………………… 72
　七、管理费用 …………………………… 72
　八、销售费用 …………………………… 72
　九、财务费用 …………………………… 72
　十、其他费用 …………………………… 73
　十一、不可预见费 ……………………… 73

第三节 房地产开发项目收入估算 …… 73
　一、租售方案制定 ……………………… 73
　二、租售价格确定 ……………………… 73
　三、租售收入估算 ……………………… 74
　四、自营收入估算 ……………………… 75
　五、转售收入估算 ……………………… 75

第四节 房地产开发项目税金估算 …… 75
　一、转让房地产有关的税费 …………… 75
　二、土地增值税 ………………………… 77

　三、企业所得税 ………………………… 79

第五节 借款还本付息的估算 ………… 79
　一、还本付息的资金来源 ……………… 79
　二、利息估算方法 ……………………… 80

第六节 本章案例 ……………………… 82
　一、项目总投资估算 …………………… 83
　二、销售收入 …………………………… 86
　三、项目税金估算 ……………………… 86

第五章 房地产筹资与融资 ………… 88

第一节 房地产资金筹措 ……………… 88
　一、资金筹措的原因 …………………… 88
　二、资金筹措的内涵 …………………… 88
　三、资金筹措的原则 …………………… 89
　四、资金筹措的分类 …………………… 89

第二节 房地产资金筹措的渠道 ……… 91
　一、自有资金 …………………………… 91
　二、房地产信贷 ………………………… 93
　三、证券融资 …………………………… 96
　四、预售预租 …………………………… 96
　五、房地产信托 ………………………… 97
　六、房地产抵押贷款证券化 …………… 97
　七、房地产投资基金 …………………… 98
　八、资产证券化 ………………………… 98
　九、其他方式 …………………………… 100

第三节 房地产项目融资 ……………… 100
　一、项目开发融资 ……………………… 100
　二、项目前端融资 ……………………… 101
　三、项目经营融资 ……………………… 104

第四节 房地产项目融资方案 ………… 105
　一、融资方案分析 ……………………… 105

二、融资结构 …………………… 106
三、融资成本 …………………… 108
四、融资风险 …………………… 111
五、房地产项目资金筹集计划编制 … 111

第五节 本章案例 …………………… 111
一、项目投资方案 ………………… 111
二、资金筹措、投资计划及借款利息 … 112

第六章 房地产开发项目财务评价 … 115
第一节 项目财务评价概述 …………… 115
一、项目财务评价的概念及作用 …… 115
二、项目财务评价的分类 ………… 116
三、项目财务评价的程序 ………… 116
四、项目财务评价的深度 ………… 117
五、项目财务评价的原则 ………… 118

第二节 房地产开发项目财务报表 … 118
一、项目财务评价基本报表 ……… 118
二、项目财务评价辅助报表 ……… 124
三、项目财务报表与财务评价指标 … 126

第三节 项目财务评价指标 …………… 127
一、静态盈利能力指标 …………… 127
二、动态盈利能力指标 …………… 128
三、偿债能力指标 ………………… 133
四、Excel在财务评价指标计算中的
应用 …………………………… 135

第四节 本章案例 …………………… 138

第七章 不确定性分析和风险分析 … 142
第一节 房地产项目的不确定性因素 … 142
一、不确定性的含义 ……………… 142
二、房地产开发投资的不确定性因素 … 143

三、房地产置业投资的不确定性因素 … 146
四、不确定性分析的作用 ………… 147

第二节 盈亏平衡分析 ………………… 148
一、盈亏平衡分析概述 …………… 148
二、线性盈亏平衡分析 …………… 149
三、非线性盈亏平衡分析 ………… 154
四、动态盈亏平衡分析 …………… 155
五、盈亏平衡分析的优缺点 ……… 156

第三节 敏感性分析 …………………… 157
一、敏感性分析概述 ……………… 157
二、单因素敏感性分析 …………… 157
三、多因素敏感性分析 …………… 162

第四节 风险分析 ……………………… 164
一、房地产投资风险概述 ………… 164
二、概率分析 ……………………… 171

第八章 房地产投资决策分析 ……… 175
第一节 房地产投资决策概述 ………… 175
一、房地产投资决策的含义 ……… 175
二、房地产投资决策的类型 ……… 176
三、房地产投资决策的程序 ……… 178
四、房地产投资决策的方法 ……… 179

第二节 房地产投资方案比选 ………… 179
一、房地产投资方案比选的含义 …… 179
二、房地产投资方案的类型 ……… 180
三、房地产投资方案比选的指标 …… 181
四、房地产投资方案比选的方法 …… 184
五、房地产投资方案比选的注意事项 … 185

第三节 不同类型方案的比选 ………… 186
一、互斥型方案的比选 …………… 186
二、独立型方案的比选 …………… 191

第九章　房地产项目的国民经济评价与社会评价 193

第一节　房地产项目的国民经济评价 193

一、国民经济评价的概念及目的 193
二、国民经济评价的方法 194
三、国民经济评价报表编制 195

第二节　房地产项目的社会评价 196

一、社会评价的概念及目的 196
二、社会评价的方法 196

第十章　房地产开发项目可行性分析报告撰写 199

第一节　房地产开发项目可行性分析报告的基本构成 199

一、封面 199
二、摘要 199
三、目录 200
四、正文 200
五、附表 200
六、附图 200

第二节　房地产开发项目可行性分析报告正文的写作要点 200

一、项目总论 200
二、项目概况 201
三、项目投资环境分析 201
四、房地产市场分析 201
五、项目定位 202
六、项目规划与产品设计 202
七、项目开发建设进度安排 202
八、投资估算与资金筹措 203
九、项目经济效益分析 203
十、项目不确定性及风险分析 203
十一、项目社会经济评价及环境影响评价 203
十二、项目可行性研究结论与建议 203

第三节　房地产开发项目可行性分析报告案例 204

一、总论 204
二、项目选址和建设条件 205
三、市场分析 206
四、项目定位分析 210
五、项目建设方案 213
六、环境影响评价 214
七、项目组织机构与进度计划 218
八、投资估算与资金筹措 221
九、经济效益分析 223
十、风险分析及对策 226
十一、结论与建议 228

参考文献 232

第一章 房地产投资分析概述

知识目标

1. 理解房地产投资的相关概念；
2. 掌握房地产投资的类型；
3. 理解影响房地产投资的因素；
4. 掌握房地产投资分析的概念、任务、内容和方法。

能力目标

1. 能区分房地产投资的类型；
2. 能解释各种因素对不同类型房地产投资的影响；
3. 能说明投资周期中不同阶段的工作内容。

第一节 房地产投资

一、房地产投资的相关概念

1. 房地产的概念

房地产是指土地及建筑物和其他相关定着物。其是实物、权益和区位的结合体。

（1）房地产实物。房地产实物是房地产中看得见、摸得着的部分，如土地形状、地形、地势、地质、土壤、平整程度、建筑外观、建筑结构、建筑设备、装饰装修、内部格局等。

（2）房地产权益。房地产权益是房地产中无形的、摸不着的部分，是依附在房地产实物上的权利和义务。一宗房地产的权益通常包括以下几个方面：

1）所拥有的房地产权利。例如，拥有的是所有权还是使用权。

2）该房地产权利受自身其他房地产权利的限制情况。例如，拥有房屋所有权和建设用地使用权的一宗房地产，设立了抵押权、租赁权或地役权，如已抵押、出租的住宅、商铺等。

3）该房地产权利受房地产权利以外因素的限制情况。例如，对土地用途、容积率、建筑密度、绿地率、建筑高度等的限制，受相邻关系的约束，被人民法院查封等。

4）依附在房地产上的债权、债务，即通常会跟着房地产的债权、债务。例如，房屋存在预交的水费、电费、燃气费、供暖费、物业费等未用完或欠费情况，在建工程存在拖欠建设工程价款等情况，房地产开发用地存在未付清地价款等情况。

(3)房地产区位。房地产区位是指房地产的空间位置。一宗房地产的区位是指该房地产或实物在空间方位和距离上的关系，包括位置、交通、外部配套设施、周围环境等。

2. 投资的概念

投资是指经济主体(国家、企业、个人)以获得未来货币增值或收益为目的，预先垫付货币或其他资源，经营某项资产的经济行为。从广义上讲，这里的资源可以是资金、土地、人力、技术、管理经验或其他资源。

投资行为的四项基本要素包括投资主体、投资客体、投资目标和投资方式。

(1)投资主体即投资者，是指组织投资活动、筹集和提供投资资金、进行投资决策并实施投资的行为主体。

(2)投资客体即投资对象或标的物，如房地产、设备、技术、股票等。

(3)投资目标是指投资活动要达到的目的和投资者的投资动机。一般来说，投资目标按其所反映利益的性质不同可分为三类，即反映经济利益的盈利性目标，是以资本的回收和增值为表象的；反映社会效益的社会性目标，是以社会综合效益为表象的；反映环境效益的环境性目标，是以投资环境的改善为表象的。其中，盈利性目标是投资的动力源。

(4)投资方式是指投资过程或投资活动的运行方式，通常可分为直接投资和间接投资两类。直接投资是指将资金直接投入建设项目，形成实物资产(房屋、设备、建筑地块等)或投入社会生产经营活动(商业、开发等)的投资；间接投资是指通过购置有价证券(期货、债券、股票等)或融出资金进行的投资。

3. 房地产投资的概念

房地产投资是指国家、集体或个人等投资主体，将一定的资金直接或间接地投入房地产开发经营、管理、服务和消费等活动，期望获得未来房地产资产增值或收益的经济行为。

(1)房地产投资的主体包括各级政府、企业、银行和个人及外国的投资者。各级政府和企业是主要的投资者，银行主要通过买卖房地产相关金融资产进行间接投资。个人作为投资主体一般只能从事房地产买卖。如果个人要从事房地产开发等投资活动，必须先注册为企业法人才能进行投资。

(2)房地产投资的客体，从广义上讲，包括房地产资产和房地产资产权益。前者拥有的是实物资产，属于直接投资(如房地产开发投资和房地产置业投资等)；后者拥有的是权益资产，属于间接投资(如购买房地产企业发行的股票、债券，以及购买房地产支持的证券或债券等)。

(3)房地产投资的目标是通过获得房地产产权(置业投资)或者在进行房地产开发后利用房地产(产权)交易来实现资本增值(开发投资)，以获得更大的经济效益。但同时要兼顾社会效益和环境效益。不同投资主体的投资目标有所差异，其中政府部门更偏重于社会性目标和环境性目标，如为了公共利益实施的旧城改造、新区开发投资项目；而企业和个人更加注重房地产投资的盈利性目标。

(4)房地产投资的方式可分为房地产直接投资和房地产间接投资。两者的主要区别是投资者是否直接参与房地产实物投资。房地产直接投资包括开发投资和置业投资；房地产间接投资包括购买房地产开发企业的股票、债券；投资于房地产投资信托基金；购买住房抵押贷款证券。

二、房地产投资的类型

房地产投资的类型多种多样,房地产投资从不同的角度可以划分为不同类型。

1. 按房地产投资方式划分

房地产投资按照投资方式可分为直接投资和间接投资两大类。

(1) 直接投资。直接投资是指投资者直接参与房地产开发或购买房地产的活动并参与有关的投资管理工作。其主要有房地产开发投资和房地产置业投资两种形式。

1) 房地产开发投资。房地产开发投资是指投资者从购买土地使用权开始,进行进一步的投资活动,经过项目策划、规划设计、施工建设等过程获得房地产产品,通过流通、分配转让给新的投资者或使用者,并通过转让过程收回投资,实现自己的预期收益目标。

房地产开发投资是一种短期投资(一般周期为1~5年)。开发投资的目的主要是赚取开发利润,风险较大但回报也比较丰厚。

2) 房地产置业投资。房地产置业投资是指通过购买开发商新建成的房地产或市场上的二手房,以满足自身生活居住、生产经营或出租经营需要,并在不愿意持有该物业的时候出售并获取转售收益的一种投资活动。

房地产置业投资是一种长期投资。置业投资的目的有两个:其一是满足自身生活居住、生产经营需要;其二是通过出租经营或转售获得收益。置业投资具有保值、增值、收益和消费四个方面的作用,因此深受广大投资者欢迎。

房地产开发投资者将建成后的房地产用于出租或经营(如商场、酒店等)时,短期开发投资就转变成长期置业投资。

(2) 间接投资。间接投资是指投资者投资与房地产相关的证券市场的行为。投资者不直接参与房地产实物投资活动。间接投资包括购买房地产开发企业或房地产中介服务企业的股票、债券,投资于房地产投资信托基金或购买住房抵押贷款证券等形式。

1) 购买房地产开发企业或房地产中介服务企业的股票或债券。房地产行业属于资金密集型行业,资金需求量大。除传统的银行贷款外,现在越来越多的房地产开发企业为了降低融资成本,通过发行股票或债券在资本市场直接融资。如万科、金地、华远等大型房地产开发企业都已在国内证券市场上市;恒大、绿城等企业则在中国香港上市;易居房地产、世联地产等房地产中介企业也已成功上市。投资者通过购买这些企业发行的股票或债券,成为股东分享房地产投资收益,成为间接的房地产投资者。

2) 投资于房地产信托投资基金。房地产信托投资基金(Real Estate Investment Trusts,REITs)是一种以发行收益凭证的方式汇集特定多数投资者的资金,由专门投资机构进行房地产投资经营管理,并将投资综合收益按比例分配给投资者的一种信托基金。这种投资模式的优点是投资者将资金交给专业房地产投资机构管理,专业机构将房地产收益的主要部分分配给投资者,而机构本身只是起到投资代理的作用。

3) 购买住房抵押贷款证券。购买住房抵押贷款证券就是将金融机构所持有的个人住房抵押贷款转化为抵押贷款证券,然后通过出售证券融通资金的一种活动。购买证券的投资者也就成为房地产间接投资者。其主要做法是将银行所持有的个人住房抵押贷款汇集重组成抵押贷款资产池,每个资产池内贷款的期限、计息方式和还款条件大体一致,通过政府、银行保险公司或担保公司的担保提高其信誉,然后将这些信用等级较高的证券出售给投资者。购买住房抵押贷款证券的投资者可以间接地获取房地产投资者的收益。

2. 按房地产投资用途划分

按照房地产投资用途，房地产投资主要可分为土地开发投资、居住房地产投资、商业房地产投资、办公房地产投资、工业房地产投资、特殊用途房地产投资等。

(1)土地开发投资。土地开发投资即单纯地投资于土地，利用土地开发后出售或出租等方式来获取投资收益。其主要包括土地一级开发和土地二级开发。

1)土地一级开发是指由政府或其授权委托的企业，对一定区域范围内的城市国有土地、乡村集体土地进行统一的征地、拆迁、安置、补偿，并进行适当的市政配套设施建设，使该区域范围内的土地达到"三通一平""五通一平"或"七通一平"的建设条件(熟地)，再对熟地进行有偿出让或转让的过程。

2)土地二级开发即土地使用者将达到规定可以转让的土地通过流通领域进行交易的过程。其包括土地使用权的转让、租赁、抵押等。

(2)居住房地产投资。居住房地产是指供家庭或个人居住使用的房地产。其又可分为住宅和集体宿舍两类。住宅是指供家庭居住使用的房地产，又可分为普通住宅、高档公寓和别墅等；集体宿舍又可分为单身职工宿舍、学生宿舍等。居住是人类生存的基本要求，居住需求会随着城市人口数量的增加及家庭规模的缩小而不断增加。因此，居住房地产投资市场潜力巨大，投资风险相对较小。

(3)商业房地产投资。商业房地产是指供出售商品和提供服务使用的房地产，如商铺、购物中心、旅馆、餐饮、体育和娱乐等。这种房地产主要以出租经营为主，投资回报较高。通常是房地产企业进行房地产投资的热点。但这类投资往往竞争激烈，风险也较大。投资者对区位的选择、市场的定位、客流量及商业氛围要求很高，这些是其获得成功的关键因素。

(4)办公房地产投资。办公房地产是指供处理各种事务性工作使用的房地产，如办公用地、办公楼。办公楼又可分为商务办公楼(俗称"写字楼")和行政办公楼两类。城市化、现代服务业及现代网络通信技术的发展推动了办公房地产需求不断增加，商务氛围浓、交通条件便利的写字楼成为投资热点。这类投资尽管可能获利较大，但由于初始投入大往往伴随着较大的风险。

(5)工业房地产投资。工业房地产是指供工业生产使用或直接为工业生产服务的房地产，如厂房、仓库等。我国目前的工业房地产投资主要集中于开发区建设，其他都是随着一般工业项目投资进行的。工业房地产投资包括轻工业厂房、重工业厂房、高新技术产业用房等。一般来说，工业房地产一般远离市区，投资成本一般低于商业房地产项目，收益受到国民经济运行周期状况影响较大。轻工业厂房和高新技术产业用房相对于重工业厂房通用性较好，投资风险相对较小。

(6)特殊用途房地产投资。特殊用途房地产投资主要包括机场、码头、车站、加油站、停车场、高速公路等。这类房地产投资往往要得到政府特许，多属于长期投资，投资者靠日常经营活动的收益来收回投资。一般来说，特殊用途房地产通用性不强，因此投资风险较大。

3. 按房地产投资经营方式来划分

按房地产投资经营方式，房地产投资可划分为出售型房地产投资、出租型房地产投资和混合型房地产投资。

(1)出售型房地产投资。出售型房地产投资是指房地产投资以预售或开发完成后出售的方式得到收入、回收开发资金、获取开发收益，以达到预期投资目标。

（2）出租型房地产投资。出租型房地产投资是指房地产投资以预租或开发完成后出租的方式得到收入、回收开发资金、获取开发收益，以达到预期投资目标。

（3）混合型房地产投资。混合型房地产投资是出售型和出租型房地产投资的组合，是指房地产投资以预售、预租或开发完成后出售、出租、自营的各种组合方式得到收入、回收开发资金、获取开发收益，以达到预期投资目标。

三、房地产投资的作用

房地产投资是房地产产业发展的重要动力，也是促进国民经济振兴与繁荣、提高人民生活水平的基础。房地产投资的作用可以从宏观与微观两个方面来分析。

1. 房地产投资的宏观作用

（1）房地产投资有利于国民经济的发展。

1）房地产投资能够为各行各业提供物质基础。房地产产业是国民经济的基础性产业，为国民经济的各行各业提供最基本的物质基础——房和地。1976年以来，世界各国用于建造房屋的投资占其国内生产总值的8%～12%，通过房地产产业而形成固定资产一般要占其国内生产总值的50%以上。

2）房地产投资能够促进房地产产业发展。在我国，房地产产业的发展不仅能带来巨额收入，形成巨大财富，也利于推进我国土地使用制度和住房制度的改革。对于国家而言，除可以从房地产产业获得大量税收外，还可以利用土地所有者的地位，通过有偿出让土地使用权取得土地出让金收益。

3）房地产投资能够带动相关产业的产品消费。房地产产业关联度大，增加房地产投资为建筑、建材、冶金、化工、通信、机械等相关产业产品提供了巨大的市场。同时，它也会刺激金融、商业、旅游业等部门的发展。根据相关资料显示，房地产开发可以带动建筑材料等23大类，1 558个品种，共50多个生产部门的产品消费。房地产消费也可以带动物业服务等产业部门的发展，并对家具、家电、厨卫、中介、金融等产业的发展起到很大的推动作用。

（2）房地产投资能够协调优化社会资源配置。房地产投资对社会资源配置的协调优化主要表现在房地产实物资产配置和社会资金配置的优化两个方面。

1）房地产实物资产配置主要是指将社会上的存量房地产从经营能力弱者手中向经营能力强者手中集聚，通过市场的竞争，使经营能力强者拥有大量的可经营资源，并将经营收益通过房地产传递给房地产所有人及相关人，使房地产资产发挥最大的经济效益。例如，房地产投资者将房地产出租给金融机构使用并获取租金，退休人员将房地产"倒按揭"给银行以获取养老金。

2）社会资金配置是指通过房地产市场（包括房地产实物资产市场和资本市场），使资金从资金运用能力较弱者手中向资金运用能力较强者手中集聚，以较强的投资能力实现社会资金的价值最大化。例如，普通公民将资金投资于房地产信托基金，由房地产信托基金进行大规模的房地产投资以获取房地产投资利润，并将利润在投资人之间进行分配。

（3）房地产投资可以有效地改善城市基础设施环境。

1）增加房地产投资，可以增加政府部门的财政收入，加大政府对城市基础设施建设的投入。

2）通过土地出让中的代征地等方式，相当一部分城市基础设施的建设由购买土地的房地产企业承担，这直接改善了城市基础设施建设落后的局面。

2. 房地产投资的微观作用

（1）房地产投资可以保值增值。房地产因寿命长久、供给有限，以及随着交通等基础设施和公共服务设施不断完善、环境美化、人口增加等，其原有的价值通常可以保持，甚至不断增加。导致房地产价格上涨的原因主要有以下五个方面：

1）房地产拥有者对房地产进行投资改良，如重新装修改造，更新或添加设施设备，改进物业服务等；

2）外部经济，如政府进行道路、地铁等交通建设，整治、美化环境等；

3）需求增加，如经济发展、居民收入增长、人口增加带来房地产需求增加；

4）房地产使用管制改变，如将农用地转为建设用地，将原工业用途改变为居住用途或办公用途、商业用途，增加容积率等；

5）通货膨胀，物价普遍上涨。

（2）房地产投资可以获得避税收入。房地产投资的避税收入是指因提取房地产折旧而降低纳税基数，给投资者带来收益。房地产投资的所得税是以实际经营收入扣除经营成本、贷款利息、建筑物折旧等后的净经营收入为基数乘以税率征收的。在实际经营收入相同的情况下，提取的折旧越多，所要缴纳的所得税就越少，从而起到避税的作用。从会计的角度来说，建筑物随着其建成年限的增加，每年的收益能力都在下降，税法中规定的建筑物折旧年限一般相对建筑物的自然寿命（物理寿命）和经济寿命（建成后到其使用成本超过其产生的收益时刻的时间）要短一些。这就使建筑物每年折旧额要比它每年发生的实际损失要大一些，使房地产投资者账面上的净经营收益减少，相应地，也就减少了税收支出。房地产投资经常会运用大量的财务杠杆，无论个人还是企业每年偿付的利息可以冲减所得税。由于房地产投资占用资金多、价值高、贷款多，折旧及利息费用等带来的节税效果相当可观，这对于提高房地产投资者的实际收益非常有利。

（3）房地产投资可以提升投资者资信等级。由于拥有房地产并不是每个人或企业容易做到的事情，投资房地产是拥有资产、具有资金实力的最好证明。因此，房地产投资可以提高投资者的资信等级，可以帮助投资者更容易获得金融机构的支持，同时，可以帮助投资者获得更多、更好的投资交易机会。

四、房地产投资的影响因素

房地产投资的影响因素较多，其中主要因素有自身因素、制度政策因素、人口因素、经济因素、社会因素、心理因素等。

1. 自身因素

房地产的自身因素是指构成房地产实物、区位和权益的因素。

（1）房地产实物因素。土地的实物因素包括土地面积、土地形状、地形地势、地质土壤、土地开发程度。土地面积过小会导致不利于有效开发利用，而面积过大又会造成总价过高、需求不足；形状不规则的土地通常无法有效利用；地形地势会影响房地产的开发成本、利用价值或景观；地质会影响地基承载力和稳定性，而土壤污染的处理会增加房地产开发或使用过程中的成本；土地开发程度低会延长开发周期，提高开发成本。

建筑物的实物因素包括建筑规模、建筑结构、设施设备、装饰装修、空间布局、建筑功能、外观及新旧程度。建筑规模过大或过小都会降低房地产单价。不同用途、不同地区对建筑规模的要求是不同的。对于住宅而言，在单价较高的情况下，面积小总价低，买得起的人较多，单价通常高于大面积的单价；建筑结构决定了建筑物的稳固性和耐久性，不同结构的建筑物的造价会有所不同；设施设备包括电梯、中央空调、集中供热、宽带及其性能等，设施设备的完备与否，会影响房地产的使用功能；高质量、高品位的装饰装修会降低改造成本，而糟糕的装饰装修由于需要花费代价先将其"铲除"会造成改造成本增加；不同用途的建筑物对内部空间布局的要求不尽相同，布局合理的建筑物，方便利用，有利于增加投资回报；建筑物应满足防水、保温、隔热、隔声、通风、采光、日照等建筑功能要求，良好的建筑功能会降低使用成本、提高居住体验；建筑物的外观新颖优美会给人舒适的感觉，而不好的外观会让人产生不好的联想，从而对销售和运营造成不同影响；建筑物的新旧程度包括建筑物的年龄、维护状况、完损状况、工程质量等，建筑物新，其维护成本低，运营收益高。

(2)房地产区位因素。房地产区位因素是一个综合性因素，可分解为位置、交通、外部配套设施、周围环境等因素。一般情况下，凡是位于或接近经济活动的中心、要道的通口、人流较多、交通流量较大、环境较好、公共服务设施较完备之处的房地产，投资环境较好，价格有趋高的倾向。具体说来，居住房地产的区位优劣，主要是看其交通条件、周围环境、公共服务设施完备程度等；商业房地产的区位优劣，主要是看其繁华程度、临街状况、交通条件等；办公房地产的区位优劣，主要是看其商务氛围、交通条件等；工业房地产的区位优劣，要看是否有利于原料和产品的运输，是否便于动力取得和废料处理。

(3)房地产权益因素。房地产权益因素是指房地产利用所受的限制。房地产投资要重点关注房地产的权利是否完整、清晰，这对于房地产投资后价值及运营收益均有很大的影响。以共有房地产为例，如果共有人过多，对房地产的使用、维护、修缮等很难达成共识，部分共有人如果不堪其烦而转让其在房地产中的份额，这时的成交价格多会低于正常价格。

再者，房地产在城市规划等方面的使用管制也会对投资成本造成影响。如城市规划中，地下建筑面积通常不计容积率，但实际中容积率分为包含地下建筑面积的容积率和不含地下建筑面积的容积率。在补交出让金等费用方面，有的地方政府规定地下建筑面积不补交，而有的规定地下建筑面积按照地上建筑面积出让金等费用水平的一定比例(如1/3)补交。

2. 制度政策因素

制度政策因素包括房地产制度政策、金融制度政策、税收制度政策及有关规划和计划及特殊制度政策。

(1)房地产制度政策。房地产制度政策特别是房地产的所有制、使用制、交易管理制度和价格政策，对房地产价格的影响非常大。例如，传统城镇住房制度，对住房实行实物分配、低租金使用，可以使住房没有买卖价格，租金很低；出于对房地产市场调控的需要，在一些城市实行的限购、限售等交易管理制度也对房价造成一定影响；另外，政府可能通过制定最高限价、最低限价或直接定价来对房地产价格进行干预或管制。

(2)金融制度政策。金融制度政策特别是货币政策和房地产信贷政策，对房地产价格有很大影响。货币政策放松，通常会导致房地产价格上涨；货币政策收紧，通常会导致房地产价格下降；房地产信贷规模增加或缩小、房地产贷款放松或收紧、房地产信贷投向改变、购房最低首付款比例调整等政策均会对投资成本造成很大影响。

(3) 税收制度政策。房地产投资相关税种、税率、计税依据及税收优惠的变化会对房地产开发、交易和持有三个环节的成本造成影响，但由于房地产市场短期内的不均衡性，可能处于买方市场，也可能处于卖方市场，这些增加的税收成本不一定都能转化为销售价格或租金收入。例如，当处于供过于求的买方市场时，房地产开发环节增加的税收主要由房地产开发企业通过降低开发成本和利润而"内部消化"，难以使房地产价格上涨。

(4) 有关规划和计划。政府的规划和计划，如国民经济和社会发展规划、国土空间规划、土地供应计划、住房发展规划等的编制和修改，会影响房地产供应结构和数量，从而影响某地区某类房地产的投资前景。如《中华人民共和国国民经济和社会发展第十三个五年规划纲要》提出"调整住房供应结构，重点发展普通商品住房和经济适用住房，严格控制大户型高档商品房"。从住房供求分析来看，该规划的实施会抑制普通商品住房价格上涨，而会使大户型高档商品房价格上涨。

(5) 特殊制度和政策。特殊制度和政策，如中共中央、国务院做出鼓励东部地区率先发展、实施西部大开发、振兴东北地区等老工业基地、促进中部地区崛起等重大决策，设立沿海开放城市、经济特区、经济技术开发区、自由贸易区等，相应地实施特殊的体制机制、特殊的政策、特殊的对外开放措施、国家给予必要的支持等，预示着这些地方会大力吸引投资、经济较快发展、房地产需求增加，从而使这些地区的房地产投资潜力加大。

3. 人口因素

房地产特别是住宅的需求主体是人，人口是决定住宅、商业等房地产需求量或市场规模大小的一个基础因素，人口数量、结构、素质等状况对房地产价格有很大的影响。其中：一定时期内人口迁移造成的人口机械增长率往往是该地区的经济发展状况的表象；人口结构尤其是家庭人口规模的变化可能导致住宅需求的变化；人口素质越高，可能要求的居住空间越大，对房地产的需求越大。

4. 经济因素

影响房地产投资的经济因素主要包括经济发展、居民收入、物价水平、利率水平、汇率变化等。

(1) 经济发展。经济高速发展说明社会总需求增加，预示着投资、生产活动活跃，会带动对厂房、写字楼、商店、住宅和各种娱乐设施等的需求增加，通常伴随着房价和地价的上涨。

(2) 居民收入。居民收入增加，尤其是中等收入者的收入增加，其增加的收入会主要用来提高居住水平，这就会增加对居住房地产的需求。

(3) 物价水平。物价的普遍变动表明货币购买力的变动，此时房地产价格会随之变动；特殊商品，如建筑材料的价格上涨，可能引起"成本推动型"的房地产价格上涨。从较长时期来看，国内外统计资料表明，房地产价格的上涨率要高于一般物价的上涨率。

(4) 利率水平。加息和降息及市场利率升降对房地产投资均会造成影响。总的来说，利率上升，房地产价格会下降；利率下降，房地产价格会上涨。

(5) 汇率变化。汇率是一种货币折算成另一种货币的比率。在国际房地产投资中，汇率波动也会影响房地产投资收益。当预期某国的货币未来会升值时，就会吸引国外资金特别是国际游资购买该国的房地产，从而导致该国房地产价格上涨。

5. 社会因素

社会因素包括政治安定状况、社会治安状况、城市化等因素。

(1)政治安定状况。政治安定与否意味着社会动荡的可能性，而社会动荡会影响人们投资、置业的信心，极大地提高投资风险。

(2)社会治安状况。社会治安状况是指偷窃、抢劫、绑架、杀人等方面的犯罪情况，治安状况不好的地区房价、租金普遍偏低。

(3)城市化。城市化意味着城镇人口不断增加，各类产业不断集聚发展，对城镇房地产的需求不断增加，进而带动城镇房地产价格上扬，刺激房地产投资增长。

6. 心理因素

目前有些人在购买住宅、办公楼等房屋时，较讲究门牌号码、楼层数字。例如，一些人不愿意要数字是4、13、14的楼层，许多房屋还因此取消了这类数字的楼层。而对于那些所谓好的门牌号码、楼层数字，人们通常愿意出较高的价格购买。另外，人们一般还忌讳所谓的凶宅，如曾经发生过他杀、自杀等非正常死亡事件的房屋。

五、房地产投资的周期

任何项目都有生命周期，即从开始立项到完成项目目标、从资金投入到资金回收，整个过程通常称为项目的投资周期。房地产投资由于其自身的特性，投资周期一般较长。以房地产开发投资为例，投资周期是从找地开始，经过立项、规划设计、施工、竣工，到销售完毕，甚至到经营的整个过程。房地产投资周期通常可以概括为项目信息获取、项目信息筛选、项目可行性研究、项目投资决策、项目投资实施、项目投后管理几个步骤。

1. 项目信息获取

项目信息获取也称为投资机会寻找，其目的是确定项目获取的大致目标，获取目标地块的相关信息，并最终提出投资设想。

(1)信息收集。对城市发展规划及政策影响、宗地所属区域的城市地位、项目本身的性质、主要特点和特殊性等项目外部环境，以及对公司总体发展战略的影响、项目在公司发展规划中的定位、项目的利润贡献等项目内部因素进行有针对性的分析，帮助企业锁定重点地块。信息获取的内容大致包括项目名称、开发建设单位、宗地位置、宗地现状、周边社区配套、周边环境、大市政配套、规划控制要点、土地价格、土地升值潜力评估、立即开发与作为土地储备优缺点比较等。

(2)信息登记。通过政府部门、中介机构或项目拥有者等多种途径获得土地信息，各级领导提供土地信息建议，投资分析人员对获取的土地信息进行信息登记。

(3)投资设想。在对项目当地经济社会及房地产市场有比较深入的了解并占有大量市场信息的基础上，寻找需要满足的市场需求，提出投资设想。

2. 项目信息筛选

在项目信息筛选阶段，要筛选出重点可能开发项目，并报送公司领导审批，确定投资对象。

(1)意向项目筛选。对开发项目用地的土地、人口、政治和经济环境等进行分析，筛选出重点可能开发的项目，并结合公司内部资源，选择适合公司发展的意向项目。将选取的重点地块信息上报分管领导、公司领导。由其对意向项目进行审批。

(2)项目建议书。意向项目通过审批后，投资分析人员对地块现场查勘和市场考察，进行项目投资环境和市场分析。对意向项目进行投资机会研究，形成项目建议书。项目建议书的具体内容包括项目内容、性质、目标、预期结果，以及项目计划、立项理由等与项目投资相关的问题和数据资料。项目建议书的核心是申述提出项目的理由及其主要依据。

3. 项目可行性研究

项目建议书被批准后，就要对投资项目进行可行性研究。房地产开发项目可行性研究是对项目投资和投资方案进行的全面而综合的技术经济论证。

(1)投资部门进一步跟踪了解该项目，并由公司相关部门配合，对项目进行初步论证。其中投资拓展部提供项目概况、项目开发环境分析、市场定位等；研发设计部负责提出初步规划设计分析；营销策划部提供项目周边地产项目市场调查分析、产品建议、项目销售计划、市场供给(与需求)现状分析及预测、目标客户相关信息、消费行为分析等；成本合约部负责提出开发类(建安、设计、营销)成本预算；物业服务部负责提出物业运营草案；财务管理部负责提供项目相关财务数据；企业运营部负责提出项目整体时间节点安排；工程管理部负责对项目整体时间节点安排中的工程工期部分进行复核。

(2)初步论证通过公司各部门的会审后，投资部门需要结合市场和资源调查，在收集的资料和数据的基础上，建立若干可供选择的开发方案，进行反复的方案论证和比较，会同其他相关部门明确方案选择的重大原则问题和优选标准，采用技术经济分析的方法，优化方案，评选出合理的方案。研究论证项目在技术上的可行性，进一步确定项目规模、构成、开发方式和开发进度等。

(3)结合初步论证的会审意见和方案优化选择情况，投资部门起草和编制《项目可行性研究报告》，并推荐一个以上的可行方案和实施计划，提出结论性意见、措施和建议，供领导层参考。

4. 项目投资决策

项目投资决策是项目的决策者依据可行性研究报告和其他资料，按一定的程序、方法和标准，对项目的投资方向等所做的决策。

(1)投资部门组织会议对《项目可行性研究报告》进行会审，研发设计部、工程服务部、成本合约部、营销策划部、物业服务部、财务管理部、企管运营部、投资拓展分管副总、研发设计分管副总、工程管理分管副总、成本合约分管副总、营销策划分管副总、物业服务分管副总、财务总监、总经济师、总经理、董事长参与会审。

(2)投资部门依据会议评审意见进行修改，报相关领导审批，最终决策是否进行该项目的投资。

5. 项目投资实施

项目投资实施又称为建设期，是指在项目决策之后，从取得土地使用权、落实项目规划设计、施工建设到竣工验收这一时期。这一阶段的主要工作有取得土地使用权、项目设计施工任务的承发包、项目控制、财务管理、交工验收等。

(1)取得土地使用权。目前我国房地产开发投资获取土地主要通过招拍挂和购买二手项目。对于招拍挂项目，投资部门与土地提供方进行沟通洽谈，并编制招拍挂策略；对于二手项目，投资部门制定谈判策略，与土地供应方就土地价格、合作方式、付款方式等内容进行沟通洽谈。如竞价(投标)成功，则进行合同评审及会签；若竞标(谈判)失败，则对失败经验进行总结，作为整个项目投标活动的结果文件。

招拍挂项目成功获得或二手项目谈判成功后，由投资部门负责组织拟订合同草案，并组织进行合同会审。审批通过后,最终由投资部门组织签署合同,从而获取土地使用权。

(2)项目规划与合同谈判。公司取得土地使用权并明确规划条件后,投资部门将宗地相关规划条件送研发设计部。项目规划的主要内容是委托建筑设计单位进行项目规划、设计、项目报建、领取施工规划许可证等,开发项目获得批准后,投资者和开发商根据市场调查得到的信息,确定最终设计方案之后,与各方面合作者进行合同谈判,签署设计施工、建设贷款、长期融资等合同。项目设计施工合同谈判主要内容包括项目规划设计的工程技术要求、质量要求、工期要求等。项目承发包是完成项目设计、施工任务常用的委托方法。投资者和开发商通过建筑工程施工的招标,确定施工单位。建设贷款和长期融资合同主要包括融资数额、期限、还款方式等内容。

(3)项目建设与管理。在施工阶段,要安排工程监理人员对施工现场进行监督,确保工程进度和施工质量,直至项目的竣工验收。项目管理是指投资者为了行使项目开发建设的权利,保证项目施工按照投资意图顺利进行,以实现投资目标而行使的控制与管理工作。项目管理主要包括项目进度控制、项目投资控制、项目开发建设成本费用控制、项目质量控制等方面。同时,还要加强项目财务管理,主要工作包括资金筹措计划的实施、已完工程款的结算与决策、到期款的还贷、项目现金流量的差异分析等。

(4)项目的竣工验收。在项目竣工后,投资者组织相关专业人士进行验收。经验收合格的项目,便可进入营销或经营阶段。

(5)营销期或经营期。房地产投资项目,因项目性质、用途等不同,可分为租赁性房地产项目和销售性房地产项目。租赁性房地产项目,在项目竣工验收合格后,便可从事租赁经营业务;而销售性房地产项目,一般还要分两种情况:一是在项目投资实施一个阶段后,便开始进行该项目的预售业务;二是在竣工验收合格后,进行营销工作。

6. 项目投后管理

在投后管理阶段,投资分析人员对投资实施整个过程进行回顾,并跟踪项目的后续实施。

第二节 房地产投资分析

一、房地产投资分析的概念

房地产投资分析主要是指房地产投资机会的选择和项目投资方案决策,是房地产项目投资活动进行之前的分析论证过程。其核心问题是研究投资项目的可行性及选择最佳投资方案。

二、房地产投资分析的任务

房地产投资分析是一项高知识含量的工作,需要投资分析人员为投资者提供解决诸如投资方向、运作方式、投资收益、投资风险等问题的方法。这是房地产投资分析要完成的基本任务。

1. 为投资者提供投资方向

投资者在准备投资前,往往面临投资方向的问题,如地域、地址选择,物业种类选择,规模、期限选择，合作伙伴选择等。投资者有可能是初次进入该市场或是投资新手，对投资环境一无所知，需要房地产投资分析人员做全面的指导，为投资者提供可行的解决方案，使投资者可以依据方案进行投资活动，并取得较好的收益。

2. 为投资者提供运作方式

一项投资活动的运作包括许多方面，例如，如何获取建设土地使用权、如何取得施工许可证、如何筹集资金、如何保证开发建设工期、如何选择合作伙伴、如何营销等问题，而这其中许多问题都是专业性极强的技术问题，仅靠投资者个人的力量是无法完成的。这就需要分析人员针对每个项目的具体情况提出可行的运作方式建议。

3. 为投资者预测投资收益

投资收益是投资者关心的根本问题，是进行投资活动的根本目的。收益水平的高低是投资者决定是否投资的重要因素。投资者需要详细了解全部投资额、自有资金及贷款额、资金分期投入额、贷款偿还期限及利率、投资回收期及内部收益率、利润率等。其中，投资者最关心的是税后纯利润与投资的比例。也有一些投资者更关心投资的社会效益问题，如企业形象、人际关系等，这些专业的指标需要房地产投资分析人员进行专业的统计、测算，为投资者提供可靠的投资收益预测。

4. 为投资者分析风险并提供避险策略

风险与收益是共存的，每一个项目都存在一定的风险，分析人员要在帮助投资者计算投资收益的同时，让他们了解到所要承担的风险，并针对项目风险提供规避、防范风险的方法、策略，以使投资者能及时调整投资方案，免除或减少由风险造成的损失。如果分析人员懒于分析风险或只报喜不报忧，则是严重有悖职业道德或失职的行为。

除上述任务外，分析人员还需要就投资项目可能引发的社会问题、环境问题加以阐述和分析。房地产投资的主要目标是获取高额利润，但并不意味着不考虑投资的社会效益和环境效益。因为一项社会效益和环境效益不好的房地产投资项目，不可能获得政府的批准，或者会因社会、生态问题被强行中断，从而造成巨大损失。

三、房地产投资分析的内容

根据投资分析的任务，房地产投资分析的内容一般包括以下几个方面。

1. 房地产投资的环境与市场分析

在投资前期，充分了解和把握投资环境，对于制定正确的房地产投资方案、做出正确的房地产投资决策是非常重要的。房地产投资环境分析主要关注的是与房地产的建设、销售等相关的制度、政策法规的稳定性，管理方法的合理性，以及基础设施的完备状况等。

同时，政治、经济、法律、社会文化、基础设施和配套设施、自然地理六大因素的共同作用又在不同程度上影响着房地产投资环境。

市场状态直接决定着投资项目未来的收益水平。因此，房地产投资项目在投资决策确定之前，需要调查房地产市场需求情况，辨识并把握房地产市场动态。

2. 房地产投资成本估算与融资方案择优

以尽可能少的投入获取尽可能多的收益，是理性房地产投资者的必然要求和选择。客观而准确地估算项目投资额，科学地制定资金筹集方案，对于降低项目投资额、减少建设期利息等项目支出、实现利润最大化目标具有重要的意义。融资方式多种多样，投资分析人员需要根据投资者自身状况制定各种融资方案，并根据融资方式的可能性及成本率选择最优融资方案，以保证投资所需资金能够按计划获取并将资金成本控制在最低，以增强投资项目的可行性和利润率。

3. 房地产投资的财务分析

财务分析是对项目的盈利能力、偿还能力、资金平衡能力等进行的分析。它通过市场分析、成本估算和融资方案的选取，取得一系列财务评价基础数据与参数，在客观估算项目销售收入与成本费用的基础上，采用财务内部收益率、财务净现值、投资回收期、投资利润率、借款偿还期、利息备付率、偿债备付率等财务指标评价项目的可行性。

4. 房地产投资的不确定性分析

在进行房地产投资的经济分析中，需要运用大量的技术经济数据，如销售单价、成本、收益、贷款、利率、工期等。由于这些数据都是投资分析人员根据资料对未来的可能性做出的某种估计，所以分析中必然带有某种不确定性。房地产投资项目一般都有较长的投资建设和经营期，在此期间，主客观条件的变化会使这些数据也发生变化。通过临界点分析、敏感性分析对这些不确定性因素加以分析，以揭示项目所能达到的盈利水平和面临的风险。所以，不确定性分析在房地产投资分析中具有重要的意义。

5. 房地产投资的风险分析

房地产投资的风险主要体现在投入资金的安全性、期望收益的可靠性、投资项目的变现性和资产管理的复杂性四个方面。通常情况下，人们往往将风险分为对市场内所有投资项目均产生影响、投资者无法控制的系统风险、仅对市场内个别项目产生影响和可以由投资者控制的个别风险。风险分析主要应用风险等级划分、风险评估方法对风险因素加以识别，做出定量估计，分析其对项目投资决策的影响，并提出规避风险的措施。

6. 房地产投资的社会影响评价和环境影响评价

房地产投资的社会影响评价是通过分析项目涉及的各种社会因素，评价项目的社会可行性，提出项目与当地社会的协调关系，规避社会风险，促进项目顺利实施，保持社会稳定的方案。房地产投资的环境影响评价对房地产投资项目实施后可能造成的环境影响进行分析、预测和评估，提出预防或者减轻不良环境影响的对策和措施。

7. 房地产投资决策分析

投资决策是指围绕事先确定的经营目标，在拥有大量信息的基础上，借助现代化分析手段和方法，通过定性分析的推理判断和定量分析的计算，对各种投资方案进行比较和选择的过程。前面所完成的市场与区位分析、基础数据分析估算、财务分析、不确定性分析和风险分析是房地产投资决策的基础，投资决策是对上述分析结果的综合利用。

四、房地产投资分析的方法

房地产投资分析是一门应用性学科，其分析方法是理论与实际、定量与定性、静态与动态及宏观与微观的结合。

1. 理论分析与实际分析相结合

房地产投资分析的知识体系是以微观经济学和工程经济学为理论基础的，其利用经济学的相关理论对项目的实际数据进行分析，为项目决策提供依据。因此，这门学科是理论与实际的紧密结合。

2. 定量分析与定性分析相结合

房地产投资分析是从无到有、从模糊到清晰、从方向到细节的循环往复、不断细化的过程。在最初的投资项目信息获取和信息筛选阶段主要以定性分析和主观判断为主，随着投资目标的确定，对项目具体数据的挖掘更加深入、具体，在可行性研究阶段更多的是以定量分析的数据为投资决策提供依据。而在后期的投资实施和投资后管理更加偏重定量分析的结果来监控并指导实践。

3. 静态分析与动态分析相结合

从理论上讲，动态分析测算出的结果较精确，但测算参数数量大、测算过程相对复杂；静态分析测算出的结果较粗率，但测算参数要求少、测算过程相对简单。房地产投资分析的不同阶段对精度的要求是不同的。在有的情况（如开发商分析土地竞拍价时），测算结果关系到项目能否获取，对精度要求高，需要考虑资金时间价值等参数并采用动态分析；而在某些情况下，如投资人分析全部自有资金投资时，精度要求不高可以不考虑资金的时间价值而采用静态分析。

综上所述，在房地产投资分析中，需要根据数据条件和精度要求恰当地运用静态分析和动态分析方法。

4. 宏观分析与微观分析相结合

房地产投资分析既要研究分析房地产投资项目所处的宏观环境，如市场环境、政策环境、社会经济发展环境等，又要从微观的角度分析房地产投资项目的运作成本、资金筹措情况、销售方式、收益指标等。

五、房地产投资决策分析与房地产可行性分析的不同

1. 两者的含义

房地产投资决策分析，是指在房地产投资活动的前期，投资者运用自己及投资分析人员的知识与能力，全面地调查投资项目的各方制约因素，对所有可能的投资方案进行比较论证，从中选择最佳方案并保证投资者有较高收益水平的分析活动。

可行性分析也称可行性研究，它是在投资决策前，对与项目有关的市场、资源、工程技术、经济、社会等方面的可行性进行论证、研究、评价的分析过程。其主要目的和任务是要明确是否值得投资这个项目，即目标项目在技术上是否先进、是否实用和可靠，在经济上是否合理，在财务上是否盈利，并通过具体的指标进行评价和判断。

房地产可行性研究，就是房地产开发企业在投资决策前，通过对房地产市场有关方面的条件和情况进行调查、研究、分析，了解房地产市场的过去和现状，把握房地产市场的动态，预测房地产市场的未来发展趋势，并依此分析房地产项目建设的必要性，确定房地产项目的用途、规模、档次、开发时机等经营方式，对各种可能的建设方案和技术方案进行比较论证，并对建成后社会经济效益进行预测和评价的一种科学分析方法。

2. 两者的差异

对于开发项目而言，可行性分析要研究的是开发成本和销售收入之间的关系能否实现开发商可接受的最低的投资目标；对于置业投资项目而言，可行性分析要研究的是项目的出租、经营收入是否足以清偿抵押贷款，或转售价格是否能够实现投资者可接受的最低的投资结果。

可行性分析要解决的是一个项目成功的可能性问题，任何项目在投资前都会面临技术、财务和社会方面的各种限制。在具体的限制条件下，如果分析人员认为某一方面能够实现一个令人满意的明确的目的，这时就可以认为该项目是"可行的"。

一个方案可行，并不是说一个方案就一定是合适的。有时几个方案都可能是可行的，甚至都具有吸引力。可行性分析仅仅是投资分析的一个起点，回答的是投资者能做什么，而不是应该做什么的问题，后者应该由房地产投资分析来解决。

面对市场上众多的投资机会，通过可行性分析，可能会找出多个可行方案。由于资源有限，投资分析将帮助投资者在多个可行方案中，通过收益、时间和风险的排序找出一个最优的方案作为投资者的最后选择。也就是说，房地产投资分析关心的是从多个预选方案中选择一个最适合投资者目的的方案。可见，可行性分析是投资分析中的一个重要阶段。

第二章 现金流量与资金的时间价值

知识目标

1. 理解资金时间价值的含义；
2. 掌握资金等值计算中复利终值、现值、年金等的计算方法；
3. 掌握现金流量图的含义；
4. 掌握房地产投资活动中的现金流量。

能力目标

1. 能解释资金的时间价值；
2. 能应用资金时间价值的系列公式解决房地产投资分析涉及的问题；
3. 能利用 Excel 处理资金时间价值的计算。

第一节 现金流量

一、现金流量的概念

房地产投资分析可以从物质形态和货币形态两个角度进行考察。从物质形态角度看，房地产投资活动表现为开发商投入大量的社会资源，包括土地、物质材料、劳动力、技术、信息等，经过组织、生产向社会提供满足客户各种需求的建筑空间。从货币形态看，房地产投资分析则表现为开发商投入资金，花费成本，通过房地产销售或出租经营获取一定量的货币收入。

在进行房地产项目投资分析时，通常将所考察的对象抽象为一个特定的系统，投入的资金、花费的成本和获得的收益，均可看成该系统以资金形式体现的资金流出或资金流入。这种在系统整个存续期间各时间点 t 上实际发生的资金流出或资金流入称为现金流量。其中，流出系统的资金称为现金流出(Cash Output)，用符号 $(CO)_t$ 表示；流入系统的资金称为现金流入(Cash Input)，用符号 $(CI)_t$ 表示；现金流入与现金流出之差称为净现金流量(NCF，Net Cash Flow)，用符号 $(CI-CO)_t$ 表示。对于房地产投资项目而言，现金流入主要包括销售收入、出租收入和其他经营收入等；现金流出主要包括土地成本、建筑安装成本、财务费用、营销费用、管理费用和税金支出等。

二、现金流量图

为了能直观地反映项目在建设和寿命年限内现金流入与流出的情况，在进行经济效果分析时，通常会绘制出其相应的现金流量图。所谓现金流量图，就是一种反映项目在一定周期内资金运动状态的图式，即将项目的现金流量绘制在一个时间坐标中，表现出各现金流入、流出与相应时点的对应关系，如图 2-1 所示。

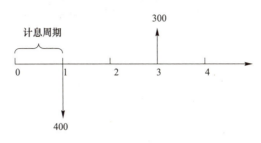

图 2-1　现金流量图

现以图 2-1 为例，说明现金流量图的作图方法和规则，具体如下：

(1) 以横轴为时间轴，向右延伸表示时间的延续，轴上每一刻度表示一个时间单位，两个刻度之间的时间长度称作计息周期，可根据实际需要取年、半年、季或月等，零表示时间序列的起点。

(2) 相对于时间坐标的垂直箭线代表不同时点的现金流量，在横轴上方的箭线表示现金流入，即表示效益；在横轴下方的箭线表示现金流出，即表示费用或损失。

(3) 如果现金流不是发生在计息周期的期初或期末，而是发生在期间，那么现金流量位置一般有两种处理方法：一种是工程经济分析中常用的，其规定是建设期的投资标在期初，运营期的流入和流出均标在期末；另一种方法是在项目财务评价中常用的，时点标注遵循期末惯例假设，即无论现金的流入还是流出均标注在期末。

(4) 在现金流量图中，箭线长短与现金流量数值大小原则上应成比例，但由于实际中各时点现金流量的数额往往相差较大而不适合成比例绘制出，故在现金流量图绘制中，箭线长短只是示意性地体现各时点现金流量数额的差异，并在各箭线上方(或下方)注明其现金流量的数值即可。

由此可知，要正确绘制现金流量图，必须把握好现金流量的三要素，即现金流量的大小(资金数额)、方向(资金流入或流出)和作用点(资金的发生时点)。

三、房地产投资活动中的现金流量

房地产开发企业的经营模式主要包括"开发→销售""开发→持有出租→出售""购买→持有出租→出售""购买→更新改造→出售""购买→更新改造→出租→出售"等基本模式。对于某一具体房地产开发投资项目而言，其经营模式可能为上述模式的一种，也可能为以上多种基本模式的组合。下面介绍这五种典型模式下的现金流量图。

1. 开发→销售模式现金流量图

开发→销售模式主要适用于商品住宅开发项目，部分其他用途类型的开发项目也可能采用开发→销售模式。这种业务模式下的现金流出包括土地成本、建造成本、开发费用(管理费用、销售费用和财务费用)、销售税费，现金流入是销售收入。各项成本费用支出和销售收入发生的方式(一次支出、分期支出、在某个时间段内等额支出等；一次获得、分期获得)、发生的时点，通常与开发项目的开发建设计划及销售计划安排相关。此模式下的典型现金流量图如图 2-2 所示。

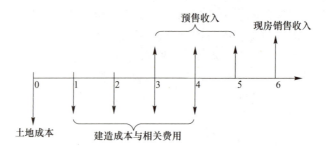

图 2-2　开发→销售模式下的现金流量图

2. 开发→持有出租→出售模式现金流量图

开发→持有出租→出售模式主要适用于写字楼、零售物业、高级公寓等收益性房地产项目。部分政策性租赁住宅、普通商品住宅也可采用这种模式。这种业务模式下的现金流出包括土地成本、建造成本、开发费用(管理费用、销售费用和财务费用)、运营成本,现金流入是出租收入和持有期末的转售收入。各项开发过程的成本费用发生方式(一次支出、分期支出、在某个时间段内等额支出等)和发生的时点,与项目开发建设计划安排相关。运营期间的出租收入、运营成本支出可按季度、半年或年度发生(视持有期长短确定)。此模式下的典型现金流量图如图 2-3 所示。

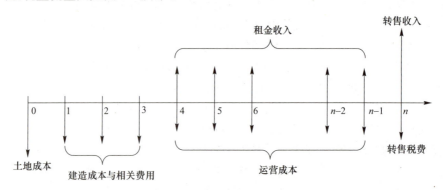

图 2-3　开发→持有出租→出售模式下的现金流量图

3. 购买→持有出租→出售模式现金流量图

许多房地产企业购买新建成的收益性房地产,然后持有并出租经营,并在未来的某个时点将物业转售,形成了购买→持有出租→出售模式。这种模式通常为大型房地产企业所采用,房地产投资信托基金也常采用这种模式。投资者可享受出租收入和物业增值收益。这种业务模式下的现金流出包括购买成本和购买税费、装修费用、运营成本,现金流入包括出租收入和持有期末的转售收入。此模式下的典型现金流量图如图 2-4 所示。

4. 购买→更新改造→出售模式现金流量图

有部分房地产企业擅长购买旧有住宅或收益性物业,通过更新改造甚至改变物业用途后再出售,形成了购买→更新改造→出售模式。这种业务模式下的现金流出包括购买成本(含购买价格和购买税费)、更新改造成本和转售税费,现金流入主要指转售收入。此模式下的典型现金流量图如图 2-5 所示。

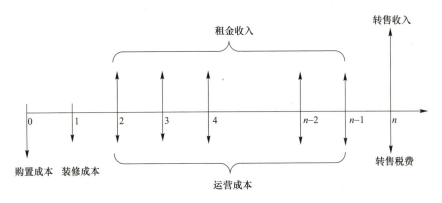

图 2-4 购买→持有出租→出售模式下的现金流量图

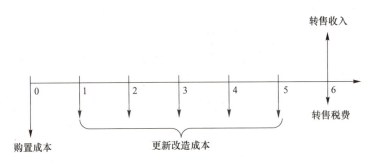

图 2-5 购买→更新改造→出售模式下的现金流量图

5. 购买→更新改造→出租→出售模式现金流量图

将更新改造后的收益性房地产持有并出租经营，并在持有经营一段时间后，根据市场状况和企业财务状况将其转售，也是部分房地产企业常采用的业务模式，即购买→更新改造→出租→出售模式。这种业务模式下的现金流出包括购买成本、更新改造成本、运营成本和转售税费，现金流入包括出租收入和持有期末的转售收入。此模式下的典型现金流量图如图 2-6 所示。

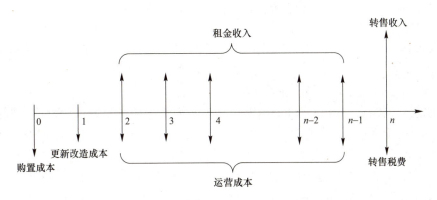

图 2-6 购买→更新改造→出租→出售模式下的现金流量图

第二节 资金的时间价值

一、资金时间价值的概念

在货币经济中，资金是劳动资料、劳动对象和劳动报酬的货币表现。资金再生产的基本规律如图2-7所示，即资金经过再生产的循环运动，能够产生比初始投入资金量大的资金产出量。这个相对于初始资金的增值量，就是资金在再生产运动中产生的增值。因此，资金时间价值的实质是以资金作为生产要素，在扩大再生产及资金流通过程中，随时间的变化而产生增值。资金的增值过程是与生产和流通过程相结合的，离开了生产过程和流通领域，资金是不可能实现增值的。资金在生产过程和流通领域之间如此不断地周转循环，这种循环过程不仅在时间上是连续的，而且在价值上是不断增值的。因此，整个社会生产既是价值创造过程，又是资金增值过程。

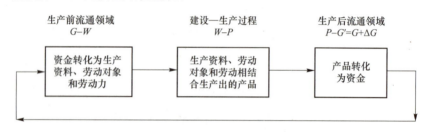

图2-7 资金的运动(增值)过程示意

W—资金的物化形式；P—生产出的新产品；G'—具有新增价值的资金

对于时间价值，可以从以下两个方面理解：
(1)将资金用作某项投资，由资金的运动(流通—生产—流通)可获得一定的盈利；
(2)货币一旦用于投资，就牺牲了现期消费，资金使用者应有所补偿。
因此，盈利和利息是资金时间价值的两种表现方式。
(1)从投资者角度看，是资金在生产与交换活动中给投资者带来的盈利(利润)；
(2)从消费者角度看，是消费者放弃即期消费所获得的补偿(利息)。

资金的时间价值在银行的利息中可以得到体现。如果年利率为5%，那么今年到手的100元存入银行，到明年这个时候可以得到105元，也就是说，今年的100元等值于明年的105元，这5元利息是100元在1年中的时间价值。明年的100元相当于今年的100/1.05＝95.2元。因此，今年的100元钱比明年的100元钱更值钱。

值得注意的是，资金的时间价值与因通货膨胀而产生的货币贬值是性质不同的概念。通货膨胀是指由于货币发行量超过商品流通实际需要量而引起的货币贬值和物价上涨现象。货币的时间价值是客观存在的，只要货币投入流通领域，资金就具有时间价值。但在现实经济活动中，资金的时间价值与通货膨胀因素往往是同时存在的。因此，既要重视资金的时间价值，又要充分考虑通货膨胀和风险价值的影响，以做出正确的投资决策。

由于资金时间价值的存在，不同时点的现金流量无法直接进行比较，因此需要通过一系列的换算，在同一时点进行比较，才能符合客观实际情况。这种考虑了资金时间价值的经济分析方法，提高了项目评价和选择的科学性与可靠性。

二、资金时间价值的计算

1. 资金时间价值的衡量尺度

资金时间价值的尺度有两种：一为其绝对尺度，即利息、盈利或收益；二为其相对尺度，即利率、盈利率或收益率。

(1)资金时间价值的绝对尺度：利息。利息是指借款(资金借入)者支付给贷款(资金贷出)者超过本金的那部分金额。换而言之，利息是借款人占用资金所付出的代价或贷款人放弃资金使用权所获得的收益，利息在本质上就是资金的时间价值。一定时期内，资金积累总额与原始的资金的差额即利息。

利息＝资金积累总额－原始的资金＝本利和－本金

(2)资金时间价值的相对尺度：利率。利率是在一定时间所得利息额与投入资金的比例，或单位本金在单位时间(一个计息周期)内产生的利息。

利率＝计息周期内的利息总额/本金×100%

利率是一个严格的时间概念，在使用这个概念时，一定要准确界定利率所基于的期间，即计息周期，如年、季、月等。以年为计息周期的利率称为年利率；以月为计息周期的利率称为月利率等。

2. 利息的计算方式

利息的计算方式有单利法和复利法两种。

(1)单利法。单利法是每期利息均按原始本金计算。以往各期的利息均不产生利息，即"利不生利"，因此若采用单利计息法，每期的利息是固定不变的。

假设初期本金为 P，利率为 i，计息期数 n，单利法的计息过程见表2-1。

表 2-1 单利法的计息过程

计息周期	期初资金	当期计息本金	当期应计利息	期末本利和
1	P	P	Pi	$P(1+i)$
2	$P(1+i)$	P	Pi	$P(1+2i)$
3	$P(1+2i)$	P	Pi	$P(1+3i)$
...	...	P	Pi	...
n	$P[1+(n-1)i]$	P	Pi	$P(1+ni)$

从表 2-1 中可知，单利法计算第 n 期期末总利息为

$$I=Pni \tag{2-1}$$

第 n 期期末的本利和 F 为

$$F=P+I=P(1+ni) \tag{2-2}$$

单利法虽然考虑了资金的时间价值，但仅是对本金而言，而忽略了期间利息的增值性，未能完全反映资金的时间价值。鉴于此，单利法计息在投资项目经济分析中使用较少，通常只适用于短期投资或短期贷款的情形。

(2)复利法。复利法是将上一期的本金与利息之和(本利和)作为下一期的本金来计算下一期的利息，也就是常说的"利上加利"或"利滚利"的方法。采用复利法计息，每个计息期

的利息额都是不断改变的。假设期初本金为 P，利率为 i，计息期数 n，复利法的计息过程见表 2-2。

表 2-2 复利法的计息过程

计息周期	期初资金	当期计息本金	当期应计利息	期末本利和
1	P	P	Pi	$P(1+i)$
2	$P(1+i)$	$P(1+i)$	$P(1+i)i$	$P(1+i)^2$
3	$P(1+i)^2$	$P(1+i)^2$	$P(1+i)^2 i$	$P(1+i)^3$
...	...	...	...	...
n	$P(1+i)^{n-1}$	$P(1+i)^{n-1}$	$P(1+i)^{n-1} i$	$P(1+i)^n$

从表 2-2 中可知，采用复利法计算第 n 期期末的本利和 F 为

$$F = P(1+i)^n \tag{2-3}$$

复利法不仅对本金计算利息，也对利息计算利息，它符合社会再生产过程中资金运动的规律，充分体现了资金的时间价值。采用复利计息，可使人们增强时间观念，重视时间效用，合理使用资金。在投资项目经济分析中，通常采用复利法计算利息。

【例 2-1】 假设某企业向银行借入一笔 50 000 元现金，借期为 3 年，年利率为 8%，试分别求出按照单利法和复利法计息，到期时企业应归还的本利和。

【解】 如果按照单利法计息，根据式(2-2)：$F = P(1+ni) = 50\ 000 \times (1+3 \times 8\%) = 62\ 000$(元)。即按照单利法计息，企业到期应归还的本利和为 62 000 元。

如果按照复利法计息，根据式(2-3)：$F = P(1+i)^n = 50\ 000 \times (1+8\%)^3 = 62\ 985.6$(元)。即按照复利法计息，企业到期应归还的本利和为 62 985.6 元。与单利法计算的结果相比增加了 985.6 元，这 985.6 元差额正是通过利息所体现的资金时间价值。

三、名义利率与实际利率

在项目投资分析中，复利的计算通常以年作为计息周期，但在实际中也存在计息周期比一年短的情形，如以半年、季、月甚至日为计息周期。当利率标明的时间单位与实际计息周期不一致时，就有了名义利率与实际利率的区分。

名义利率 r 是指计息周期利率 i_m 乘以一个利率周期内的计息周期数 m 所得的利率周期利率。即

$$r = i_m m \tag{2-4}$$

例如，每月计息一次，月利率为 1%，则每年共计息 12 次，相应的名义年利率为 1%×12=12%。根据复利法计息公式，1 块钱 1 年后实际得到的本息和为 $1 \times (1+1\%)^{12} = 1.126\ 8$。年利率实际为 $(1.126\ 8-1)/1 \times 100\% = 12.68\%$。所以实际年利率为 12.68%。

现在将它推广到一般情形，得到名义利率与实际利率的换算公式。假设(年)名义利率为 r，每年计息 m 次，则每一计息期的利率为 r/m，若本金为 P，一年后的本利和为 F，则 $F = P(1+r/m)^m$。一年的利息总额：$I = F-P$。根据利率的定义，得

$$i = I/P = (F-P)/P = (1+r/m)^m - 1 \tag{2-5}$$

根据式(2-5)，可以得到以下结论：

(1)当每年计息周期 $m=1$ 时，名义利率等于实际利率；

(2)当每年计息周期 $m>1$ 时，名义利率小于实际利率；

(3)计息周期越短，即 m 越大，实际利率与名义利率的差异就越大；

(4)当每年计息周期数 $m\to\infty$ 时，求极限可得：

$$i=\lim_{m\to\infty}(1+r/m)^m-1=e^r-1$$

【例 2-2】 某企业向银行借款，有两种计息方式，第一种：年利率为 9%，按月计息；第二种：年利率为 10%，按半年计息。问企业应选择哪一种计息方式：

【解】 显然，9%、10% 均为名义利率。

第一种的实际利率：$i_1=(1+r/m)^m-1=(1+9\%/12)^{12}-1=9.38\%$

第二种的实际利率：$i_2=(1+r/m)^m-1=(1+10\%/2)^2-1=10.25\%$

因此，应选择第一种计息方式。

第三节 资金的等值计算

一、资金等值的概念

如第二节所述，资金具有时间价值，即使金额相同，因其发生时点不同，其价值就不同；反之，不同时点绝对值不等的资金在时间价值作用下可能具有相等的价值。这些不同时期、不同数额但其"价值等效"的资金称为等值。例如，现在借入 100 元，年利率为 10%，一年后还本付息总和为 110 元。虽然现在的 100 元和 1 年后的 110 元绝对值不能，但是从资金时间价值的角度看，它们的经济价值是相等的，即这两个时点的资金等值。换而言之，资金等值和资金等额是两个不同的概念。

在资金等值计算中涉及以下几个重要概念：

(1)现值(Present Value)：通常表示项目期初 0 时点上的资金价值，这是现金的绝对概念；在资金等值计算中，也表示确定的某时点 t 之前任一时点(如 $t-1$，$t-2$，…)的资金价值，这是现值的相对概念。将未来某时点的现金流量等值换算为现值，称为折现或贴现。

(2)终值(Future Value)：通常表示项目期末 n 时点的资金价值，是终值的绝对概念；同样，在资金等值换算中，表示确定的某时点 t 之后任一时点(如 $t+1$，$t+2$，…)的资金价值，是终值的相对概念。

(3)年金(Annuity)：表示连续地发生在每年年末且绝对数值相等的现金流序列，广义的年金是连续地发生在每期期末且绝对值相等的现金流序列。

(4)利率(Interest)：表示每个计息周期的利率。

(5)计息周期数(Number of Periods)：表示考察项目的寿命周期或者计算期。

二、资金等值的计算

资金等值的计算主要有以下 6 种基本情形。

1. 整付终值公式

整付终值是指期初一次性投入(或借入) P 元，利率为 i，n 期末一次性收回(或者偿还)本利和 F。其现金流量图如图 2-8 所示。

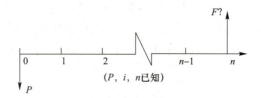

图 2-8　已知 P 求 F 的整付终值现金流量图

由复利法计息公式可知，n 个计息周期后的终值 F 的计算公式为

$$F = P(1+i) \tag{2-6}$$

式(2-6)中的 $(1+i)$ 称为"整付终值系数"，其含义为 1 元资金在 n 期末的本利和，并用特定的符号 $(F/P, i, n)$ 表示，其数据可以从相应的复利表中查到，式(2-6)也可简记为

$$F = P(F/P, i, n) \tag{2-7}$$

式中，系数 $(F/P, i, n)$ 可理解为，斜杠后面的都是已知数，斜杠前面的是需要计算的未知数。

【例 2-3】　某建筑公司进行技术改造，2018 年的年初贷款 200 万元，年利率为 8%，2020 年的年末一次偿还，问：到时共还款多少万元？

【解】　易知，计息周期 $n=3$ 年，因此根据式(2-6)可知：

$$F = P(1+i) = 200 \times (1+8\%)^3 = 200 \times 1.2597 = 251.9424 (万元)$$

即到时公司共需还款 251.9424 万元。

2. 整付现值公式

与整付终值相反，整付现值是已知终值 F，利率 i 和计息周期 n，需计算现值 P。其现金流量图如图 2-9 所示。

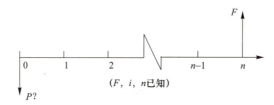

图 2-9　已知 F 求 P 的整付现值现金流量图

根据 P、F、i 和 n 的关系式，在 F、i 和 n 已知的情况下，现值 P 的计算公式为

$$P = F \times (1+i)^{-n} \tag{2-8}$$

式(2-8)中的 $(1+i)^{-n}$ 称为"整付现值系数"，用符号 $(P/F, i, n)$ 表示。

【例 2-4】　某公司对收益率为 8% 的项目进行投资，希望 8 年后能得到 2000 万元，计算现在需要投资多少万元。

【解】　易知，共计息 3 次，因此根据式(2-6)可知：

$$P = F \times (1+i)^{-n} = 2000 \times (1+8\%)^{-8} = 2000 \times 0.54026 = 1080.54 (万元)$$

即公司现在需要投资 1080.54 万元。

3. 等额支付终值公式

在投资项目分析中，经常需要计算一系列期末等额支付累积而成的一次终值。其现金流量图如图 2-10 所示。在计算时，需要特别注意 0 时刻没有现金流，而 n 期末有现金流。后续介绍的等值计算同样需要注意现金流的结构问题。

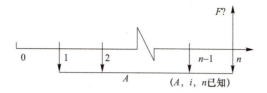

图 2-10　已知 A 求 F 的等额支付终值现金流量图

等额支付终值可以这样确定：将每一个 A 看作一次整付的 P，用前面所述的整付终值公式可以求其终值，然后相加就可以得到所求的终值，即

$$F=A(1+i)^{n-1}+A(1+i)^{n-2}+\cdots+A(1+i)+A=A[(1+i)^{n-1}+(1+i)^{n-2}+\cdots+(1+i)+1]$$

上式中的 $[(1+i)^{n-1}+(1+i)^{n-2}+\cdots+(1+i)+1]$ 为一个等比数列求和，根据等比数列求和公式可知，其为 $\dfrac{(1+i)^n-1}{i}$，所以等额支付终值的计算公式为

$$F=A\dfrac{(1+i)^n-1}{i} \tag{2-9}$$

式(2-9)中的 $\dfrac{(1+i)^n-1}{i}$ 也称为等额支付终值系数，记为 $(F/A,i,n)$。

【例 2-5】　某公司准备新建一座办公楼，工期为 5 年，每年年末向银行贷款 1 000 万元，利率为 8%，建成启用时一次偿还，问：第 5 年年末应偿还多少万元？

【解】　由式(2-9)，可知：

$$F=A\dfrac{(1+i)^n-1}{i}=1\,000\times\left[\dfrac{(1+0.08)^5-1}{0.08}\right]=1\,000\times 5.866\,6=5\,866.6(万元)$$

即第 5 年年末应该偿还 5 866.6 万元。

4. 等额支付偿债基金公式

若 n 年后需要基金 F，利率为 i，问：n 年内每年应等额储备多少基金？换而言之，就是已知 F、i 和 n，求 A。等额支付偿债基金现金流量图如图 2-11 所示。

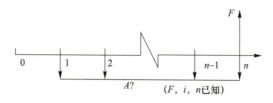

图 2-11　已知 F 求 A 的等额支付偿债基金现金流量图

等额支付偿债基金是等额支付终值的逆运算。由等额支付终值公式 $F=A\dfrac{(1+i)^n-1}{i}$ 可知，等额支付偿债基金公式为

$$A=F\dfrac{i}{(1+i)^n-1} \tag{2-10}$$

式(2-10)中的 $\dfrac{i}{(1+i)^n-1}$ 也称为等额支付偿债基金系数,记为$(A/F, i, n)$。

【例2-6】 某公司10年后要偿还债务20万元,年利率为10%,每年应从利润中提取多少钱存入银行?

【解】 由式(2-10),可知:

$$A = F\dfrac{i}{(1+i)^n-1} = 20 \times \dfrac{0.1}{(1+0.1)^{10}-1} = 20 \times 0.0627 = 1.2549(万元)$$

即公司每年应从利润中提取1.2549万元存入银行。

5. 等额支付现值公式

在投资项目分析中,同样经常需要计算一系列期末等额支付累积而成的现值。其现金流量图如图2-12所示。

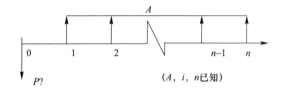

图2-12 已知 A 求 P 的等额支付终值现金流量图

等额支付终值可以这样确定:将每一个 A 看作一次整付的 F,用前面所述的整付现值公式可以求其值,然后相加就可以得到所求的终值,即

$$P = A(1+i)^{-1} + A(1+i)^{-2} + \cdots + A(1+i)^{-(n-1)} + A(1+i)^{-n} = A[(1+i)^{-1} + (1+i)^{-2} + \cdots + (1+i)^{-(n-1)} + (1+i)^{-n}]$$

上式中的 $[(1+i)^{-1} + (1+i)^{-2} + \cdots + (1+i)^{-(n-1)} + (1+i)^{-n}]$ 为一个等比数列求和,根据等比数列求和公式可知,其为 $\dfrac{(1+i)^n-1}{i(1+i)^n}$,所以等额支付终值的计算公式为

$$P = A\dfrac{(1+i)^n-1}{i(1+i)^n} \tag{2-11}$$

式(2-11)中的 $\dfrac{(1+i)^n-1}{i(1+i)^n}$ 也称为等额支付终值系数,记为$(P/A, i, n)$。

另外,也可以利用等额支付终值公式,先计算等额支付的终值 $A\dfrac{(1+i)^n-1}{i}$,然后再利用一次整付现值公式将终值 $A\dfrac{(1+i)^n-1}{i}$ 折现到0时刻,得到现值 $P = A\dfrac{(1+i)^n-1}{i(1+i)^n}$。

【例2-7】 某建筑公司15年内,每年年末应为设备支付维修费350元,年利率为4%,公司现应存入多少元?

【解】 由式(2-11),可知:

$$P = A\dfrac{(1+i)^n-1}{i(1+i)^n} = 350 \times \dfrac{(1+0.04)^{15}-1}{0.04(1+0.04)^{15}} = 350 \times 11.1184 = 3891.44(元)$$

即公司现应存入3891.44元。

等额支付偿债基金是等额支付终值的逆运算,即已知 P、i 和 n,求 A。等额支付资本回收公式的现金流量图如图2-13所示。

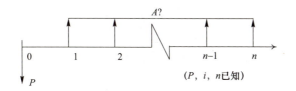

图 2-13 已知 P 求 A 的等额支付资本回收公式现金流量图

由等额支付终值公式 $P=A\dfrac{(1+i)^n-1}{i(1+i)^n}$ 可知等额支付资本回收公式为

$$A=P\dfrac{i(1+i)^n}{(1+i)^n-1} \tag{2-12}$$

式(2-12)中的 $\dfrac{i(1+i)^n}{(1+i)^n-1}$ 也称为等额支付资本回收系数,记为 $(A/P, i, n)$。

【例 2-8】 某企业向银行贷款 50 000 元购买设备,年利率为 9%,要求在 10 年内等额偿还,问:企业每年应偿还多少元?

【解】 由式(2-12),可知:

$$A=P\dfrac{i(1+i)^n}{(1+i)^n-1}=50\,000\times\dfrac{0.09\times(1+0.09)^{10}}{(1+0.09)^{10}-1}=50\,000\times 0.155\,8=7\,791(元)$$

即企业每年应偿还 7 791 元。

以上六个复利公式是投资项目分析中常用的基本公式,为了便于对比分析与熟练掌握,将其汇总在表 2-3 中。在计算等额支付终值和等额支付现值时,需要特别注意现金流的结构。为方便记忆,可以总结为两个规则:

规则 1:当公式包含 A 求 F 时,现金流的最后一个 A 与 F 发生在同一个计息期;

规则 2:当公式包含 A 求 P 时,所求 P 发生在现金流的第一个 A 的前一个计息期。

表 2-3 六个常用的等值计算基本公式

公式名称		已知→未知	公式	系数名称符号	现金流量图
一次支付	整付终值	$P \to F$	$F=P(1+i)^n$ $=P(F/P, i, n)$	$(1+i)^n$ 一次支付终值系数	
	整付现值	$F \to P$	$P=F(1+i)^{-n}$ $=F(P/F, i, n)$	$(1+i)^{-n}$ 一次支付终值系数	
等额支付	等额支付终值	$A \to F$	$F=A\left[\dfrac{(1+i)^n-1}{i}\right]$ $=A(F/A, i, n)$	$\dfrac{(1+i)^n-1}{i}$ 等额支付终值系数	
	等额支付偿债基金	$F \to A$	$A=F\left[\dfrac{i}{(1+i)^n-1}\right]$ $=F(A/F, i, n)$	$\dfrac{i}{(1+i)^n-1}$ 等额支付偿债基金系数	

续表

<table>
<tr><th colspan="2">公式名称</th><th>已知→未知</th><th>公式</th><th>系数名称符号</th><th>现金流量图</th></tr>
<tr><td rowspan="2">等额支付</td><td>等额支付现值</td><td>$A \to P$</td><td>$P=A\left[\frac{(1+i)^n-1}{i(1+i)^n}\right]$
$=A(P/A,\ i,\ n)$</td><td>$\frac{(1+i)^n-1}{i(1+i)^n}$
等额支付现值系数</td><td rowspan="2">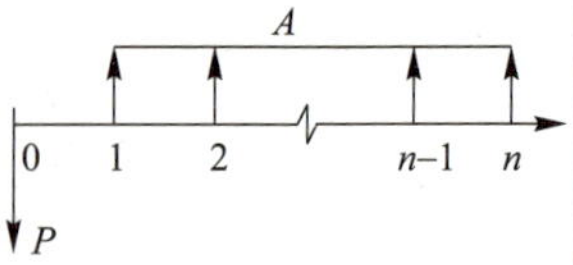</td></tr>
<tr><td>等额支付资本回收</td><td>$P \to A$</td><td>$A=P\left[\frac{i(1+i)^n}{(1+i)^n-1}\right]$
$=F(A/P,\ i,\ n)$</td><td>$\frac{i(1+i)^n}{(1+i)^n-1}$
等额支付资本回收系数</td></tr>
</table>

第四节　Excel 在资金时间价值计算中的应用

利用 Excel 工具处理资金时间价值相关的计算，可以有效地提高计算速率，增加数据的准确性。本节主要介绍 Excel 实现上述六种基本资金等值计算及名义利率与实际利率计算的步骤。

一、终值的 Excel 操作

在 Excel 中提供了终值 FV 函数，可以用它计算不同情况下资金的终值。FV 函数的公式是 FV(rate，nper，pmt，pv，type)。

rate：各期利率。

nper：计息周期，即该项投资(或贷款)的付款期总数。

pmt：各期所应支付(或得到)的金额，其数值在整个年金期间(或投资期内)保持不变。如果忽略 pmt 参数，则必须填写 pv 参数。

pv：现值，即从该项投资开始计算时已经入账的款项，或一系列未来付款的当前值的累积和，也称为本金。如果省略 pv，则默认其值为零，并且必须填写 pmt 参数。

type：数字 0 或 1，用以指定各期的付款时间是在期初(1)还是期末(0)。如果省略 type，则默认其值为 0。

现分别介绍整付终值和等额支付终值的 Excel 操作。

1. 整付终值的 Excel 操作

现以【例 2-3】说明整付终值的 Excel 操作步骤：

步骤 1：输入基础数据，如图 2-14 所示。

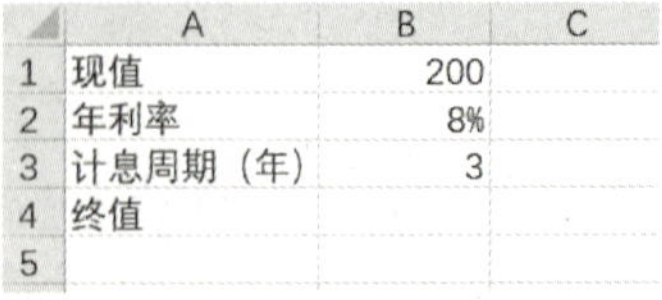

	A	B	C
1	现值	200	
2	年利率	8%	
3	计息周期（年）	3	
4	终值		
5			

图 2-14　基础数据

步骤 2：选中 B4 单元格，执行“公式”|“财务”命令，在列表中，选择函数为“FV”，如图 2-15 所示。

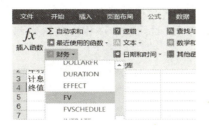

图 2-15　FV 函数

步骤 3：选中后弹出"函数参数"对话框，在相应的函数参数文本框中选择相应的信息，如图 2-16 所示。

图 2-16　"函数参数"对话框

步骤 4：单击"确定"按钮，得出计算结果，如图 2-17 所示。

图 2-17　终值计算结果

其中负数表示现金流出，Excel 在资金等值计算时考虑了资金的平衡（现金流入等于现金流出）。在计算终值时，可以直接在相应单元格输入公式，填写对应的各个参数，如图 2-17 所示。

2. 等额支付终值的 Excel 操作

等额支付终值同样使用 FV 函数计算，此时参数 pv＝0 或省略，pmt 填写相应的等额支付值。现以【例 2-5】说明等额支付终值的 Excel 操作步骤：

步骤 1：输入基础数据，如图 2-18 所示。

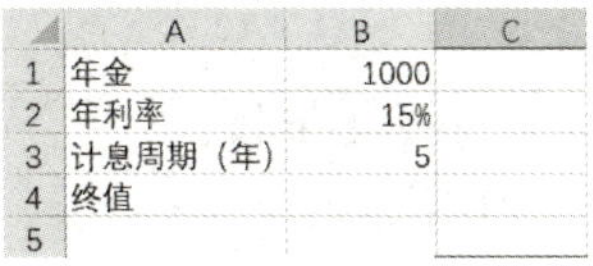

图 2-18　基础数据

步骤 2：选中 B4 单元格，执行“公式”|“财务”命令，在列表中，选择函数为“FV”。

步骤 3：选中后弹出“函数参数”对话框，在相应的函数参数文本框中选择相应的信息，如图 2-19 所示。

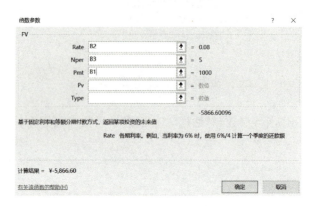

图 2-19 “函数参数”对话框

步骤 4：单击“确定”按钮，得出计算结果，如图 2-20 所示。

	A	B	C
1	年金	1000	
2	年利率	8%	
3	计息周期（年）	5	
4	终值	¥-5,866.60	
5			

图 2-20 终值计算结果

二、现值的 Excel 操作

Excel 提供了现值函数 PV，可以用它计算不同情况下的资金的现值。PV 函数的公式是 PV(rate，nper，pmt，fv，type)。

rate：各期利率。

nper：计息周期，即该项投资(或贷款)的付款期总数。

pmt：各期所应支付(或得到)的金额，其数值在整个年金期间(或投资期内)保持不变。如果忽略 pmt 参数，则必须填写 fv 参数。

fv：终值，或在最后一次支付后希望得到的现金余额，如果省略 fv，则默认其值为零，并且必须填写 pmt 参数。

type：数字 0 或 1，用以指定各期的付款时间是在期初(1)还是期末(0)。如果省略 type，则默认其值为 0。

现分别介绍整付现值和等额支付现值的 Excel 操作。

1. 整付现值的 Excel 操作

现以【例 2-4】说明整付现值的 Excel 操作步骤：

步骤 1：输入基础数据，如图 2-21 所示。

步骤 2：选中 B4 单元格，执行“公式”|“财务”命令，在列表中，选择函数为“PV”，如图 2-22 所示。

图 2-21　基础数据

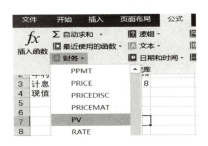

图 2-22　PV 函数

步骤 3：选中后弹出"函数参数"对话框，在相应的函数参数文本框中选择相应的信息，如图 2-23 所示。

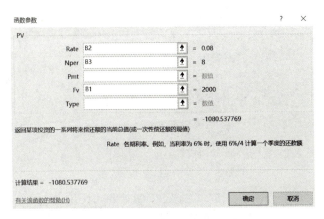

图 2-23　"函数参数"对话框

步骤 4：单击"确定"按钮，得出计算结果，如图 2-24 所示。

图 2-24　现值计算结果

2. 等额支付现值的 Excel 操作

等额支付现值同样使用 PV 函数计算，此时参数 fv＝0 或省略，pmt 填写相应的等额支付值。现以【例 2-7】说明等额支付现值的 Excel 操作步骤：

步骤 1：输入基础数据，如图 2-25 所示。

图 2-25 基础数据

步骤 2：选中 B4 单元格，执行"公式"|"财务"命令，在列表中，选择函数为"PV"。

步骤 3：选中后弹出"函数参数"对话框，在相应的函数参数文本框中选择相应的信息，如图 2-26 所示。

图 2-26 "函数参数"对话框

步骤 4：单击"确定"按钮，得出计算结果，如图 2-27 所示。

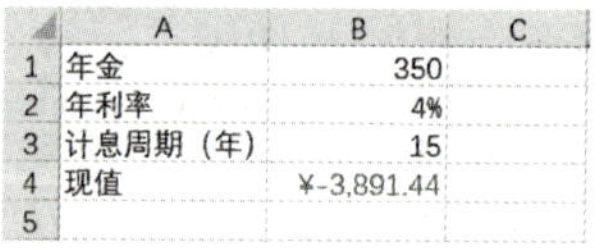

图 2-27 现值计算结果

三、年金的 Excel 操作

Excel 提供了年金函数 PMT，可以用它计算不同情况下的资金的现值。PMT 函数的公式是 PMT(rate, nper, pv, fv, type)。

rate：各期利率。

nper：计息周期，即该项投资（或贷款）的付款期总数。

pv：现值，即从该项投资开始计算时已经入账的款项，或一系列未来付款的当前值的累积和，也称为本金。

fv：终值，或在最后一次支付后希望得到的现金余额，如果省略 fv，则默认其值为零。

type：数字 0 或 1，用以指定各期的付款时间是在期初(1)还是期末(0)。如果省略 type，则默认其值为 0。

现分别介绍等额支付偿债基金和等额支付资本回收的 Excel 操作。

1. 等额支付偿债基金的 Excel 操作

现以【例 2-6】说明等额支付偿债基金的 Excel 操作步骤：

步骤 1：输入基础数据，如图 2-28 所示。

	A	B	C
1	年利率	4%	
2	计息周期（年）	15	
3	终值	¥20.00	
4	年金		
5			

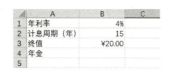

图 2-28　基础数据

步骤 2：选中 B4 单元格，执行“公式”|“财务”命令，在列表中，选择函数为“PMT”，如图 2-29 所示。

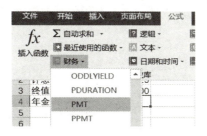

图 2-29　PMT 函数

步骤 3：选中后弹出“函数参数”对话框，在相应的函数参数文本框中选择相应的信息，如图 2-30 所示。

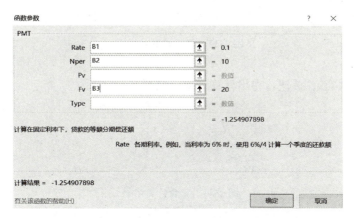

图 2-30　“函数参数”对话框

步骤 4：单击“确定”按钮，得出计算结果，如图 2-31 所示。

	A	B	C
1	年利率	10%	
2	计息周期（年）	10	
3	终值	¥20.00	
4	年金	¥-1.25	
5			

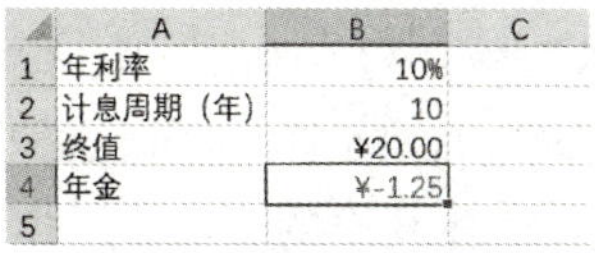

图 2-31　年金计算结果

2. 等额支付资本回收的 Excel 操作

等额支付资本回收同样使用 PMT 函数计算，现以【例 2-8】说明等额支付资本回收的 Excel 操作步骤：

步骤 1：输入基础数据，如图 2-32 所示。

图 2-32　基础数据

步骤 2：选中 B4 单元格，执行"公式"｜"财务"命令，在列表中，选择函数为"PMT"。

步骤 3：选中后弹出"函数参数"对话框，在相应的函数参数文本框中选择相应的信息，如图 2-33 所示。

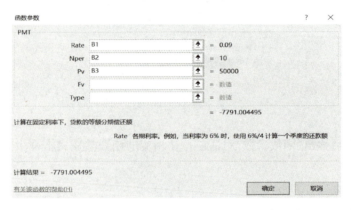

图 2-33　函数参数对话框

步骤 4：单击"确定"按钮，得出计算结果，如图 2-34 所示。

图 2-34　年金计算结果

四、名义利率与实际利率的 Excel 操作

1. 实际利率的 Excel 操作

当给定名义利率和一年内计息次数，可以利用 effect 函数计算实际年利率。effect 函数的公式为 effect(nominal_rate, npery)，其中，nominal_rate 为名义利率，npery 为一年内计息次数。现以【例 2-2】说明计算实际利率的 Excel 操作：

步骤 1：输入基础数据，如图 2-35 所示。

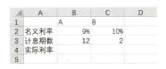

图 2-35　基础数据

步骤 2：在 B4 和 C4 单元格插入 effect 函数并选取各个参数的相应数据，结果如图 2-36 所示。

图 2-36　计算结果

2. 名义利率的 Excel 操作

当给定实际年利率和一年内计息次数，可以利用 nominal 函数计算名义年利率。nominal 函数的公式为 nominal(effect_rate，npery)，其中，effect_rate 为实际利率，npery 为一年内计息次数。现假设已知【例 2-2】的实际利率，只要插入 nominal 函数，选取相应参数对应的数据即可求得名义利率，如图 2-37 所示。

图 2-37　计算结果

第三章　房地产投资环境及市场分析

知识目标

1. 了解房地产投资环境的内涵及特征；
2. 掌握房地产投资环境的分类及其具体分析方法；
3. 了解房地产投资市场分析的内涵和类型；
4. 掌握房地产投资市场分析的要点。

能力目标

1. 能解释投资环境的含义；
2. 能进行房地产投资环境分析；
3. 能解释市场分析的含义；
4. 能编制房地产市场调查报告。

第一节　房地产投资环境分析

投资环境是投资赖以进行的前提，其作为外部制约因素决定了投资的方向、数量和结构，它的好坏直接影响投资效果，因此，受到投资者的普遍重视。房地产投资环境作为影响房地产项目的外部条件，是无法改变且无法控制的。做好房地产投资环境分析，对于投资者充分了解和把握投资环境，制定正确的房地产投资方案，做出正确的房地产投资决策，规避投资风险有着重大的意义。

一、房地产投资环境的含义及特征

1. 投资环境的含义

投资环境主要是指现在和未来影响与制约投资主体投资动机、投资决策，以及投资风险和收益的政策、制度和行为环境等一切外部条件的总称。

最初人们关于投资环境的研究主要是关注投资区域范围内的自然地理环境和基础设施等基本物质条件，即所谓的硬环境。随着社会经济的发展，各地为了吸引投资，除提供基本的物质条件外，还在经济、制度、立法、服务等方面不断创造各种优惠条件，如减免税收、提供法律保护投资者利益、建立为投资者服务的机构等，即所谓的软环境。这些条件和措施对国家或地区引进资金和技术，促进当地经济、社会的发展意义重大。现在的投资环境，就是指资金得以有效运行的条件，通常包括地理区位、资源条件、基础设施、政治环境、经济环境和社会文化条件等有关因素。

2. 房地产投资环境的概念

房地产投资环境，是指房地产投资所必须依赖的经济、社会、文化、科技等外部条件的总称，是某区域系统房地产投资和房地产资本流动之间影响要素的总和。

3. 房地产投资环境的特征

房地产投资环境是一个动态、多层次、多因素的大系统，其各子系统之间、各子系统中的各因素之间都是相互联系、互为条件、相互制约的。一般来说，对具体某个投资者而言，投资环境是无法改变，也不可完全控制的，投资者必须努力认清其所处的环境，并努力适应环境，利用环境提供的有利因素，回避不利因素。投资环境作为区域现实的反映，其基本特征表现在系统性、动态性、主导性及区域性四个方面。

（1）系统性。房地产投资环境是一个由影响房地产投资流量和流向的政治、经济、自然、社会、文化等众多因素交织而成的有机整体，系统各要素相互联系、相互制约。其中任何一种因素发生变化都会引起其他因素发生连锁反应，进而影响整个环境系统。因此对投资方来说，要综合考虑各方面条件对投资决策的影响。

（2）动态性。构成房地产投资环境的诸要素及其评价标准都是在不断变化的。例如，城市区域的人口数量、经济水平、产业政策等都是随着时间推移而变化的。同时，投资环境评价标准也会因投资环境的变化而变化，有些标准可能由过去的不重要变得越来越重要，有些因素的地位则不断下降。

（3）主导性。在不同的发展阶段，影响房地产投资的区域社会经济各要素中总有一个或几个要素居于主导地位，影响和决定了这一时期区域的性质和特征。在投资环境各要素中，某一时期、某一地区也只有一个或几个主导要素，它们在对投资活动的影响中居于决定和支配地位。

（4）区域性。房地产市场是区域性市场，区域性是房地产投资环境最显著的特征。土地的稀缺性，决定了地区之间在自然、地理、社会经济上存在着差异，也就决定了地区之间房地产投资环境的差异性。例如，北上广深这些一线城市的房地产市场与二线城市的房地产市场有着不同的特点。即使是同一区域的投资环境、区位不同，周边配套环境不同，对某些项目有利，对另一些项目可能反而不利。对于投资者来说，应根据投资项目的特点，选择合适的区域进行投资，以取得最好的投资效益。

二、房地产投资环境的分类

从不同的角度，可以对投资环境做不同的分类。

（1）从投资环境所包含因素的多少来划分，可分为狭义的投资环境和广义的投资环境。狭义的投资环境主要是指投资的经济环境，包括一国经济发展水平、经济发展战略、经济体制、基础设施、外汇管制、市场的完善程度、物价和经济的稳定状况等；广义的投资环境除包括狭义的投资环境（即经济的投资环境）外，还包括政治、法律、社会文化等对投资可能发生直接、间接影响的各种因素。通常所说的投资环境主要是指广义的投资环境。

（2）从投资环境表现的形态来划分可分为硬投资环境和软投资环境。硬投资环境是指那些具有物质形态的各种影响投资的因素的总和，如交通运输、邮电通信、供水、供电、供气、环保、社会生活服务设施等；软投资环境是指那些没有具体物质形态的各种影响投资的因素的总和，如政策、法规、投资双方的管理水平等。硬投资环境对国际投资活动固然重要，但软投资环境也不可忽视。

（3）从投资环境的属性划分，可分为自然投资环境和人为投资环境。自然投资环境主要是指自然地理条件，如有观赏和游玩价值的自然山水、有开采价值的矿产资源等；人为投资环境主要指生产性、生活性及社会性基础设施等。对东道国来说，既要重视对自然投资环境的利用，更要重视人为投资环境的改善。

（4）从地域范围上划分，可分为宏观投资环境和微观投资环境。宏观投资环境是指整个国家范围内影响投资的各种因素的总和；微观投资环境是指一个地区范围内影响投资的各种因素的总和。各个地区的投资环境是国家宏观投资环境的构成部分，因此，各地区投资环境的改善也能促进国家宏观投资环境的改善。

三、房地产投资环境分析的内容

正确判别某一投资项目所处的投资环境，从而选择最佳投资地点、对象和时间，已成为房地产投资决策的重要环节之一。房地产项目投资环境分析的主要内容包括经济环境、自然环境、政治环境、法律环境、社会文化环境、人口环境等方面的分析。

1. 经济环境分析

房地产产业的发展与经济环境息息相关，经济的发展水平和增长速度决定或制约着房地产业的发展水平。经济环境是投资者投资决策时考虑最多、最重要、最直接的因素。经济发展速度快，居民收入水平不断提高，则购买力增强，市场需求增大。影响房地产市场的经济因素包括国家层面上的宏观经济要素和地区层面上的地区经济要素。

（1）宏观经济环境分析。宏观经济环境是一国或地区的总体经济环境，是影响房地产投资开发的深层次因素，也是最实质、最关键的因素之一。房地产投资开发需要提前了解3年、5年，甚至10年的情况，了解的重要内容之一就是宏观经济环境。宏观经济环境分析通常分析以下指标：

1）国民经济整体情况分析。国民经济整体情况分析包括国内生产总值及其增长率、消费品零售总额及其增长率、经济景气指数等。

2）固定资产投资分析。固定资产投资分析包括固定资产投资总额、固定资产投资增长速度、房地产开发投资占全社会固定资产投资的比例、国民经济产业结构和主导产业等。

3）通货膨胀分析。衡量通货膨胀的指数是物价指数。物价指数主要包括消费者价格指数（CPI）、生产者价格指数（PPI）及国内生产总值折算数。

4）城乡居民购买能力分析。城乡居民购买能力分析包括居民消费价格指数、人均可支配收入、个人消费支出、消费结构等。

（2）地区经济环境分析。地区经济环境分析是分析房地产项目所在地区的经济情况对本项目的影响。通常要分析以下指标：

1）反映地区经济实力的指标。反映地区经济实力的指标包括该地的国内生产总值、地方财政收入、人均GDP、人均社会消费品零售总额、固定资产投资总额及与周边其他地区的比较等。

2）反映地区经济结构方面的指标。反映地区经济结构方面的指标包括地区第一、二、三产业的增加值、增长率及占国内生产总值的比重，城市/区域产业结构分析（支柱性产业、增长最快的产业、产业园区情况、重点产业/重大企业情况）。

3)反映地区经济活力的指标。反映地区经济活力的指标包括地区生产总值增长率、城镇居民人均可支配收入增长率等各种增长率指标。

4)反映地区购买力的指标。反映地区购买力的指标包括人均可支配收入变化走势及支出构成、恩格尔系数、房价收入比、住房自有化率、房租/房价比(二手房活跃程度)、人均居住面积等。

5)地区内重大经济项目分析。如果地区内重大经济项目的开展和建设会对房地产项目本身的投资决策产生影响,需要单独分析。

2. 自然环境分析

自然环境是指一国或地区在一定时期内各种自然条件所构成的生态系统。由于自然环境是一种投资者无法轻易改变的客观物质环境,具有相对不变和长久稳定的特点,而房地产投资项目具有地理位置的固定性和不可逆的特点,因而房地产投资必须重视自然环境的分析研究。我国幅员辽阔,各地气候不同,故自然条件应属于房地产调查的范围。例如,东北地区和南方地区的卧室都相对比较小,东北地区卧室小是为了节省保暖用的燃料,南方地区卧室小是因为南方人衣着、被褥比较简单;而华东地区的卧室不宜过小,因为华东地区四季比较分明,卧室内需放衣柜,以备更换衣物。自然环境分析是指对地理位置、气候条件、地形地貌、地质条件以及城市基础设施等的分析。

(1)地理条件。地理条件分析是指对投资地点所处的各种地理位置和地形地貌进行分析,如地质地貌、自然风光及气候等,尤其是其中的土地状况、环境质量、绿化等要素最为重要。地理位置指投资地点距离主要公路、铁路、港口的远近等,即交通的便捷程度,这直接关系到未来住户的生活方便程度,从而影响楼盘的销售或出租。

(2)气候条件。气候条件分析是对投资对象所在地的光照、气温、湿度、降雨量和风力等进行分析。

(3)资源条件。资源条件分析是指从人力资源、土地资源、原材料资源及能源角度对投资环境进行的分析,包括自然资源、产业资源、土地资源、配套资源等。配套资源包括大中小学及教育资源、医疗资源、大型购物中心和商场、文化体育及娱乐设施等。在房地产投资项目中,土地资源获取的难易程度及成本高低则会直接影响房地产开发企业是否愿意进入该国或该地区的房地产市场。

(4)交通条件。交通条件分析是指对城市、区域或项目周围的公路、铁路、航空、城市环线桥梁隧道、轨道交通等交通要道、枢纽进行的分析。

(5)基础设施。基础设施分析的内容主要是指"七通一平",包括道路现状、电力供应状况、供水情况、污水雨水排放情况、通信情况、燃气情况、供热情况。方便的基础设施环境对于房地产投资项目开发、经营具有重要的保证和制约作用。

3. 政治环境分析

政治环境指的是一个国家的政治制度、政局的稳定性和政策的连续性、政府管理服务水平等方面的基本条件。

(1)政治制度。政治制度是指国家政权的组织形式和管理形式。投资者关注的是某投资国或地区的政治体制变革及政权更迭过程中所体现的渐进性、平和性。

(2)政治局势。政治局势是社会稳定的重要标志,包括国内局势稳定和对外局势稳定两个方面。国内政局的稳定依赖于经济和社会的稳定,其动荡也一般由政治斗争、社会动乱、重大经济问题等引发;对外局势稳定则依赖于外交的稳定,包括外交政策、边界问题等。

无疑,动荡的局势势必阻碍房地产这种长期投资的资产进入。一般来说,一个地区如果政治局势比较稳定,很显然能够吸引房地产商投资房地产,当地房地产的价格就会逐步攀高;如果政局动荡,甚至发生战争,显然会对房地产投资造成不利影响。

(3)政策制度。政策制度是政府为实现一定时期的一定目标而制定的行动准则。影响房地产项目的政策、法律从全国到地方都不可忽视,尤其是项目所在城市的一些地方性政策、法规往往会直接影响项目的投资决策。根据经济学的基本原理,市场价格是由市场供给和市场需求共同决定的。政策环境主要是通过影响房地产供给和房地产需求的一方或两方来影响房地产市场,影响房地产价格。政策对供给的影响主要是通过影响土地供给数量、开发成本、开发进度和开发商预期等来影响房地产供给。政策对需求的影响主要是通过个人住房贷款首付比例和利率的调整来实现。对房地产项目影响比较大的政策有土地政策、金融政策、税收政策、人口政策、房地产调控政策等。

1)土地政策。土地是房地产业的最重要的生产要素之一。影响房地产市场的土地政策包括耕地保护政策、土地出让政策、土地使用政策、土地税收政策等。土地政策的影响对象主要是房地产开发商。国家可以通过制定影响开发商获取土地的政策来达到从土地取得环节调控房地产市场的目的。影响开发商土地获取的政策包括:影响土地获取方式的政策(如国土资源部①第11号令《招标拍卖挂牌出让国有土地使用权规定》)、影响土地获取成本的政策(如《关于调整新增建设用地土地有偿使用费政策等问题的通知》)和影响土地获取难度的政策。

2)信贷政策。房地产的开发和消费都离不开金融的支持,因而,金融政策是影响房地产市场的最重要政策工具之一。影响房地产市场的金融政策包括开发商贷款方面的政策和房地产自住消费与投资、投机购房的按揭贷款政策,每类政策又可分为贷款条件的规定和贷款利率的规定。开发贷款方面的金融政策直接影响开发项目的资本金比例或筹资成本。房地产消费中的按揭贷款政策(包括首付比例、贷款利率、公积金等方面)影响自住购买者的购房成本,进而影响其购买能力、购买意愿和购买住房的类型。

3)税收政策。国家或地方政府可以通过房地产税收的开征、停征,以及减税、免税、税率的提高或下降等来影响房地产价格,并影响房地产市场,目前,影响我国房地产市场的税收政策主要有影响房地产开发的税收政策(如《中华人民共和国耕地占用税暂行条例》)、影响房地产交易的税收政策(如增值税、土地增值税、契税的具体政策和相关规定)和影响房地产持有的税收政策(如城镇土地使用税、房产税的具体政策和相关规定)。

4)人口政策。人口政策是政府对调节、指导人口发展变化所持的态度与所采取的手段和措施。广义的人口政策是指政府为了达到预定的与人口有关的经济、社会发展目标而采取的旨在影响生育率、死亡率、人口年龄结构、人口生理素质、文化教育程度、道德思想水平,以及人口迁移和地区分布等方面变化的一系列措施;狭义的人口政策主要是指政府在影响生育率变化方面的措施。人口政策分析包括对生育政策(如2015年我国全面实施二孩政策)、人才引进政策(包括契税补贴、放宽落户购房限制、降低公积金首付等内容)、落户政策等的分析。发改委《2019年新型城镇化建设重点任务》中,提出城区常住人口100万~300万的Ⅱ型大城市,要全面取消落户限制,城区常住人口300万~500万的Ⅰ型大城市,要全面放开放宽落户条件,并全面取消重点群体落户限制。

5)房地产调控政策。房地产调控政策是政府为了保持房地产市场的健康可持续发展而采

---

① 国土资源部:今为自然资源部。

取的综合手段和措施，可以概括为限购、限贷、限价、限售、限商的"五限"。如根据2016年3月24日发布的《上海市人民政府办公厅转发市住房城乡建设管理委等四部门关于进一步完善本市住房市场体系和保障体系促进房地产市场平稳健康发展若干意见的通知》，非上海市户籍居民家庭在上海购房，需自购房之日前连续缴纳满5年及以上个人所得税或社会保险。

6) 国家城市规划。规划分析是指对城市规划、土地利用总体规划、土地利用年度计划、住房建设规划与住房建设年度计划、国民经济和社会发展规划及其他城市发展规划与计划的分析。各种规划和计划都是通过直接或间接影响房地产市场的供给、需求、价格来影响房地产市场。

4. 法律环境分析

健全的、相对稳定的法律及法规是保护投资者权利、约束投资者行为的重要保证。法律因素主要包括法律的完整性、法制的稳定性和执法的公正性三个方面。法律的完整性主要是从投资项目所依赖的法律条文的覆盖面上考虑的，体现在法律、法规是否健全；法制的稳定性主要是研究法规是否变动频繁，是否有效；执法的公正性是指法律纠纷、争议在仲裁过程中的客观性和公正性。有关房地产开发经营的法律规定包括《房地产开发经营管理条例》《中华人民共和国土地管理法》《中华人民共和国城市房地产管理法》《中华人民共和国广告法》《中华人民共和国反不正当竞争法》等。

5. 社会文化环境分析

社会文化环境是指拟投资的房地产项目所在地区的社会意识形态，如公民受教育的程度、宗教、生活习惯、生活方式、社会心理、道德、消费理念、文化传统及对生活的态度等。它在很大程度上决定人们的价值观念和购买行为，因此，影响着房地产消费者购买房地产产品的动机、种类、方式。某一地区人们所持有的核心文化价值观念具有高度的持续性，因此，房地产开发企业必须了解当地消费者的文化和传统习惯，才能被当地消费者接受。文化环境包含的范围很广泛，主要涉及以下几个方面：

(1) 教育程度和职业，它与消费者的收入、社交、居住环境及消费习惯均密切相关，从购买习惯来看，通常受教育程度越高的消费者购买时的理性程度越高，他们对房屋的设计方案、房间大小与分隔、功能与环境等的要求与一般人不尽相同。

(2) 消费者家庭生活习惯、审美观、风俗习惯。

(3) 价值观念，在特定的社会中，人们持有许多持久不变的核心信仰和价值观念，它们对房地产市场也会产生相应的影响，如消费者民族与宗教信仰。

6. 人口环境分析

一定数量的人口是市场营销活动的基础。人口与房地产市场紧密相连，人口和家庭数量的增长直接影响房地产的需求，人口结构尤其是年龄结构往往决定着房地产市场的产品结构和产品需求类型。一般来说，人口越多，收入越高，市场需求量越大。不同地理分布、不同民族、不同城市和不同年龄结构的人，其需求也各不同。人口迁徙流动也直接影响市场需求。因此，对城市/区域人口的分析非常重要。

人口环境主要分析指标包括：城市人口分布；城市人口迁徙地图；城市/区域户籍人口、常住人口、外来人口比例及走势；出生人口；首婚年龄、首胎年龄；整体年龄趋势（老龄化率、少儿抚养比等）；劳动适龄人口；学龄人口及小学入学人数；高校毕业生等级划分、毕业生数量、留本地的比例等；中高收入人群聚集地；城市/区域未来人口预判；产业迁徙与城市更替对人口变迁的影响；伴随购房决策人的变化（本地人与新移民、老年人与年轻人等）；不同人群在购房区域选择、购房逻辑/驱动力上的变化。

四、房地产投资环境分析的方法

投资环境分析的结论是开发企业制定投资战略、选择开发地区、确定开发的物业形式和选择投资方式的重要依据。认真做好市场调查和投资环境评估是房地产开发项目成功与否的基础。对投资环境分析的方法有30多种，这里主要介绍冷热对比法、等级尺度法、道氏评估法和闵氏评估法四种适合房地产投资环境分析的方法。

1. 冷热对比法

冷热对比法是1968年美国学者伊西·利特法克和彼得·班廷在《国际商业安排的概念构造》一文中提出来的。他们归纳出一个地区投资环境"冷热"（优劣）的七大因素，即政治稳定性、市场机会、经济发展和成就、文化一体化、法令障碍、实质阻碍及地理文化差距，并将这些环境因素由热至冷依次排列，当这些因素处于有利于投资和获取利润的状况时，称为热因素；反之称为冷因素，由此来对一些国家和地区的投资环境进行评价。这些因素包括以下几项：

（1）政治稳定性。有一个由社会各阶层代表所组成的、为广大人民群众所拥护的政府。该政府能够鼓励和促进企业的发展，创造出良好的适宜企业长期经营的环境。当一个地区的政治稳定性高时，这一因素被称为"热"因素。

（2）市场机会。有广大的顾客对开发商提供的产品和服务具有尚未满足的需求，且有较大的购买力。当市场机会大时，它就被称为"热"因素。

（3）经济发展和成就。一个地区所处的经济发展阶段、增长率、经济效益及稳定性等，是投资环境分析的重要方面之一。当经济处于快速发展时，它就被称为"热"因素。

（4）文化一体化。一个地区内各阶层人民的相互关系及风俗习惯、价值观念、宗教信仰等方面的差异程度，都要受到传统文化的影响。当文化一体化的程度高时，那它就是一个"热"因素。

（5）法令障碍。一个地区的法规繁复，法律制度不健全，并有意无意地限制和束缚现有企业的生产和经营，这将会影响今后的投资环境。若法令阻碍大，这就是一个"冷"因素。

（6）实质阻碍。一个地区的自然条件，如地形、地理位置、气候、降雨量、风力等，往往会对企业的有效经营产生阻碍。如果实质阻碍高，就是一个"冷"因素。

（7）地理文化差距。与开发企业总部所在地距离遥远，文化迥异，社会观念、风俗习惯和语言上存在差异等，都会对相互之间的沟通和联系产生不利影响。如果地理与文化差距大，就是一个"冷"因素。具体内容见表3-1。

表3-1 冷热对比例表

国别要素	要素冷热度	政治稳定性	市场机会	经济发展和成就	文化一体化	法令障碍	实质阻碍	地理文化差距
A国	热	大	大	大	大	小	中	小
B国	偏热	大	大	大	中	小	中	大
C国	偏冷	大	中	中	中	中	大	大
D国	冷	大	小	小	中	大	大	大

总之，政治稳定、市场机会大、经济成长快、文化统一、法令限制小、实质阻碍小、地理文化差距小的国家或地区就称为"热地区"；反之，则称为"冷地区"。一个地区的投资环境越好，开发企业在该国的投资参与程度就越大；相反，一个地区的投资环境越差，则开发企业参与该地区投资的程度就越小。

当然，上述七个因素又可分为若干个子因素，可以对这些子因素做进一步的"热冷"分析。

冷热法是最早的一种投资环境评估方法，虽然在因素（指标）的选择及其评判上有些笼统和粗糙，但它却为评估投资环境提供了可利用的框架，为以后投资环境评估方法的形成和完善奠定了基础。但该方法比较侧重对宏观因素的考察，而缺乏对一些微观因素（如基础设施、资金、劳动力技术水平的稳定性、价格等因素）的分析。

2. 等级尺度法

等级尺度法也称罗氏多因素分析法，是由美国经济学家罗伯特·斯托伯在1969年发表的《如何分析国外投资环境》的论文中提出的。其特点是从东道国对外国投资者的限制和鼓励政策对投资者造成影响的角度，将投资环境可分为八大类因素，即资本收回限制规定、外资股权比例、对外商的管制和歧视程度、货币稳定性、政治稳定性、给予关税保护的态度、当地资本供应程度、近5年通货膨胀率的高低。对每一个因素再分成4~7个子因素，根据各因素和子因素对投资环境的影响程度，定出从最差到最好的各种情况的分类标准，最好的情况按其因素影响力的大小评分为12分、14分、20分不等，最差的情况评分为0分、2分、4分不等。先按各种情况打分，然后将各方面分数相加，计算出投资环境总分（8~100分），总分越高，投资环境越好。具体内容见表3-2。

表3-2 等级尺度评价法

投资环境因素	等级评分
1. 资本外调 ①无限制；②只有时间上的限制；③对资本有限制；④对资本和利润收入都有限制；⑤严格限制；⑥完全不准外调	0~12分 12 8 6 4 2 0
2. 外商股权 ①准许并欢迎全部外资股权；②准许全部外资股权但不欢迎；③准许外资占大部分股权；④外资最多不得超过股权半数；⑤只准外资占小部分股权；⑥外资不得超过股权的三成；⑦不准外资控制任何股权	0~12分 12 10 8 6 4 2 0
3. 歧视和管制 ①外商与本国企业一视同仁；②对外商略有限制但无管制；③对外商有少许管制；④对外商有限制并有管制；⑤对外商有限制并严加管制；⑥对外商严格限制和严格管制；⑦禁止外商投资	0~12分 12 10 8 6 4 2 0
4. 货币稳定性 ①完全自由兑换；②黑市价格与官方价格差距小于一成；③黑市价格与官方价格差距在一成与四成之间；④黑市价格与官方价格差距在四成与一倍之间；⑤黑市价格与官方价格差距在一倍以上	4~20分 20 18 14 8 4

续表

投资环境因素	等级评分
5. 政治稳定性 ①长期稳定；②稳定但因人而治；③内部分裂但政府掌权；④国内外有强大的反对力量；⑤有政变和激变的可能；⑥不稳定，政变和激变极可能	0～12分 12 10 8 4 2 0
6. 给予关税保护的意愿 ①给予充分保护；②给予相当保护，以新工业为主；③给予少许保护，以新工业为主；④保护甚少或不予保护	2～8分 8 6 4 2
7. 当地资金的可供程度 ①完善的资本市场，有公开的证券交易所；②有少量当地资本，有投机性证券交易所；③当地资本少，外来资本不多；④短期资本极其有限；⑤资本管制很严；⑥高度的资本外流	0～10分 10 8 6 4 2 0
8. 近五年的通货膨胀率 ①小于1%；②1%～3%；③3%～7%；④7%～10%；⑤10%～15%；⑥15%～35%；⑦35%以上	2～14分 14 12 10 8 6 4 2
总计	8～100分

等级尺度法所选取的因素都是对投资环境有直接影响的、为投资决策者最关切的因素，同时，都具有较为具体的内容，评价时所需要的资料易于取得又易于比较。主要着眼于东道国对外商投资的优惠态度、限制及吸引外资的能力。它主要考察外国投资者在生产经营过程中直接与投资使用有关的影响因素，但是没有考虑影响项目建设和企业生产经营等自身因素，因此，采用该方法评估有明显的片面性。

3. 道氏评估法

道氏评估法是美国经济学家1985年在中国杭州召开的"外资在发展中国家的作用"研讨会上，根据美国道氏化学公司在海外投资的经历提出来的一种评估法。

道氏评估法将跨国投资的风险分为两类，即竞争风险和环境风险。竞争风险是由于竞争对手可能生产出更好的产品，或生产技术更先进、生产成本更低等因素带来的风险；环境风险是某些可以使企业环境本身发生变化的经济、政治和社会事件。道氏评估法一般可分为以下几个步骤：

(1) 首先评估影响投资企业业务条件的各因素，并评估引起业务条件变化的各主要压力因素。

(2) 其次进行有利因素和假设条件的汇总，从中指出8～10个在该地的某个项目获得成功的关键因素。

(3) 在确定关键因素及其假设条件后，提出4套项目预测方案：其一是根据未来7年中各关键因素"最可能"的变化而提出的预测方案；其二是假设各关键因素的变化比预期的好而提出的"乐观"预测方案；其三是假设各关键因素的变化比预期的差而提出的"悲观"预测方案；其四是假设各关键因素变化最坏可能导致公司"遭难"的预测方案。

(4) 请专家对各方案可能出现的概率进行预测，从而做出决策。

4. 闵氏评价法

闵氏评价法是香港中文大学闵建蜀教授1987年在罗氏等级评分法的基础上提出的一种投资环境评价方法。其包括闵氏多因素评价法和闵氏关键因素评价法。这两种分析方法是密切联系而又有一定区别的。

(1)多因素评价法。闵氏多因素评价法将影响投资环境的因素分成11个大类，即政治环境、经济环境、财务环境、市场环境、基础设施、技术条件、辅助工业、法律制度、行政机构效率、文化环境和竞争环境，每一类因素又有一系列子因素。

第一步，根据重要程度来确定环境因素的权重；

第二步，将各类环境因素分解为若干个子因素，根据子因素的实际状态来确定环境因素的优劣百分比；

第三步，按照权重来加总各类环境因素的优劣百分比，用总分值的高低来判断投资环境的好坏，以此作为投资环境的一般性评价。具体内容见表3-3。

表3-3 多因素评价法因素与子因素组成

主因素	子因素	权数
1. 政治环境	政治稳定性，国有化可能性，当地政府的外资政策	0.15
2. 经济环境	经济增长，物价水平	0.10
3. 财务环境	资本与利润外调，对外汇价，集资与借款的可能性	0.15
4. 市场环境	市场规模，分销网点，营销的辅助机构，地理位置	0.10
5. 基础设施	国际通信设备，交通与运输，外部经济	0.05
6. 技术条件	科技水平，适合工资的劳动生产力，专业人才的供应	0.05
7. 辅助工业	辅助工业的发展水平，辅助工业的配套情况等	0.10
8. 法律制度	商法、劳工法、专利法各项法律制度是否健全，法律是否得到很好的执行	0.10
9. 行政机构效率	机构的设置，办事程序，工作人员的素质等	0.05
10. 文化环境	当地社会是否接纳外资公司及对其信任与合作程度	0.05
11. 竞争环境	当地的竞争对手的强弱，同类产品进口额在当地市场所占份额	0.10

根据闵氏多因素评估法，先对各类因素的子因素作出综合评价，再对各因素做出优、良、中、可、差的判断，然后按下列公式计算投资环境总分：

$$投资环境总分 = \sum_{i=1}^{n} W_i(5a_i + 4b_i + 3c_i + 2d_i + e_i)$$

式中 W_i——第i类因素的权重；

a_i、b_i、c_i、d_i、e_i——第i类因素被评为优、良、中、可、差的百分数。

投资环境总分数的取值为1~5，越接近5，则说明投资环境越好；反之，越接近1，则说明投资环境越差。

(2)关键因素评价法。关键因素评价法从具体投资动机出发，从影响投资环境的一般因素中找出影响具体投资项目的关键因素，并对这些关键因素做出综合评价，然后按与多因素评价法相同的方法和步骤对投资环境进行评价打分，分的取值范围为11~55分，分值越高，说明投资环境越佳，见表3-4。

表3-4 关键因素评价法

投资动机	影响投资的关键因素
1. 降低成本	适合当地工资水平的劳动生产率；土地费用；原材料与元件价格；运输成本
2. 发展当地市场	市场规模；营销辅助机构；文化环境；地理位置；运输条件；通信条件

续表

投资动机	影响投资的关键因素
3. 材料和元件供应	资源；当地货币汇率的变化；当地的通货膨胀；运输条件
4. 风险分散	政治稳定性；国有化可能性；货币汇率；通货膨胀率
5. 追随竞争者	市场规模；地理位置；营销的辅助机构；法律制度等
6. 获得当地生产和管理技术	科技发展水平；劳动生产率

(3)闵氏多因素评价法与闵氏关键因素评价法的关系和区别。

1)闵氏多因素评价法与闵氏关键因素评价法互为补充，运用闵氏评价法既可以得到对投资环境的总体性评估结论，又能得到具体投资项目的专门评估评论，从而实现一般与特殊的有机结合，不失为一种行之有效的投资环境评价方法。

2)闵氏多因素评价法是对某国投资环境做一般性的评估所采用的方法，它较少从具体投资项目的投资动机出发，考察投资环境。闵氏关键因素评价法与此不同，它从具体投资动机出发，从影响投资环境的一般因素中找出影响具体项目投资动机的关键因素，依据这些因素，对某国投资环境做出评价，仍采用上述计算总分的公式来比较投资环境的优劣。

上述四种房地产投资环境评价方法各有优缺点。在实际中，应依据项目决策的需要，选取最适合的方法对投资环境进行综合评价，有条件的话也可以同时选取不同的方法，不同方法下的评价结果可以相互印证，以提高房地产投资环境分析评价的准确度。对投资环境的评价要遵循一些共同的原则：定性与定量结合的原则；全面性原则，既有宏观一般环境因素，也有微观具体环境因素；因素选择灵活性原则，即投资环境评价因素与投资主体的投资目标、动机和方式相结合的原则；群体性原则，重视投资决策的群体性，既发挥每一个决策者的作用，又体现群体的综合结果。

第二节　房地产市场分析

市场分析是房地产投资分析中不可或缺的一项工作，唯有对市场供求关系及市场竞争情况等有准确的把握，才能确保投资的预期目标得以实现。房地产市场调查是房地产市场分析的基本方法。房地产市场调查是项目运作各项工作之首。只有掌握全面、可靠的项目所在地房地产市场的信息资料，并通过整理、分析这些资料来正确判断和把握市场，房地产产品才能被市场接受。因此，房地产项目市场分析是房地产项目定位的基础，也是预测项目价格和销售收入情况的依据。

一、房地产市场分析的含义、作用和层次

1. 房地产市场分析的含义

房地产市场分析是研究房地产供给与需求各个方面的市场表现及其影响因素的一种活动。房地产市场分析也有广义和狭义的区别。广义的房地产市场分析包括房地产市场环境影响的分析、房地产市场总体趋势的分析、房地产项目市场分析，包括房地产市场从宏观到微观的各个层面；狭义的房地产市场分析仅指对某一区域范围内的房地产供给、需求、供给缺口的现状及它们的发展趋势进行分析、预测的活动。本书主要针对广义的房地产市

场分析来进行讲解。

2. 房地产市场分析的作用

房地产行业作为资金密集型行业，项目运作资金动辄上亿元，通过市场分析，能够使开发商对现有市场充分了解，对产品和营销策略进行评估，不断发现新的市场机会，解决面临的问题，降低资金损失的风险。房地产市场分析主要具有以下三个方面的作用：

(1)通过市场分析可以掌握房地产市场需求变化的态势，预见拟投资开发项目的技术是否可行，房地产产品的变现能力、市场竞争力、投资绩效如何及预期获利程度等，从而减少投资的盲目性，增强经营管理的主动性；

(2)市场分析有利于做好投资决策，市场调查与预测和经营决策是一系统过程中的不同阶段，调查是预测的基础，预测是决策的依据，决策是调查、预测的目的；

(3)市场分析还为房地产价格确定乃至营销策略的制定提供基础和依据。

3. 房地产市场分析的层次

房地产市场分析的思路主要有以下三个层次：

(1)城市房地产市场分析。城市房地产市场分析是对项目所在城市内总的房地产市场及各专业市场总供需情况的总体分析。通过城市房地产市场分析，让房地产投资开发商对项目所在城市房地产市场总的状况及发展趋势有一个全面的了解，以避免因"一叶障目，不见森林"而影响项目的开发决策。

(2)区域房地产市场分析。区域房地产市场分析是对区域内总的房地产市场及各专业市场总供需情况的综合房地产投资分析。其中，专业房地产市场分析是对区域内各专业物业市场（住宅、办公、商业或工业物业）或专业子市场的供需分析，是在前一层次分析的基础上，对特定子市场的供需情况进行单独的估计和预测。它侧重于专业市场供求分析。

(3)房地产项目市场分析。房地产项目市场分析是在前两个层次的基础上，对特定地点、特定项目作竞争能力分析，预测一定价格和特征下的销售率及市场占有率的情况，对项目的租金及售价、吸纳量及吸纳量计划进行预测。它侧重于项目竞争能力分析等内容。

通过以上分析步骤，就可以完成一个全面的市场分析。完善的市场分析不仅要在事件上跨越过去、现在、未来，在空间上覆盖整个地区市场（国内市场、国际市场）和项目所在地点，而且分析的每一个环节都应是相互联系的，上一个步骤得出的结论应作为下一个步骤的开始。

二、房地产市场调查的概念和原则

1. 房地产市场调查的概念

房地产市场调查以房地产为特定的商品对象，对相关的市场信息进行系统的收集、记录、整理和分析，进而对房地产市场进行研究和预测，为制定正确决策提供可靠依据。

房地产市场调查有狭义和广义之分。狭义的市场调查是对公开的个案现场做调查，并收集资料进行销售情况及售后情况的总结和分析；从广义而言，房地产市场调查并不拘泥于房地产项目本身，房地产投资决策与宏观经济环境、区域经济环境、政策与法规环境等方面也密切相关。因此，房地产市场调查还包括房地产宏观经济环境、房地产政策、法律环境，以及房地产市场的整体供求趋势的调查与分析等。

2. 房地产市场调查的原则

房地产市场调查是一项复杂而精致的工作，涉及众多的市场信息，为完成好这项工作，房地产市场调查时必须遵循以下原则：

(1) 真实性原则。真实、准确是调查研究的根本。科学的决策建立在准确的预测基础之上，而准确预测又依据真实的市场调查资料。只有在真实的市场调查资料基础上尊重客观事实，实事求是地进行分析，才能看准市场，看清问题，做出正确的决策。数据的真实性取决于市场调查人员的水平、市场调查人员的敬业态度、资料提供者的客观态度等。要组织好市场调查工作，应当采用科学的方法设计方案、定义问题、采集数据和分析数据，对所搜集信息的真实性和可行度进行认真鉴别，力求从原始资料中提取真实的、准确的、可靠的数据资料。

(2) 时效性原则。一份好的调研资料应该是最新的，因为只有最新的调查资料，才能反映市场的现实状况，并成为企业制定市场经营策略的客观依据。在市场调查工作开始后，要充分利用有限的时间，尽可能在短时间里搜集更多所需的资料和信息，避免调查工作的拖延。否则不但会增加费用支出，而且会使决策滞后，贻误时机。因此，市场调查应反映瞬息万变的市场形势，及时反馈信息，以满足各方面的需要。

(3) 全面性原则。全面性是指根据调查目的，全面系统地搜集有关市场经济信息资料。市场环境的影响因素很多，各个因素之间的变动互为因果，如果单纯就事论事调查，而不考虑周围环境等因素的影响，就难以抓住关键因素得出正确结论。这一点在房地产市场调查中显得尤为突出。但是需要注意的是，调查工作要避免"大杂烩"，无关于当时、当地的资料没有必要赘述，这是由房地产市场营销环境的关联性所决定的。因此，在进行房地产调查时，既要全面了解影响房地产市场的各种宏观环境，又要了解当地房地产市场的发展状况和特点，同时要对调查获得的信息资料进行认真整理、分析，做到系统化、经常化、条理化。

(4) 针对性原则。要求房地产调查必须首先设定一个目标，然后根据目标的要求开展调查活动。在市场信息多如牛毛的今天，进行房地产市场调查时，不可能面面俱到，否则可能陷入大海捞针的境地。只有围绕某个特定目标搜集信息，才能达到事半功倍的效果。

(5) 计划性原则。在调查前要列出详细计划，有针对性地对目标进行调查，做到有的放矢。在调查方案的设计或策划过程中，要制定整个调查工作完成的期限及各个阶段的进程，即必须有详细的进度计划安排，以便督促或检查各个阶段的工作，保证按时完成调查工作。进度安排一般包括以下几个方面：

①总体方案的论证、设计；
②抽样方案的设计，调查实施的各种具体细节的制定；
③问卷的设计、测试、修改和最后的定稿；
④问卷的印刷，调查员的挑选和培训；
⑤调查实施；
⑥调查数据的计算机录入和统计分析；
⑦调查报告的撰写。可以详细地列出完成每一步骤所需的天数及起始和终止时间。计划要留有余地，但也不能将时间拖得太长。

三、房地产市场调查的内容

由于影响市场的因素很多，所以进行市场调查的内容也很多，房地产市场调查的内容主要可以分为两个层面，包括宏观层面和微观层面。宏观层面的市场调查主要是针对房地产市场环境的调查,包括政治法律环境、经济环境、人口环境、社会文化环境、技术发展和自然环境等,与投资环境分析的内容基本一致,这里不再赘述。本节重点对微观层面的市场调查内容进行介绍。

1. 房地产市场供给调查

供给量对于开发商来说非常重要,市场供给包括市场供给总量分析、供给结构分析、供给预测分析三个方面。

(1)供给总量分析不仅包括已上市的供给量(现实供给量)分析,还要分析潜在供给量。现实供给量分析主要是运用市场调查的方法;潜在供给量分析由于大量的资料不全,因而分析就比较复杂,现阶段比较简便的方法就是通过未来土地的供给量资料及土地结构进行估算。

(2)供给结构分析主要是详细分析区域内某一物业类型产品的供给情况。要求在供给量分析的基础上,对该区域的产品户型、价格、分布、功能布局等特征进行分类分析。

(3)供给预测分析是市场供给分析的一个非常重要的内容,由于房地产项目具有开发周期长的特点,在开发期内,是否还存在有新的类似项目出现,将对项目的投资决策产生重大的影响。因此,分析人员必须通过各种渠道收集资料,进行未来市场供给预测。

房地产市场供应调查主要指标有存量、新竣工量、灭失量、空置量、空置率、可供租售量、房屋施工面积、房屋新开工面积、平均建设周期、竣工房屋价值等。

房地产市场供给端主要取决于人均住房建筑面积、户均套数、住宅存量价值、自有率、千人新开工套数等指标,主要测算公式如下:

历史存量建筑面积＋累计竣工面积－累计拆迁面积＝存量建筑面积

存量建筑面积÷城市户籍人口＝人均住房建筑面积

存量建筑面积÷家庭户数＝户均套数

居住在自有产权住房的家庭户数÷住房家庭户数＝住房自有率

成套住宅建筑面积÷实有住宅建筑面积＝住房成套率

存量建筑面积×住宅销售均价＝住宅存量价值

住宅存量价值÷GDP＝住宅存量价值/GDP

新开工套数/人数(以千人计)＝千人住房新开工套数

2. 房地产市场需求调查

房地产市场需求调查是指区域市场人口数量和密度、人口结构和家庭规模、购买力水平、客户的需求结构与特征、人口素质和习惯爱好等,需求特征是从消费者的角度对产品的一种审视,把握需求特征是不断创新的动力和源泉。

房地产区域市场消费者需求分析主要包括消费者对某类房地产的总需求量及其饱和点,房地产市场需求发展趋势;房地产市场需求影响因素调查,如国家关于国民经济结构和房地产产业结构的调整和变化;消费者的构成、分布及消费者需求的层次状况;消费者现实需求和潜在需求的情况;消费者的收入变化及其购买能力;需求动机调查,如消费者的购买意向,影响消费者购买动机的因素,消费者购买动机的类型等;购买行为调查,如不同消费者的不同购买行为,消费者的购买模式,影响消费者购买行为的社会因素及心理因素等。

房地产市场需求调查主要指标有国内生产总值、人口数、城市家庭人口、就业人员数量、就业分布、城镇登记失业率、城市家庭可支配收入、城市家庭总支出、房屋空间使用数量、商品零售价格指数、城市居民消费价格指数等。

房地产需求主要取决于置业人口以及城镇化率，主要测算公式如下：

(1)总人口×城镇化率×适龄人口占比＝购房需求人口

(2)中长期潜在需求＝城镇化刚需＋自发改善性需求＋拆迁改善性需求＋二胎改善性需求

(3)城镇化带来的当期需求人口＝当期新进城市人口×0.3＋($T-1$ 期新进城市人口)×0.1＋($T-2$ 期新进城市人口)×0.1＋($T-3$ 期新进城市人口)×0.1(假设总人口年增长率为5‰，2020年中国城市化率达到60%)

(4)改善性需求＝城镇人口×2‰×改善性需求人均面积(假设存量城镇人口的2%产生改善性需求)

(5)拆迁改善性需求＝拆迁量×2×70%(拆迁后，大多数人选择货币补偿，且大多数城市执行"一补二"的原则，假定70%的人选择购买新房，其余购买二手房或租赁)

(6)二胎改善性需求＝二胎新生儿数量×改善性需求人均面积＝城镇总人口×出生率×二胎占新生儿比例×改善性需求人均面积

3. 房地产市场供求关系分析

房地产市场供求关系分析主要是将市场供给量与需求量进行比较分析，找到目前及未来市场供求是否存在缺口、缺口在哪里、有多大等，为投资决策指明方向。房地产市场供需指标主要有销售量、出租量、吸纳量、吸纳率、吸纳周期、预售面积、房地产价值指数、房地产价格、房地产租金等。

4. 房地产市场竞争分析

房地产企业在制定各种重要的市场营销决策之前，必须认真调查和研究竞争对手可能做出的反应。只有清楚地了解竞争情况，才能扬长避短，采取有针对性的竞争策略。房地产市场竞争情况调查包括对竞争者的调查分析和对竞争产品的调查分析。具体包括：竞争者及潜在竞争者的实力和经营管理优劣势；竞争楼盘的区位；竞争楼盘的产品特征；竞争楼盘的配套状况；竞争楼盘的工期；竞争楼盘价格的调查和定价情况的研究；竞争楼盘广告策略；竞争楼盘销售渠道使用情况；同(或同类)街区同类型产品的供给量和在市场上的销售量，本企业和竞争者的市场占有率；竞争性新产品的投入时机和租售绩效及其发展动向等。

5. 消费者和消费者行为调查

消费者和消费者行为调查包括消费者类别(如年龄、职业、民族、爱好、所在地区等)、购买能力(如收入水平、消费水平、消费结构等)、消费者的购买欲望和购买动机、主要购买者、购买的决策者、消费者的购买习惯(如购买地点、时间、数量、品牌、支付方式等)。调查消费者的情况及其购买行为，主要目的在于使企业掌握消费者的爱好、心理、购买动机、习惯等，以便正确细分市场和选择目标市场，针对不同的消费者和市场，采取不同的市场营销策略。

6. 房地产市场营销组合情况调查

房地产市场营销组合情况调查包括产品调查、价格调查、分销渠道调查和促销策略调查。

前述1～5项调查内容均属于不可控制因素的调查，其目的不仅仅是分析市场环境，适应市场环境变化，提高企业的应变能力，还可以寻找和发掘市场机会，开拓新的市场。而通过本项调查，企业可以针对不同的市场环境，结合顾客需求，综合运用企业可以控制的营销手段，制定有效的市场营销组合策略，促进消费者购买和新市场开发，以达到企业的预期目标。

四、房地产市场调查分类

房地产市场调查方法有许多种，市场调查人员可根据具体情况选择不同的方法。

1. 按照调查对象的数量分类

按照选择调查对象的数量划分，房地产市场调查可分为全面普查、重点调查和抽样调查。

(1) 全面普查。全面普查是指对调查对象总体所包含的全部个体进行调查。如果对一个城市的人口、年龄、家庭结构、职业、收入分布情况等进行系统调查，则对开发商是十分有利的。但是由于全面普查工作量大，要消耗大量的人力、物力、财力，调查周期较长，一般只在较小范围内采用。当然，有些资料可以借用国家权威机关普查结果，例如，可以借用全国人口普查所得到的有关数据资料等。

(2) 重点调查。重点调查是以总体中有代表性的单位或消费者作为调查对象，进而推断出一般结论。采用这种调查方式，由于被调查的对象数目不多，企业可以用较少的人力、物力和财力在较短时间内完成。例如，调查高档住宅需求情况，可选择一些购买大户作为调查对象，这些大客户对住宅需求量、住宅功能等的需求占整个高档商品住宅需求量的绝大多数，从而可推断出整个市场对高档住宅的需求量。

(3) 抽样调查。通常调查人员要选择恰当的调查样本及抽样方式。首先要界定总体，然后决定抽样的方法，可分为随机抽样和非随机抽样，最后选出调查样本。

1) 随机抽样。随机抽样在市场调查中占有重要地位，在实际工作中应用也很广泛。随机抽样最主要的特征是从母体中任意抽取样本，每一个样本有相等的机会，这样的事件发生的概率是相等的。因此，可以根据调查样本来推断母体的情况。随机抽样又可以分为简单随机抽样、分层随机抽样和分群随机抽样三种。

2) 非随机抽样。非随机抽样是指市场调查人员在选取样本时并不是随机选取，而是先确定某个标准，然后选取样本数，这样每个样本被选择的机会并不是相等的。非随机抽样也可分为方便抽样、判断抽样和配额抽样三种具体方法。

2. 按照调查方法分类

按照调查方法分类，房地产市场调查可分为访问法、观察法和实验法。

(1) 访问法。访问法又可以分为问卷访问、实地调查、座谈会、深度访谈和电话调查五种方法。

(2) 观察法。观察法是指调查人员不与被调查者正面接触，而是在旁边观察。这样做可以使被调查者没有压力，表现得很自然，因此调查效果也较理想。观察法有三种形式，即实地观察法、实际痕迹测量法和行为记录法。

(3) 实验法。实验法是从影响调查对象的诸多因素中，选出一个或几个因素作为实验因素，在其他因素不变的假设前提下，了解实验因素变化对调查对象的影响。实验法可细分为实验求证法和随机尝试法两种方法。

3. 房地产市场调查方法的选择

房地产市场调查是通过准确地了解和把握市场供求等情况来发挥作用的。准确性是市场调查的第一要求，这个要求就使得市场调查从描述调查问题开始，到调查方式的选择，再到具体的调查方法和最后的分析都需要非常准确才行。

在具体的调查方法的选取方面，房地产市场调查需要根据不同的阶段（表 3-5）和内容，采用不同的调查方法。例如，在一般市场调查中，问卷访问法是普遍采用的重要方法之一；而在房地产市场调查方法中，由于问卷访问需要甄别的难度较大，并且被访问人员不一定愿意配合等问题，故问卷访问法只作为辅助手段，而实地调查法是房地产市场调查中广泛采用的方法。

表 3-5 各阶段市场调查常用方法

项目定位阶段	市场推广阶段	销售阶段	三级市场
实地调查法、座谈会	实地调查法、座谈会、二手资料调查	实地调查法、座谈会、成交客户问卷调查	实地调查法、二手资料调查

五、调查问卷的设计

调查问卷就是为了完成研究项目，围绕研究主题搜集相应的原始数据而预先设计好的一系列问题。这些问题完整地展现了研究主题的各种特征，可以说问卷是研究主题以问题形式的细化。

当研究人员确定了研究主题，明确地界定了研究的主要问题后，接下来的工作就是确定采取什么样的方式获得被访问者对研究主题的看法。设计一份有效的调查问卷是达成这一目标的主要工具。问卷设计是一个科学的过程，要求拟订者对研究主题有深刻的认识，有参与市场研究的丰富经验，同时，也需要问卷的拟订者掌握足够的语言技巧、语言艺术，否则将影响整个问卷的调查结果。

1. 调查问卷的问题类型

一般可以从不同的角度将问卷中的问题划分为不同的类型。

（1）从问题的作用来划分。如果从问题在问卷中起的作用来划分，可以将其分为过滤性问题、背景性问题、实质性问题等类型。

1）过滤性问题。这类问题用于甄别被调查者。适合回答这类问题的被调查者将继续回答，不适合回答这类问题的被调查者将跳过这些问题，转而回答其他问题或者结束调查。例如，某房地产开发商想在某地开发一个节能型住宅小区，希望通过调查了解购房者在购买这类住宅时所考虑的因素。在设计调查问卷时，可以以下面的方式询问：

①请问您在购买住宅时，是否会考虑房屋的节能性？

  A. 是   B. 否

被调查者选择 A，则继续回答其他问题；被调查者选择 B，则结束调查转而寻找其他的被调查者。

2）背景性问题。这类问题常用于询问被调查者个人的基本情况，例如，性别、年龄、住址、职业、文化水平、收入等问题。一般情况下，不便直接询问对方的年龄、收入、职业等问题，而是变换一种方式。例如，不直接问："您今年多大？"而是以下面的方式询问：

②您的年龄是：
　　A. 25 岁以下　　　　B. 25～35 岁　　　　C. 36～40 岁　　　　D. 41～50 岁
　　E. 51 岁以上

3)实质性问题。这类问题是整个调查问卷的核心问题，反映了调查的全部事实或信息，如地段、产品、配套等方面的问题。

(2)从问题间的联系来划分。如果根据问题间是否存在一定的联系来划分，可将其分为系列性问题和非系列性问题。

1)系列性问题。即围绕同一个调查项目逐步深入展开的一组问题。例如，下面三个问题即属于系列性问题。

③您是否购买了某地项目中的住宅？
　　A. 是　　　　　　　　　　　　　　　　B. 否
如果回答"是"，则继续回答下列问题，否则停止调查。
④您是通过什么渠道知道某地的？（最多可选3项）
　　A. 通过朋友介绍　　　　　　　　　　B. 通过报纸、杂志上刊登的广告
　　C. 通过网络查找　　　　　　　　　　D. 路过售楼处时偶然知道
　　E. 通过户外广告　　　　　　　　　　F. 其他方式
⑤您购买某地的住宅是出于什么原因？（最多可选3项）
　　A. 价格低　　　B. 地理位置好　　　C. 交通便利　　　D. 环境优美
　　E. 质量好　　　F. 学区好　　　　　G. 其他

2)非系列性问题。即问卷中无递进关系的问题，这些问题相互之间是一种平行的关系。例如，问题⑥与问题①即属于非系列性问题。

⑥您计划购买的房型是？（单选）
　　A. 平层　　　　B. 错层　　　　C. 复式　　　　D. 其他

(3)从提出问题的方式来划分。如果以问卷提出问题的基本方式来划分，可以将问题划分为封闭式问题和开放式问题两种。

1)封闭式问题。即预先给定答案，请被调查者在给定的备选答案中选择适合自己的答案。封闭式问题可以分为单项选择题和多项选择题。

单项选择题是指在给定的多个备选答案中，被调查者只能选择其中的一个。例如，上述例子中①②③⑥即属于单项选择题。单项选择题的各个备选答案之间是相互独立和排斥的。当需要询问被调查者对某种问题的主观看法时，采用单项选择题形式时要极为慎重，否则可能造成重要信息的遗漏。

多项选择题是指在给定的多个备选答案中，被调查者可以选择两个或更多作为答案。例如上述例子中，④⑤即属于多项选择题。一般为突出优先顺序，问卷中常常会限制可选答案的数量。多项选择题常用于需要从多个角度反映被调查者主观看法的情况中。多项选择题遇到的主要问题是给定的备选答案没能覆盖所有可能的情况，且可选数量限制不合理，由此得出的调查结果就会存在偏差。

2)开放式问题。不预先给定备选答案，只给出问题，被调查者可以就该问题自由作答，问题之下留出足够的回答空间。例如：

⑦您认为我们开发的这个楼盘最吸引您的是什么？

从上述几个例子可以看出，在封闭式问题中，标准化的答案易于被调查者回答，更主要的是便于后期资料的整理、统计和分析；不足之处在于标准化的答案限制了被调查者的思维，尤其是当设计的答案不完备时，极有可能屏蔽掉重要信息。而开放式问题刚好相反，它的优点是不具有限制性，被调查者可以自由回答，调查人员也可以据此获得丰富的信息，弥补了封闭式问题的不足；开放式问题的缺陷也是比较明显的，它可能因受限于被调查者的个性特征、理解能力、文化水平，不能得到预期的效果，而且给后期资料的整理、统计和分析带来一定的困难。

2. 调查问卷的基本结构

一份理想的调查问卷，在结构上应包含卷首语、正文和结束语三个部分。

(1)卷首语，位于问卷的开头，通常包括问候语、填表说明和问卷编号。

①在问候语中，要说明调查的目的和意义，以引起被调查者的重视，激发他们的参与热情；要承诺对调查结果保密，以消除他们的顾虑，请他们放心填写。为此，问候语的语气要诚恳、亲切、礼貌，文字要简洁、准确。

②填写说明用于指导被调查者正确填写问卷。这部分内容有时可以集中在卷首语中统一说明，有时分散到各个问题前面。填表说明要详细、清楚，避免因误解题意而引起回答错误或偏差。

③问卷编号主要用于识别问卷，以便于后期对资料的整理、统计和分析处理。

(2)正文，是问卷的主体，由问题和备选答案组成。这部分内容在设计问卷时应仔细推敲，根据不同的调查目的，决定哪些内容应当保留，哪些内容应当去掉。整个问卷的内容往往不能一次就定下来，需要问卷设计人员即市场调查人员反复磋商修改才能确定。

(3)结束语，放在问卷的最后。一方面，向被调查者的协助表示诚挚的感谢；另一方面，还可以就问卷的有关内容征询被调查者的建议和看法，有利于以后改进。

3. 调查问卷设计中应注意的事项

(1)避免笼统抽象的问题。笼统抽象的问题往往使被调查者难以回答，或者因理解上的偏差，难达到预期的效果。例如，下面的开放式问题就过于笼统，使被调查者难以回答：

您对××楼盘的物业服务印象如何？

可以改成更为具体的问法：

您认为××楼盘的物业服务收费是否合理？服务项目齐全吗？您满意他们的服务态度吗？

像这样具体的问题<u>直接凸显主体</u>，更方便被调查者回答。

(2)避免不确切的词语。人们对"普通""经常""美丽""著名"等不确切的词语往往会有不同的理解，因此，在问卷设计中应尽量避免使用。例如，面对下面这个开放式问题，被调查者不知这里的"经常"是指多长时间：

如果您打算买房，会经常去售楼部吗？

可以改为封闭式的问题：

如果打算买房，您去售楼部的时间间隔是(　　)。

A. 一周一次　　　　B. 两周一次　　　　C. 一月一次　　　　D. 其他

(3)避免诱导性问题。如果问卷中的问题带有倾向性，旨在引导被调查者跟着这种倾向回答，那么这种问题就具有"诱导性"。例如：

人们普遍认为，房地产开发商广告投入量越大，越有实力。您的看法如何？

这种诱导性的问题容易使被调查者产生从众心理，或者引起反感——既然大家都是这种看法，你还做什么调查？因此，诱导性问题是调查中的大忌，常常会因此得出与事实相反的结论。

（4）处理好敏感性问题。这类问题是被调查者不愿意被别人知道答案的问题，常常涉及个人隐私、禁忌。尽管在问卷说明中，调查者已经承诺会保守秘密，但对于这类问题，被调查者可能会拒绝回答，或者即使回答也是胡乱填写，敷衍了事。因此，问卷中应尽量避免提出一些敏感性问题。但像年龄、收入、住房情况等敏感性问题，是房地产市场调查中所无法避免的。在设计问卷时，应尽量考虑被调查者的心理承受能力，以比较委婉的方式提出，位置处于问卷的中间或靠后部位。

（5）问卷的排列问题。在问卷的设计中，问题的顺序安排是非常重要的。同样的问题，常常因为顺序不同，效果就不同。一般来说，前面几个问题要简单有趣，以引起被调查者的兴趣；容易回答的问题排在前面，慢慢引入比较难回答的问题；开放式问题通常放在最后。另外，问题的排列还应该注意逻辑性。将同一性质和同类别的问题排列在一起，同时问题间的衔接要合理而自然，避免因主体的改变而造成被调查者理解上的困惑。

（6）问题的答案要穷尽。是指问题将所有可能的答案都要列出来，不要有遗漏，以供被调查者选择。例如：

您打算买哪种户型的住房？
A. 一室一厅　　　B. 两室一厅　　　C. 三室一厅　　　D. 四室一厅

以上这个问题，就没有将所有答案穷尽。事实上，许多问题都难以做到这一点。为此，设计问卷时，最常用的办法就是将主要答案列出来，最后以"其他"来表示没有涉及或没有想到的答案，但"其他"不能过于宽泛，否则将失去问题存在的意义。

（7）问题的答案要互斥。是指同一问题的各个备选答案之间应互相排斥，不能有交叉、重叠或包含的情况。例如：

您所从事的职业是_____。
A. 公司管理者　　　B. 财务人员　　　C. 教师　　　D. 医生
E. 其他

在这个例子中，"公司管理者"和"财务人员"可能存在交叉的情况。

六、房地产市场调查报告的撰写

撰写市场调查报告是市场调查的最后一步，也是十分重要的一步。调查报告是调查结果的集中表现。调查数据经过统计分析之后，只是为我们得出有关结论提供了基本依据和素材，若要将整个调查研究的成果用文字形式表现出来，使市场调查真正起到解决企业实际问题、服务于企业的作用，则需要撰写调查报告。能否撰写出一份高质量的调查报告，是调查本身成败与否的重要环节。

1. 调查报告的主要内容

市场调查报告中应对已完成的调查项目进行完整而又准确的描述。也就是说，调查报告的内容必须详细、完整地表达给读者。内容有调查目的、主要背景信息、调查方法的评价、以表格或图形的方式展示调查结果、调查结果摘要、结论、建议等。

2. 调查报告的撰写要求

调查报告是通过文字、图表等形式将调查的结果表现出来，以使人们对所调查的市场现象或问题有一个全面系统的了解和认识。一份优质的调查报告能对整个营销研究起到画龙点睛的作用，一般来说，调查报告必须做到：客观、真实、准确地反映调查成果；内容简明扼要，重点突出；文字精练，用语中肯；结论和建议表达清晰，可归纳为要点；报告后应附上必要的表格、附件与附图，以便阅读和使用；报告完整，印刷清楚美观。

调查报告应当为读者提供他们能理解的所有信息。值得一提的是，需要使用调查报告的部门可能不止一个，必须根据调查结果整理一份系统的报告，分送不同的部门，以备讨论。

第三节　本章案例

一、上海某住宅项目市场调查报告

上海某住宅项目市场调查报告

一、宏观经济分析

房地产市场的各种活动都会受到宏观环境的影响。宏观经济对房地产市场的作用主要是通过房地产市场的供给和需求这两个渠道发挥。2019年上半年，面对不利的贸易形势和全球经济下行的压力，我国有效稳定了出口和外资，进出口数据亮眼。一季度房地产市场"小阳春"在调控不变的情况下显得特立独行。

(一)全国经济环境分析

1. 全国GDP增长情况

我国GDP稳步增长，GDP增长率处于稳定状态且变动幅度较小，总的来看，呈现降速的经济状态。2019年我国经济预测发布会预测2019年我国经济将平稳增长，预计全年GDP增速为6.3%左右。

1. 全国产业结构分析

第一产业增加值保持平稳，第二产业增加值上升不稳定，第三产业增加值保持快速平稳增长。

2. 货币政策分析

(略)

3. 固定资产投资分析

(略)

4. 房地产业金融环境分析

(略)

(二)上海市经济环境分析

1. 上海市GDP增长情况

上海市近五年来经济稳定增长，GDP增速与全国GDP增长速率持平或略高于全国GDP增长速率，其经济总量稳居全国第一。虽然近年来国际、国内经济社会环境都日趋复杂，但上海市的经济依然保持增长，并处于合理区间，全市经济发展总体平稳、稳中有进、稳中向好。

2. 上海市可支配收入分析

(略)

3. 上海市常住人口情况

(略)

二、政策分析

2019年房地产"住房不炒"总基调不变,调控政策由"因城施策、差别化宏观调控"转变为"因城施策、分类指导",增加地方政府出台当地房地产政策的权利。

……

三、住宅市场分析

(一)全国房地产市场分析

1. 宏观概况

根据中国宏观经济季度模型预测,2019年第一季度至第四季度,我国GDP增长率分别为6.4%、6.3%、6.4%、6.5%,呈现先降后升的发展趋势,2019年全年GDP增长6.4%,比上年略微下降0.2个百分点。

2019年,从政策方面来看,在整体经济大环境未发生大变化的情况下,房地产调控政策仍是以严格为主,依旧发挥长效机制作用,因地制宜、因城施策将会得到更多的推广和实施。

2. 销售需求分析

(1)商品房市场销售分析。从过去5年的商品房销售面积和住宅商品房销售面积来看,两者总体上均保持上涨趋势,尤其在2015年至2016年是增长最快的,近3年来增速有所放缓,并且住宅商品房一直是商品房销售的主体,全国商品房的销售仍然保持着可观的发展状态(图3-1)。

图3-1 2014—2018年商品房以及住宅商品房销售面积

(2)二手房住房市场。

(略)

3. 投融资分析

(略)

(二)上海市房地产市场分析

1. 上海市一级市场分析

土地使用税收有效抑制了房企拿地积极性,房地产企业拿地的积极性下滑,意味着在未来房地产产品供应量会随之减少。

2. 上海市二级市场分析

在成交整体回升的预期下,库存将会继续回落。在政策趋缓的情况下,上海市房屋开工面积将保持稳定,或者略有上升。销售面积稳中回落,销售额基本保持稳定,或者略有回升。

3. 上海市三级市场分析

(1)楼市仍将以"稳"为主基调,成交量回落趋于稳定。

……

(2)年后价格回升,震荡调整趋于稳定

……

总结:如今在上海,整个二手房成交量保持小幅度回落,在当前政府舆论导向下,下半年房地产政策及资金面将稳中趋紧,上海现有调控政策在中短期内出现松动的可能性几乎为零,需求难以继续大规模释放,较大概率未来上海二手住宅市场或将呈现量缩、价稳的走势。

四、区域市场调查分析

(一)区域市场经济状况分析

1. ××区GDP增长以及财政收入情况

2. ××区产业结构分析

××区GDP构成中第三产业占比逐年增加,且越来越注重。2018年,实现地区生产总值(GDP)838.01亿元,第三产业增加值52.86亿元,增加值占全区GDP总量的90.83%。

3. ××区投资与消费分析

根据上海市政府发展研究中心《2019年上半年上海各区经济形势分析报告》显示,投资普遍稳健,继续成为××区经济运行的主要推动力。同时消费出现复苏,新消费成为领涨主角。夜间经济、首开店、新消费成为××区消费增长的主要支撑。

4. ××区固定资产投资分析

2018年,完成区域固定资产投资总额170.67亿元,比上年增长5.2%。全年商品房开发投资额143.53亿元,增长4.1%。其中,住宅投资额33.68亿元,下降31.5%;办公楼投资额45.77亿元,增长33.4%;商业用房投资额23.00亿元,增长63.5%。可以知道,商品房开发投资依旧在固定资产投资中占大比例,但住宅投资在商品房开发投资中占比下降达31.5%,投资更多转向了办公楼开发。

5:××区常住人口情况

从2010年起,××区常住人口逐渐减少,特别是在2015年下降幅度较大。在最近几年保持平稳,保持在80万人左右,而在2018年又增长了5万多人。目前××区人口基数大,占地面积偏小,随着人口密度的增大,××区房地产市场需求持续火热。

(二)区域市场供求状况分析

1. 一手房交易

……

目前在××区还有三个楼盘处于待售阶段,再者中部区域土地供应充足,未来会有更多新的商品房出售,但需求一定,对于开发商来说,未来将面临更大的压力。

2. 二手房市场交易

××区的房价在 2018 年 9 月份均价接近了 20 万元/m²,是 2019 年 8 月份的两倍之多,可见市场在去年有多么疯狂。究其原因,主要是商品房的供量不足,以及消费者的乐观预期。

……

五、地块调查分析

(一)项目地块调查分析

1. 地块概况及区位分析

本案位于瑞虹新城北部,占地面积为 30 299.7 m²,容积率为 3.83。地块较为方正,东面是尚未开发的瑞虹新城九期地块,南面是 2016 年建造的"瑞虹新城•悦庭"(七期),西面是 2010 年建造的"中信和平家园",北面正对和平公园。

……

2. 交通分析

(略)

3. 配套分析

(略)

(二)竞争项目调查分析

从安居客上得到的信息来看,2018 年 10 月—2019 年,项目周边 3 km 内的在售竞争楼盘共有 6 家,目前有在(待)售房源的是 3 家,分别是建邦 16 区、八埭头滨江园、外滩豪景苑。住宅面积从 79~240 m² 不等,各楼盘之间的差异较大。结合 2018 年年底至 2019 年周边 3 km 开盘的楼盘来看,6 个楼盘中仅有 2 个楼盘推出了 90 m² 以下的小户型,产品类型以高层为主。总价方面,90 m² 以下的小户型成交总价在 700 万元左右起步,90 m² 以上的中大户型总价普遍集中在 1 500 万~2 500 万元,单价主要集中在 95 000~100 000 元。

……

(三)项目客户调查分析

(略)

(四)SWOT 分析

SWOT 分析表见表 3-6。

表 3-6 SWOT 分析表

外部环境 \ 内部能力	优势(S)	劣势(W)
	地处上海市中心虹口区,附近有完善的生活配套和交通网络。周边医疗设施完善,30 分钟车程内有三所三级甲等医院	周边高楼林立,采光不佳。周边道路较为狭小,车辆出行略显拥挤。周边小学、初中教育的水平相对平庸
机会(O) 项目所在地为高端商务生活区,且由于是旧城区改造项目,享受政策上的扶持	S—O 策略发展型 关注目标客户人群的购房需求和投资者动向,以制定灵活的定价策略和优惠的付款措施	W—O 策略扭转型 在确保销量和资金流的前提下寻求最佳设计和售价(不高于政府限价),争取实现盈利

续表

内部能力 \ 外部环境	优势(S) 地处上海市中心虹口区，附近有完善的生活配套和交通网络。周边医疗设施完善，30分钟车程内有三所三级甲等医院	劣势(W) 周边高楼林立，采光不佳。周边道路较为狭小，车辆出行略显拥挤。周边小学、初中教育的水平相对平庸
威胁(T) 目前政府有限价规定，不利于回本。政府颁布严格的限购措施，可能导致部分投资性客户流失	S—T策略多元型 在户型设计上避开周围已大量存在的类型。 宣传上突出区位环境优势，将楼盘与其他竞争楼盘明确区分	W—T策略防御型 通过市场分析和调查，即时根据市场波动调整价格。重点强调差异性，提升项目生活档次

二、消费者购房需求调查问卷

消费者购房需求调查问卷

尊敬的先生/女士：

您好！非常感谢您能接受我们的调查采访，我们是××大学的学生，目前在做有关购房需求的调查，我们希望了解您购买房屋的偏好情况。根据《中华人民共和国统计法》规定，我们会对您的信息进行严格保密。您的任何信息我们都将仅作为此次比赛的内部参考资料。谢谢您的支持！

填写说明：

问卷答案没有对错之分，只需要根据自己的实际情况填写即可。

一、基本情况

1. 您近几年是否考虑在上海中环内购房？[单选题]
   ○是　　　　　　　　　　　　○否
2. 您所居住的区域是：[单选题]
   ○虹口区　　○杨浦区　　○浦东新区　　○静安区
   ○普陀区　　○黄浦区　　○徐汇区　　　○其他_____
3. 您所工作的区域是：[单选题]
   ○虹口区　　○杨浦区　　○浦东新区　　○静安区
   ○普陀区　　○黄浦区　　○徐汇区　　　○其他_____
4. 您的年龄是：[单选题]
   ○20岁及以下　　○21～25岁　　○26～30岁　　○31～35岁
   ○36～40岁　　　○41～45岁　　○46～50岁　　○51～55岁
   ○55岁以上
5. 您的学历是：[单选题]
   ○初中及以下　　○高中/中技/中专　　○大学本/专科　　○硕士及以上
6. 您的职业是：[单选题]
   ○国家机关或事业单位人员　　　　　　○企业一般职员

○企业管理人员　　　　　　　　　○专业技术人员
○私营企业主　　　　　　　　　　○自由职业者
○在读学生　　　　　　　　　　　○其他_____

7. 请问您的家庭月收入是：[单选题]
　　○10 000元及以下　　　　　　○10 001～20 000元
　　○20 001～30 000元　　　　　○30 001～40 000元
　　○40 001～50 000元　　　　　○50 001～60 000元
　　○60 000元以上

8. 请问您获取房地产开发项目信息的主要来源是：[多选题]
　　□电视广告　　　□门户网站　　　□微信公众号　　　□亲戚朋友介绍
　　□报刊广告　　　□售楼处　　　　□广播电台广告　　□广告牌、路牌
　　□其他_____

二、购房需求

9. 若您打算买房，会在哪里购置房产？[单选题]
　　○虹口区　　　　○杨浦区　　　　○浦东新区　　　　○静安区
　　○普陀区　　　　○黄浦区　　　　○徐汇区　　　　　○其他_____

10. 若您考虑购置房屋，其首要用途是：[单选题]
　　○首置(第一次购房)　　　　　　　　○首改(第一次购买改善性住房)
　　○再改(第二次及以上购买改善性住房)　○投资
　　○其他_____

11. 请问您在购买房屋时考虑的因素是(　　)：[多选题]
　　□交通　　　　　□小区配套　　　□升值空间　　　□房屋总价
　　□景观资源　　　□精装修　　　　□开发商品牌　　□建筑朝向
　　□物业服务　　　□教育资源　　　□户型　　　　　□位置
　　□其他_____

12. 请问您最可能购买哪种类型的住宅？[单选题]
　　○别墅(1～3层)　○多层(4～6层)　○小高层(7～11层)　○高层(12层及以上)
　　○其他_____

13. 您准备购买的住宅户型是：[单选题]
　　○2房2厅1卫　　○3房2厅1卫　　○3房2厅2卫　　○4房2厅2卫
　　○4房2厅3卫　　○5房2厅3卫　　○其他_____

14. 请问您准备购买的住宅总建筑面积是多少？[单选题]
　　○80 m² 及以下　　○81～100 m²　　○101～120 m²　　○121～140 m²
　　○141～160 m²　　○161～180 m²　　○180 m² 以上

15. 请问您最能接受的住宅单价(元/m²)范围(非毛坯)是：[单选题]
　　○70 000 及以下　○70 001～90 000　○90 001～110 000　○110 001～130 000
　　○130 000 以上

16. 请问您购房最高能够接受的总房款(万元)是：[单选题]
　　○500 及以下　　○501～800　　○801～1 100　　○1 101～1 400
　　○1 401～1 700　○1 701～2 000　○2 000 以上

17. 您会选择哪种装修标准的商品房？[单选题]
    ○毛坯房   ○部分精装（厨卫）
    ○全部精装（不含家具家电）   ○全部精装（含家具家电）
18. 您关心的小区内设施有哪些（　　）？[多选题]
    □大型会所（健身房、室内游泳池等） □社区卫生服务中心
    □跑步绿道   □儿童活动中心
    □休憩亭子   □室外游泳池
    □户外健身器材   □其他_____
19. 您能接受的物业服务费[元/(m² · 月)]是多少？[单选题]
    ○2 及以下   ○2.1~3   ○3.1~4   ○4.1~5
    ○5.1~6   ○6 以上

对于您所提供的帮助，我们表示诚挚的感谢！为了保证资料的完整与翔实，请您再花一点时间，翻一下问卷，看看是否有错填、漏填的地方，谢谢！

第四章 房地产投资项目基础数据的估算

知识目标

1. 了解房地产投资项目总投资及与普通项目总投资的区别；
2. 熟悉房地产项目投资构成要素；
3. 了解所得税估算中房地产开发企业的计税成本；
4. 熟悉土地增值税及增值税的概念与区别；
5. 掌握建设期及经营期利息估算方法。

能力目标

1. 能估算房地产投资项目的总投资及总成本费用；
2. 能估算房地产投资项目的各项现金流入；
3. 能计算项目转让过程中各项税费、土地增值税、所得税；
4. 能计算建设期利息、经营期利息。

第一节 房地产开发项目投资与成本费用构成

一般建设项目的投资估算将项目总投资分为建设投资、建设期借款利息和流动资金三部分[①]。建设投资包括工程费用、工程建设其他费用和预备费三部分；建设期借款利息是在建设期内发生的为工程项目筹资借款的融资费用及债务资金利息；流动资金是指为维持企业的正常生产经营活动所占用的全部周转资金。

项目建设完成后，建设项目投入的各项资金按有关规定分别形成固定资产原值、无形资产原值和其他资产原值。形成的固定资产原值可用于计算折旧费，形成的无形资产原值和其他资产原值可用于计算摊销费。建设期利息应计入固定资产原值，因此，建设期利息也称资本化利息。

一、总投资与总成本费用

房地产开发项目本质上属于建设项目，但是与一般建设项目相比又有其特殊性，建设部于 2000 年发布的《房地产开发项目经济评价方法》将房地产项目总投资分为开发建设投资和经营资金两大部分。开发建设投资是指在开发期内完成房地产产品开发建设所需投入的

---

① 根据发改投资〔2006〕1325 号发布的《建设项目经济评价方法与参数》（第三版）规定。

各项费用。其主要包括土地费用、前期工程费用、基础设施建设费用、建筑安装工程费用、公共配套设施建设费用、开发间接费用、财务费用、管理费用、销售费用、开发期税费、其他费用及不可预见费用等，经营资金是指开发企业用于日常经营的周转资金(表 4-1)。

表 4-1　项目总投资估算表　　　　　　　　　　　　　　　　　　　万元

序号	项　　目	总投资	估算说明
1	开发建设投资		
1.1	土地费用		
1.2	前期工程费		
1.3	基础设施建设费		
1.4	建筑安装工程费		
1.5	公共配套设施建设费		
1.6	开发间接费		
1.7	管理费用		
1.8	财务费用		
1.9	销售费用		
1.10	开发期税费		
1.11	其他费用		
1.12	不可预见费		
2	经营资金		
3(1＋2)	项目总投资		
3.1	固定资产投资		
3.2	经营资金		
3.3	开发产品成本		

房地产开发项目总投资构成如图 4-1 所示。

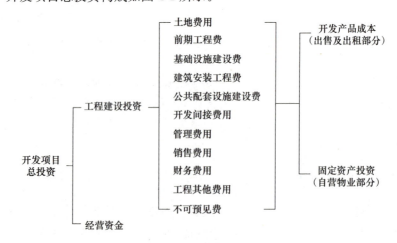

图 4-1　房地产开发项目总投资构成

房地产开发项目与一般建设项目的区别如下。

房地产项目开发完成后有出售、出租、自营三种经营模式。一个综合型的项目有时既出售又出租，也可能三种模式并存。同时房地产项目存在预售，其建设期与销售期重叠，而工业项目建设期和生产期往往是分开的，项目总投资与生产期每年的总成本费用分得很清楚。

对于开发—出售型的房地产开发项目，为出售目的建设的住宅、商铺并不是企业的固定资产，这些房地产产品（商品房）以开发产品形式存在，本质上属于流动资产。开发商投入的开发建设资金属于流动资金，通过销售后，所有的投资均一次性转移到开发产品成本中，因此，在这种情况下的房地产项目总投资基本上就等于房地产项目的总成本费用。

在混合经营模式下，开发建设投资在建设过程中形成以出售为目的的开发产品成本，以出租、自营为目的的固定资产及其他资产①，这时应注意开发建设投资在开发产品成本与固定资产和其他资产之间的合理分摊划转。

经营资金是指房地产开发企业用于以自营为目的的物业时的日常营运资金，它在运营期内被长期占用和周转使用。对于没有自营物业的房地产项目，在进行经济评价时，可忽略经营资金估算。

二、开发产品成本

开发产品成本是企业计缴销售开发产品所得税时，按国家有关的财务制度和会计制度的规定，从开发建设投资转入开发产品的成本。当房地产开发项目有多种产品（出售产品、出租产品、自营产品）时，应通过开发建设投资的合理分摊分别估算每种产品的成本费用。

【例4-1】 某开发企业开发一个项目，总建筑面积为157 349 m^2，其中住宅135 049 m^2，商铺5 300 m^2，会所17 000 m^2。住宅全部销售，商铺用于出租，会所自己经营。开发建设投资70 644万元，这种情况下建设投资按规定划为两大部分，其中开发产品成本65 644万元和自营固定资产（会所）5 000万元，由于会所投入运营时需要投入经营资金150万元，那么建设项目总投资为

建设项目总投资＝70 644＋150＝70 794（万元）

如果项目没有自营物业，那么无须投入经营资金150万元，由此可见，当项目经营模式为开发—出售型，在进行经济评价时，经营资金估算可以忽略。

需要指出的是，对于计入出租产品的开发产品成本，按开发产品进行出租的，不得计提折旧，等到转售时一次性回收；转为固定资产出租的应按销售处理完成纳税以后，再通过计提固定资产折旧的方式回收投资。

当没有固定资产投资和经营资金发生时，开发产品成本就是开发建设投资，也是总投资或总成本费用。换而言之，当房地产开发项目在开发完成后只有租售而没有自营部分，则

开发项目总投资＝开发建设投资＝总成本费用＝开发产品成本

核算企业所得税时，国家税务总局文件将总成本费用划分为产品计税成本和开发期间费用两类。产品计税成本是指企业在开发、建造产品过程中所发生的按照税收规定进行核算与计量的应归入某项成本对象的各项费用，即按产品对象进行归集的费用；产品计税成本包括土地费用、前期工程费、基础设施建设费、建筑安装工程费、公共配套设施建设费、开发间接费；开发期间费用包括管理费用、财务费用、销售费用、开发期税费、其他费用等。

---

① 临时出租产品可以按开发产品处理，当作为投资性房地产打算长期出租时，应按规定转为固定资产。

核算土地增值税时，对总成本费用又可分为开发成本和开发费用两类。开发成本包括土地费用、前期工程费、基础设施建设费、建筑安装工程费、公共配套设施建设费、其他费用、开发期税费、不可预见费；开发费用包括管理费用、财务费用、销售费用。

本质上税收核算时对总成本费用划分的原理是一致的，即按成本对象归集和按一定的会计期间归集。但是所得税与土地增值税征收两个文件上，前者明确了产品成本包括哪几项；后者则明确了开发费用包括哪几项。两个文件中都没有明确的开发期间税费、其他费用、不可预见费被归入不同的类别。

第二节 房地产开发项目投资与总成本费用估算

一、土地费用

土地费用也就是土地取得成本，是指取得房地产开发用地的必要支出，一般包括土地使用权出让金、城市基础设施建设费、土地开发建设补偿费（包括征地补偿安置费、相关税费、地上物拆除费、渣土清运费、场地平整费等）和土地取得税费。

土地取得成本的具体构成因取得房地产开发用地的途径不同而有所不同，目前，通过土地一级市场取得房地产开发用地的主要途径：一是通过市场购置取得；二是通过征收集体土地取得；三是通过征收国有土地上房屋取得。目前随着土地市场的发展完善，基本上以第一种方式为主，征收集体土地及征收国有土地各地方政府通常先进行土地熟化再出让，直接生地、毛地出让已经比较少见。通过土地二级市场获得土地使用权的费用主要表现为土地转让费、土地租用费、土地投资折价。

1. 市场购置下的土地取得成本

成熟的土地市场上，土地取得成本一般是由土地使用权出让金、应由买方（在此为房地产开发商）缴纳的税费和可直接归属于该土地的其他支出构成的。土地取得成本一般包括以下几项：

（1）土地使用权出让金。由于各地已经普遍采用招标、拍卖、挂牌方式公开出让国有土地使用权，即出让的地价多为熟地价、挂牌价，因此土地出让金可以运用房地产估价中的市场法求取，通过类似土地交易价格的比较、修正、调整来获得。对于缺少市场交易价格的区域或土地类别，也可以参照相关城市制定的基准地价，并在基准地价的基础上加以适当调整来求取。

（2）土地取得税费。土地取得税费包括契税、印花税、交易手续费等。通常是根据税法及中央和地方政府的有关规定，按照建设用地使用权价格的一定比例来测算。

【例 4-2】 某宗房地产开发用地的面积为 5 000 m^2，容积率为 2，市场价格（楼面地价）为 800 元/m^2，受让人须按照受让价格的 3% 缴纳契税等税费，则土地取得成本为 800×5 000×2×(1+3%)=824（万元）。

2. 征收集体土地的土地取得成本

征收集体土地的土地取得成本一般包括土地征收补偿费用、相关税费、地上物拆除费、渣土清运费、场地平整费，以及城市基础设施建设费、建设用地使用权出让金等（表 4-2）。

表 4-2　征收集体土地的土地取得成本一览表

序号	项目		
1	建设用地使用权出让金		
2	城市基础设施建设费		
3	地上物拆除、渣土清运和场地平整费		
4	土地征收补偿费	4.1 土地补偿费	
		4.2 安置补助费	
		4.3 地上附着物和青苗的补偿费	
		4.4 安排被征地农民的社会保障费用	
5	相关税费	5.1 新菜地开发建设基金	征收城市郊区菜地才有
		5.2 耕地开垦费	占用耕地才有
		5.3 耕地占用税	占用耕地才有
		5.4 征地管理费	
		5.5 政府规定的其他有关费用	防洪费保安费等

注：表中第2项也可能放在基础设施建设费中而不是在土地取得成本中。

(1)土地征收补偿费。土地征收补偿费用一般由下列四项费用组成：

1)土地补偿费。征收耕地的土地补偿费，为该耕地被征收前三年平均年产值的6～10倍。征收其他土地的土地补偿费标准，由省、自治区、直辖市参照征收耕地的土地补偿费的标准规定。土地补偿费的计算公式为

土地补偿费＝被征土地前三年平均年产值×补偿倍数

2)安置补助费。征收耕地的安置补助费，按照需要安置的农业人口数计算。需要安置的农业人口数，按照被征收的耕地数量除以征地前被征收单位平均每人占有耕地的数量计算。每一个需要安置的农业人口的安置补助费标准，为该耕地被征收前三年平均年产值的4～6倍。但是，每公顷①被征收耕地的安置补助费，最高不得超过被征收前三年平均年产值的15倍。征收其他土地的安置补助费标准，由省、自治区、直辖市参照征收耕地的安置补助费的标准规定。安置补助费的计算公式为

(被征土地需安置人数×补偿倍数)≤15 时

总安置补助费＝被征土地前三年平均年产值×补偿倍数×被征土地需安置人数

(被征土地需安置人数×补偿倍数)＞15 时

总安置补助费＝被征土地前三年平均年产值×15

依照规定支付土地补偿费和安置补助费，还不能使需要安置的农民保持原有生活水平的，经省、自治区、直辖市人民政府批准，可以增加安置补助费。但是，土地补偿费和安置补助费的总和不得超过土地被征收前三年平均年产值的30倍。

3)地上附着物和青苗的补偿费。地上附着物补偿费是对被征收土地上诸如房屋及其他建筑物(含构筑物)、树木、鱼塘、农田水利设施、蔬菜大棚等给予的补偿费。青苗补偿费是对被征收土地上尚未成熟、不能收获的诸如水稻、小麦、蔬菜、水果等给予的补偿费。可以移植的苗木、花草及多年生经济林木等，一般是支付移植费；不能移植的，给予合理补偿或作价收购。地上附着物和青苗的补偿标准，由省、自治区、直辖市规定。

---

① 1公顷＝10 000 m²。

4)安排被征地农民的社会保障费用。

(2)相关税费。相关税费一般包括下列费用和税金：

1)新菜地开发建设基金(征收城市郊区菜地的)。征收城市郊区的菜地，用地单位应当按照国家有关规定缴纳新菜地开发建设基金。新菜地开发建设基金的缴纳标准，由省、自治区、直辖市规定。

2)耕地开垦费(占用耕地的)。国家实行占用耕地补偿制度。非农业建设经批准占用耕地的，按照"占多少，垦多少"的原则，由占用耕地的单位负责开垦与所占用耕地的数量和质量相当的耕地；没有条件开垦或者开垦的耕地不符合要求的，应当按照省、自治区、直辖市的规定缴纳耕地开垦费，专款用于开垦新的耕地。

3)耕地占用税(占用耕地的)。根据《中华人民共和国耕地占用税暂行条例》(2007年12月1日中华人民共和国国务院令第511号，以下简称《耕地占用税暂行条例》)的规定，占用耕地建房或者从事非农业建设的单位或者个人，为耕地占用税的纳税人，应当缴纳耕地占用税。耕地占用税以纳税人实际占用的耕地面积为计税依据，按照规定的适用税额一次性征收。占用林地、牧草地、农田水利用地、养殖水面，以及渔业水域滩涂等其他农用地建房或者从事非农业建设的，比照《耕地占用税暂行条例》的规定征收耕地占用税。

4)征地管理费。该项费用是指县级以上人民政府土地管理部门受用地单位委托，采用包干方式统一负责、组织、办理各类建设项目征收土地的有关事宜，由用地单位按照征地费总额的一定比例支付的管理费用。包干方式有全包方式、半包方式和单包方式三种。

5)政府规定的其他有关费用。部分省、自治区、直辖市还规定收取防洪费、南水北调费等。具体费用项目和收取标准，应根据国家和当地政府的有关规定执行。

城市基础设施建设费和建设用地使用权出让金一般是依照规定的标准或者采用比较法求取。

3. 征收国有土地上房屋的土地取得成本

征收国有土地上房屋的土地取得成本一般包括房屋征收补偿费用、相关费用、地上物拆除费、渣土清运费、场地平整费，以及城市基础设施建设费、建设用地使用权出让金等，见表4-3。

表4-3　征收国有土地上房屋的土地取得成本一览表

序号	项目		
1	建设用地使用权出让金		
2	城市基础设施建设费		
3	地上物拆除、渣土清运和场地平整费		
4	房屋征收补偿费	4.1	被征收房屋补偿费
		4.2	搬迁费
		4.3	临时安置费(货币补偿方式的没有此项)
		4.4	停产停业损失补偿费(非住宅)
		4.5	补助和奖励
5	相关费用	5.1	房屋征收评估费
		5.2	房屋征收服务费
		5.3	政府规定的其他有关费用

注：表中第2项也可能放在基础设施建设费中而不是在土地取得成本中。

(1)房屋征收补偿费用。房屋征收补偿费用一般由下列五项费用组成：

1)被征收房屋补偿费。被征收房屋补偿费是对被征收房屋价值的补偿。被征收房屋价值包括被征收房屋及其占用范围内的土地使用权和其他不动产的价值，由房地产估价机构评估确定。

2)搬迁费。根据需要搬迁的家具、电器(如分体式空调、热水器)、机器设备等动产的拆卸、搬运和重新安装费用给予补助。对征收后不可重新利用的动产，根据其残余价值给予相应补偿。

3)临时安置费。根据被征收房屋的区位、用途、建筑面积等因素，按照类似房地产的市场租金结合过渡期限确定。

4)停产停业损失补偿费。因征收房屋造成停产停业的，根据房屋被征收前的效益、停产停业期限等因素确定。

5)补助和奖励。

(2)相关费用。相关费用一般包括下列费用：

1)房屋征收评估费。该项费用是承担房屋征收估价的房地产估价机构向房屋征收部门收取的费用。

2)房屋征收服务费。该项费用是房屋征收实施单位承担房屋征收与补偿的具体工作向房屋征收部门收取的费用。

3)政府规定的其他有关费用。这些费用一般是依照规定的标准或者采用比较法求取。

4. 土地转让费

通过土地二级市场获得土地使用权时估算土地转让费。土地转让费是指土地受让方向土地转让方支付土地使用权转让费。依法通过土地出让或转让方式取得的土地使用权可以转让给其他合法使用者。

5. 土地租用费

土地租用费是指土地租用方向土地出租方支付的费用。在房地产开发投资中不多见，但在房地产置业投资中(如购入酒店以作出租经营之用时)经常采用。

6. 土地投资折价

土地投资折价是房地产合作开发中非常常见的合作开发项目的模式。

二、前期工程费

前期工程费是指在取得土地开发权之后、项目开发前期的水文地质勘察、测绘、规划、设计、可行性研究、筹建报建、"三通一平"等前期费用，见表4-4。

水文地质勘察、测绘、规划、设计通常由专业的公司来完成，通常根据建安工程费用的一定比例进行估算，各地有具体的收费指导文件。如水文地质勘察费通常为建安工程费的0.3%，规划设计费通常为建安工程费的3%左右。

表4-4 前期工程费用估算表

序号	项目	面积/m²	单方价格/(元·m⁻²)	总价/万元	估算说明
2	前期工程费				
2.1	三通一平费				

续表

序号	项目	面积/m²	单方价格/(元·m⁻²)	总价/万元	估算说明
2.2	人防费				
2.3	工程勘察费				
2.4	工程设计费				
2.5	前期工作咨询费				
2.6	施工图审查费				
2.7	白蚁防治费				
2.8	工程造价咨询费				
2.9	工程招标代理费				
…					
	合计				

三、建筑安装工程费

1. 主要构成

建筑安装工程费包括建造商品房及附属工程所发生的土建工程费、安装工程费、装饰装修工程费等费用。附属工程是指房屋周围的围墙、水池、建筑小品、绿化等。要注意避免与下面的基础设施建设费、公共配套设施建设费重复。

2. 估算方法

在投资分析或可行性研究阶段，建筑安装工程费用估算可以采用单元估算法、单位指标估算法、工程量近似匡算法、概算指标估算法、概预算定额法，也可以根据类似工程经验进行估算。具体估算方法的选择应视资料的可取性和费用支出的情况而定。

(1)单元估算法。单元估算法是指以基本建设单元的综合投资乘以单元数得到项目或单项工程总投资的估算方法。例如，以每间客房的综合投资乘以客房数估算一座酒店的总投资；以每张病床的综合投资乘以病床数估算一座医院的总投资等。

(2)单位指标估算法。单位指标估算法是指以单位工程量投资乘以工程量得到单项工程投资的估算方法。一般来说，土建工程、给水排水工程、照明工程可按建筑平方米造价计算；采暖工程按耗热量(千卡/小时)指标计算；变配电安装按设备容量(千伏安)指标计算；集中空调安装按冷负荷量(千卡/小时)指标计算；供热锅炉安装按每小时产生蒸汽量(立方米/小时)指标计算；各类围墙、室外管线工程按长度米指标计算；室外道路按道路面积平方米指标计算等。

(3)工程量近似匡算法。工程量近似匡算法采用与工程概预算类似的方法，先近似匡算工程量，配上相应的概预算定额单价和取费标准，近似计算项目的建筑工程投资。

(4)概算指标估算法。概算指标估算法采用综合的单位建筑面积和建筑体积等建筑工程概算指标计算整个工程费用。常用的估算公式如下：

直接费＝每平方米造价指标×建筑面积
主要材料消耗量＝每平方米材料消耗量指标×建筑面积

当房地产项目包括多个单项工程时，应对各个单项工程分别估算建筑安装工程费用，见表 4-5。

表 4-5　建筑安装工程费估算表

序号	项目或费用名称	概算造价(人民币/万元)					技术经济指标			备注
		建筑工程	安装工程	设备购置	其他费用	合计	单位	数量	单价/元	
1	单项工程 1									
1.1	建筑工程									
1.2	电气工程									
1.3	给排水工程									
1.4	电梯工程									
1.5	中央空调									
2	单项工程 2									
…										
	合计									

注：此表应用于单位指标估算法。

四、基础设施建设费

基础设施建设费是指建筑物 2 m 以外和项目用地规划红线内的各种管线、道路工程的建设费用。其主要包括城市规划要求配套的道路、给水、排水、电力、通信、燃气、供热排污、绿化、室外照明等设施的建设费用。如果取得的房地产开发用地是熟地，则基础设施建设费已部分或全部包含在土地取得成本中，在此就只有部分或者没有基础设施建设费，见表 4-6。

表 4-6　基础设施建设费估算表

项目	面积/m²	单方价格/(元·m⁻²)	总价/万元	备注
基础设施费				
供水配套、工程费				
供电配套、工程费				
供气配套、工程费				
通信配套、工程费				
有线电视配套、工程费				
排污工程				
照明工程				
垃圾处理费				
绿化建设费				
道路、总体管线建设费				
室外智能化工程				
合计				

五、公共配套设施建设费

公共配套设施建设费是指开发项目内发生的、独立的、非营利性的，且产权属于全体业主的，或无偿赠与地方政府、政府公用事业单位的公共配套设施支出。其主要包括城市规划要求配套的教育(如幼儿园)、医疗卫生(如医院)、文化体育(如文化活动中心)、社区服务(如居委会)、市政公用(如公共厕所)等非营业性设施的建设费用。

还有一部分在开发小区内发生的根据法规或经营惯例，其经营收入归于经营者或业委会的可经营性公共配套设施的支出，如建造会所、图书馆、阅览室、健身房、游泳池、球场等设施的支出。

公共设施投资费用估算可以参考建安工程费用估算方法，按规划指标和实际工程量估算。

六、开发间接费

开发间接费是指房地产开发企业所属独立核算单位在开发现场组织管理所发生的各项费用。其包括工资、福利费、折旧费、修理费、办公费、水电费、劳动保护费、周转房摊销和其他费用等。

七、管理费用

管理费用是指房地产开发企业为组织和管理房地产开发经营活动而发生的各种费用。其主要包括管理人员工资、工会经费、职工教育经费、社会保险费、失业保险费、董事会费、咨询费、审计费、诉讼费、排污费、绿化费、房产税、车船使用税、城镇土地使用税、技术转让费、技术开发费、无形资产摊销、开办费摊销、业务费摊销、业务招待费、坏账损失、存货盘亏、毁损和报废损失及其他管理费用。

管理费用可按项目投资或前述1～5项直接费用的一定比例计算，一般为3%左右。

如果房地产开发企业同时开发若干房地产项目，管理费用应在各个项目之间合理分摊。

八、销售费用

销售费用也称为销售成本，是指房地产开发企业在销售房地产产品过程中发生的各项费用，以及专设销售机构或委托销售代理的各项费用。其包括广告费、销售资料制作费、售楼处建设费、样板房或样板间建设费、销售人员工资或者销售代理费等。销售费用通常按照开发完成后的房地产价值的一定比例来测算，广告宣传及市场推广费为销售收入的2%～3%(住宅销售物业较高，写字楼物业较低)；销售代理费为销售收入的1.5%～2%；其他销售费用为销售收入的0.5%～1%；三项合计，销售费用占到销售收入的4%～6%。

九、财务费用

财务费用是指房地产开发企业为筹集资金而发生的各项费用。其主要包括借款和债券的利息、金融机构手续费、承诺费、管理费、外汇汇兑净损失及企业筹资发生的其他财务费用。

在房地产投资总成本费用的分析中，财务费用的估算是个难点，需要考虑一系列问题。

例如，借款条件(借款期、借款利率、借款额)；还款时间上，有无宽限期；利率上，单利还是复利，利率上浮多少；还款方式等。这些都需要考虑现实金融市场情况，并尽量与其接近。另外，要根据整个项目的进度计划、分年投资计划，列出各年投资额，再安排贷款额。同时，要考虑项目有无预售收入、借款比例为多少才合适、怎样避免财务风险等。利息外的财务费用可按利息10%估算。

十、其他费用

其他费用主要包括临时用地费和临时建设费、工程质量监督费、安全监督费、工程保险费、工程监理费、竣工验收费等。这些费用一般按当地有关部门规定的费率估算。

十一、不可预见费

不可预见费是根据项目的复杂程度和前述各项费用估算的准确程度，以上述各项之和的3%~7%进行估算。

当开发项目竣工后采用出租或自营方式经营时，还应该估算项目经营期间的运营费用。需要指出的是，经营期运营费用并非总投资的组成部分，是核算经营期利润时需要核算的经济要素。

第三节 房地产开发项目收入估算

估算房地产开发项目的收入，首先要制定切实可行的租售计划(含销售、出租、自营等计划)。租售计划的内容通常包括拟租售物业的类型、时间和相应的数量，租售价格，租售收入及收款方式。租售计划应遵守政府有关租售和经营的规定，并与开发商的投资策略相配合。

一、租售方案制定

租售物业的类型与数量，要结合项目可提供的物业类型、数量来确定，并要考虑到租售期内房地产市场的可能变化对租售数量的影响。对于一个具体的项目而言，此时必须明确：出租面积和出售面积的数量及其与建筑物的对应关系，在整个租售期内每期(年、半年、季度、月)拟销售或出租的物业类型和数量。综合用途的房地产开发项目，应按不同用途或使用功能划分。

二、租售价格确定

租售价格应在房地产市场分析的基础上确定，一般可选择在位置、规模、功能和档次等方面可比的交易实例，通过对其成交价格的分析与修正，最终得到项目的租售价格。也可以参照房地产开发项目产品定价的技术和方法，确定租售价格。

租售价格的确定要与开发商市场营销策略相一致，在考虑政治、经济、社会等宏观环境对物业租售价格影响的同时，还应对房地产市场供求关系进行分析，考虑已建成的、正在建设的及潜在的竞争项目对拟开发项目租售价格的影响。投资分析及可行性研究时通常采用市场比较法确定租售价格。

三、租售收入估算

房地产开发项目的租售收入等于可租售面积的数量乘以单位租售价格。对于出租情况，还应考虑空置期和空置率对年租金收入的影响。租住收入估算要计算出每期（年、半年、季度、月）所能获得的租售收入，并形成租售收入计划。租售收入的估算可借助表 4-7 和表 4-8 的格式进行。

表 4-7 销售收入与经营税金估算表

序号	项目	合计	开发经营期					
			1	2	3	4	…	n
1	销售收入							
1.1	可销售面积/m²							
1.2	单位售价/(元·m⁻²)							
1.3	销售比例/%							
2	经营税金及税金附加							
2.1	增值税							
2.2	城市维护建设税							
2.3	教育费附加							
2.4	其他当地附加税费							
…								

表 4-8 出租收入及经营税金估算表

序号	项目	合计	开发经营期					
			1	2	3	4	…	n
1	出租收入							
1.1	可出租面积/m²							
1.2	单位租金/(元·m²)							
1.3	出租率/%							
2	经营税金及税金附加							
2.1	增值税							
2.2	城市维护建设税							
2.3	教育费附加							
2.4	其他当地附加税费							
…								
3	转售收入							
3.1	转售价格							
3.2	转售成本							
3.3	转售税金							

注：净转售收入一般在期末实现。

四、自营收入估算

自营收入是指开发企业以开发完成后的房地产为其进行商业和服务业等经营活动的载体,通过综合性的自营方式得到的收入。

在进行自营收入估算时,应充分考虑目前已有的商业和服务业设施对房地产项目建成后产生的影响,以及未来商业、服务业市场可能发生的变化对房地产项目的影响。

五、转售收入估算

出租和自营型的房地产在持有期末仍有价值,这部分价值可以通过市场转让体现出来。

其他产业中的自营固定资产,在经营期结束时可能会被拆除,有固定资产余值回收,但在房地产产业中的出租和自营的房地产,在预计的出租期和经营期结束时,一般不会被拆除,可以转手继续使用,其价值一般会通过转售收入来反映。转售收入就是房地产的所有者将出租或自营型房地产的所有权转让给他人后获得的收入。转售收入应不低于房地产的余值,这就涉及持有期与转售价格的估算。

对于经营性房地产,期末的转售价值可以采用收益法估算,将持有期结束后的剩余收益期的净收益按一定的报酬率折现求其现值和,也可采用趋势预测法,根据年平均价格上涨率求取其未来转售价格。

第四节 房地产开发项目税金估算

税收估算是根据现行的财税制度进行的,由于政府常将税收政策当成房地产行业调控手段之一,房地产税收政策变化比较频繁,但总体而言,税种还是比较固定的,常调节的是税率及减免对象。房地产开发项目经营税费涉及两大部分,即房地产开发期间税费及流转环节税费。开发期间税费已经计入总成本费用,此部分主要介绍流转环节的税费,主要涉及流转税、所得税、土地增值税、特定目的税。

一、转让房地产有关的税费

房地产行业从 2016 年开始实行缴纳增值税,不再征收营业税,下面介绍增值税。

1. 增值税

增值税是对销售货物或者提供加工、修理修配劳务及进口货物的单位和个人就其实现的增值额征收的一个税种。增值税是以商品(含应税劳务)在流转过程中产生的增值额作为计税依据而征收的一种流转税。

为了严格增值税的征收管理,我国参照国际惯例,根据企业经营规模的大小、会计核算是否健全及能否提供税务资料,将增值税纳税人划分为一般纳税人和小规模纳税人。本书以开发企业一般纳税人为例说明增值税应纳税额计算。

从计税原理上说,增值税是对商品生产、流通、劳务服务中多个环节的新增价值或商品的附加值征收的一种流转税。在实际中,商品新增价值或附加值在生产和流通过程中是很难准确计算的。因此,我国也采用国际上普遍采用的税款抵扣的办法。即根据销售商品或劳务的销售额,按规定的税率计算出销售税额,然后扣除取得该商品或劳务时所支付的增值税款,也就是进项税额,其差额就是增值部分应缴的税额。这种计算方法体现了按增值因素计税的原则。计税公式为

$$应纳税额 = 当期销项税 - 当期进项税额$$

$$当期销项税 = 不含增值税销售额 \times 适用的增值税税率$$

地产开发企业中的一般纳税人(以下简称一般纳税人)销售自行开发的房地产项目,适用一般计税方法计税,按照取得的全部价款和价外费用,扣除当期销售房地产项目对应的土地价款后的余额计算销售额。销售额的计算公式如下:

$$销售额 = (全部价款和价外费用 - 当期允许扣除的土地价款) \div (1 + 增值税税率)①$$

当期允许扣除的土地价款按照以下公式计算:

$$当期允许扣除的土地价款 = (当期销售房地产项目建筑面积 \div 房地产项目可供销售建筑面积) \times 支付的土地价款$$

当期销售房地产项目建筑面积,是指当期进行纳税申报的增值税销售额对应的建筑面积。

房地产项目可供销售建筑面积,是指房地产项目可以出售的总建筑面积,不包括销售房地产项目时未单独作价结算的配套公共设施的建筑面积。

从计算公式可以知道,商品房销售价格中已经包括了增值税,需要对其调整为不含税价格再计算增值税。

【例 4-3】 某开发企业自行开发住房并于当年一次销售获得销售款 100 万元,同时该项目支付土地款 30 万元,购买钢材、水泥等建筑材料和工程设备 20 万元,支付建筑承包方以清包工方式提供的建筑服务费 15 万元,发生建筑设计、工程监理、造价预决算、法律咨询、财务审计、员工出差住宿、商务旅游等费用 10 万元,同时公司办公室购买办公用品、公司车辆加油等支出 5 万元,根据 2016 年营改增政策计算其应缴纳增值税。

【解】 该企业的当年销售额 $= (100 - 30) \div (1 + 11\%) = 63.06$(万元)

当期销项税 $= 63.06 \times 11\% = 6.94$(万元)

当期进项税额 $= 20 \div (1 + 17\%) \times 17\% + 15 \div (1 + 3\%) \times 3\% + 10 \div (1 + 6\%) \times 6\% + 5 \div (1 + 17\%) \times 17\% = 4.64$(万元)

当期增值税 $=$ 当期销项税 $-$ 当期进项税额 $= 6.94 - 4.64 = 2.30$(万元)

2. 城市维护建设税

城市维护建设税是对在我国境内既享用城镇公用设施,又有经营收入的单位和个人征收的一种税。开征城市建设税是为了进一步扩大城市建设,提供城市维护和建设的奖金来源。

税费的计算办法:以单位和个人实际缴纳的增值税、消费税的实交税额为计税依据。对房地产开发企业而言,城市维护建设税的计税依据是其实际缴纳的增值税。城市维护建设税的税率因纳税人所在的地区而有所差别:纳税人所在地为市区的,税率为 7%;纳税人所在地为县城、建制镇的,税率为 5%;纳税人所在地不在城区、县城或者建制镇的,税率为 1%。

---

① 计算办法来自国家税务总局《房地产开发企业销售自行开发的房地产项目增值税征收管理暂行办法》。

3. 教育费附加

教育费附加是国家为发展教育事业、筹集教育经费而征收的一种附加费。其计费依据与城建税相同。对房地产开发投资企业而言，计费依据是实际缴纳的增值税。教育费附加的税率一般为3%。

4. 其他销售税费

除"两税一费"外，其他销售税费包括防洪保安费、印花税、交易手续费等。防洪保安费根据各地方规定征收，通常按销售收入的一定比例征收。印花税通常按房地产交易价的0.1%，买卖双方各负担一半。交易手续费等按当地相关规定估算，通常按交易面积计算。

二、土地增值税

1. 土地增值税的概念

土地增值税是对转让国有土地使用权、地上建筑物及其附着物并取得收益的单位和个人，就其转让房地产所得的增值额为征税对象征收的一种税。其本质上是对土地增值收益课税。

计算土地增值税应纳税额，并不是直接对转让房地产所取得的收入征税，而是先计算增值额，根据增值率采用累进税率的方法计算应纳税额。

2. 转让房地产取得的收入

纳税人转让房地产取得的收入，应包括转让房地产的全部价款及有关的经济收益。可以是货币收入、实物收入和其他收入，但一般是指货币收入。

3. 土地增值税的扣除项目

计算土地增值税应纳税额，是对收入额减除国家规定的各项扣除项目金额后的余额计算征税。这个余额就是纳税人在转让房地产中获取的增值额。

扣除项目包括以下几项：

(1)房地产开发成本，包括取得土地使用权所支付的金额及相应税费、手续费、土地征用拆迁补偿费、前期工程费、基础设施建设费、建筑安装工程费、公共配套设施建设费、开发间接费等。

(2)房地产开发费用，包括管理费用、财务费用、销售费用。但三项费用在计算土地增值税时，并不按纳税人房地产开发项目实际发生的费用进行扣除。具体扣除时，要看财务费用中的利息支出是否能够按转让房地产项目计算分摊并提供金融机构的证明。如果是，则财务费用中的利息支出允许据实扣除，但最高不能超过商业银行同期贷款利率计算的金额，而其他房地产开发费用则按照第(1)项计算金额之和的5%以内计算扣除；如果否，则凡不能按转让房地产项目计算分摊利息支出或不能提供金融机构证明的，则整个房地产开发费用按上面第(1)项计算金额之和的10%以内计算扣除。

(3)旧房或建筑物的评估价格。转让旧有房地产时，应按旧房或建筑物的评估价格计算扣除项目金额。

(4)与转让房地产有关的税金，包括城乡维护建设税、教育费附加、印花税等。

(5)财政部规定的其他扣除项目。对从事房地产开发的纳税人可按第(1)项的20%扣除。

4. 土地增值税的税率

土地增值税实行四级超率(额)累进税率，为30%～60%。

(1)增值额未超过扣除项目金额的50%(包括本比例数,下同)的部分,税率为30%;

(2)增值额超过扣除项目金额的50%,但未超过扣除项目金额的100%的部分,税率为40%;

(3)增值额超过扣除项目金额的100%,但未超过扣除项目金额的200%的部分,税率为50%;

(4)增值额超过扣除项目金额的200%的部分,税率为60%。

为简化计算,应纳税额可按增值额乘以适用税率减去扣除项目金额乘以速算扣除系数的简便方法计算,速算公式如下:

土地增值额未超过扣除项目金额50%的,应纳税额=土地增值额×30%;

土地增值额超过扣除项目金额50%,未超过100%的,应纳税额=土地增值额×40%-扣除项目×5%;

土地增值额超过扣除项目金额100%,未超过200%的,应纳税额=土地增值额×50%-扣除项目×15%;

土地增值额超过扣除项目金额200%的,应纳税额=土地增值额×60%-扣除项目×35%。

5. 土地增值税的免税规定

有以下情形之一者,免征土地增值税:

(1)纳税人建筑普通标准住宅出售,增值额未超过扣除项目金额的20%。其中普通住宅是指按所在地一般民用住宅标准建设的居住用房,与其他住宅具体划分界限由各省、自治区、直辖市人民政府规定。如果纳税人既建造普通标准住宅又有非普通住宅的,应分别核算增值额和增值率。

(2)因国家建设需要征收的房地产是指因城市实施规划、国家建设的需要而被政府批准征用的房产或收回的土地使用权。

符合上述免税规定的单位和个人,需向房地产所在地税务机关提出免税申请,经税务机关审核后,免征土地增值税。

6. 土地增值税计算举例

【例4-4】 某房地产开发公司建造并出售了一栋写字楼,取得了5 000万元人民币的销售收入,与转让房地产有关税金的综合税税率为6%,该公司为建造写字楼支付了500万元地价款,建造此楼时又投入了1 000万元的房地产开发成本和150万元的开发费用,由于种种原因该公司不能提供准确的利息支出情况。试计算转让此写字楼应缴纳的土地增值税。

【解】

(1)计算扣除项目金额为:

$$500+1\,000+150+5\,000×6\%+(1\,000+500)×20\%=2\,250(万元)$$

(2)计算增值额为:

$$50\,000-2\,250×100\%=2\,750(万元)$$

(3)计算增值税与扣除金额之比:

$$2\,750÷2\,250=122\%$$

增值额超过扣除项目金额100%,分别适用30%、40%和50%三档税率。

(4)计算各档土地增值税税额:

1)增值额未超过扣除金额50%的部分,适用30%的税率,税额为:

$$2\ 250 \times 50\% \times 30\% = 337.5(万元)$$

2) 增值额超过扣除金额50%但未超过100%的部分，适用40%的税率，税额为：

$$2\ 250 \times (100\% - 50\%) \times 40\% = 450(万元)$$

3) 增值额超过扣除金额100%但未超过200%的部分，适用50%的税率，税额为：

$$[2\ 750 - (2\ 250 \times 100\%)] \times 50\% = 250(万元)$$

4) 土地增值税总额：

$$337.5 + 450 + 250 = 1\ 037.5(万元)$$

速算法：该开发项目土地增值额超过扣除项目金额100%，未超过200%，适用公式为：

$$应纳税额 = 土地增值额 \times 50\% - 扣除项目 \times 15\%$$

$$土地增值税 = 2\ 750 \times 50\% - 2\ 250 \times 15\% = 1\ 037.5(万元)$$

【例4-5】 某房地产开发公司建设普通标准住宅出售得到收入40 000万元，其扣除项目金额为35 000万元，试计算其应纳土地增值税的税额。

【解】

(1) 计算增值额为：

$$40\ 000 - 35\ 000 = 5\ 000(万元)$$

(2) 计算增值税与扣除金额之比：

$$5\ 000 \div 35\ 000 \times 100\% = 14.28\%$$

(3) 判断土地增值税适用税率：

增值税未超过扣除项目金额20%，故该项目免征土地增值税。

三、企业所得税

企业所得税是对实行独立核算的房地产开发投资企业，按其应纳税所得额征收的一种税。企业每一纳税年度的收入总额，减除不征税收入、免税收入、各项扣除及允许弥补的以前年度亏损后的余额，为应纳税所得额。所得税应纳税额的纳税人即开发企业（开发商或开发投资者）。开发企业应缴纳的所得税计算公式为

$$所得税税额 = 应纳税所得额 \times 适用税率 - 减免税额 - 抵免税额$$

$$应纳税所得额 = 利润总额 - 允许扣除项目金额$$

房地产开发企业所得税税率一般为25%。

第五节　借款还本付息的估算

房地产开发项目建设期借款利息的计算，其实是对本章第二节"项目总成本费用"中"财务费用"的具体估算。

一、还本付息的资金来源

根据国家现行财税制度的规定，归还建设投资借款的资金来源主要是项目建成后可用于归还借款的利润、折旧费、摊销费等；对预售或预租的项目，还款资金还可以是预售或预租的收入。

二、利息估算方法

相同的贷款数额，其利息的大小受利率、还款方式、使用期限的影响。

估算利息时应根据实际利率进行计算，如贷款方给定利率时间单位为年，却要求按月或者季度等短于一年的时间计息，此时给定的年利率就变成了名义利率，计算利息时，应先计算周期利率。

周期利率＝名义利率÷一年内的计息周期数

如给定贷款年利率为6%，但按月还本付息，则月利率＝6%÷12＝0.5%。

1. 借款时的利息计算

按照国家有关规定，在进行建设项目经济评价时，对当年发生借款的，假定借款在当年年中发生，按半年计息，以往年度借款按全年计息。每年应计利息为

每年应计利息＝（年初借款本息累计＋本年借款÷2）×年利率

当计息周期不是年，而是月、季度、半年时，换成相应的周期利率即可：

当期应计利息＝（期初借款本息累计＋本期借款÷2）×周期利率

【例4-6】 某房地产开发项目，建设期为3年。在建设期第1年借款300万元，第2年借款600万元，第3年借款400万元，年利率为12%，建设期内只计息不还款，试计算建设期贷款利息。

【解】

建设期各年利息计算如下：

第1年应计利息＝(0＋300÷2)×12%＝18(万元)

第2年应计利息＝(318＋600÷2)×12%＝74.16(万元)

第3年应计利息＝(318＋600＋74.16＋400÷2)×12%＝143.06(万元)

故建设期贷款利息总和＝18＋74.16＋143.06＝235.22(万元)

2. 还款时的利息计算

还款期利息支付作为总成本费用的组成，需要计算每年的利润及所得税时，必须分年度将利息计算出来，利息估算时，均假设还款发生在期末，还款期利息计算公式：

本年应计利息＝年初借款余额累计×年利率

还款期利息的计算过程比较烦琐，需要将每年年初的借款余额先计算出来，再代入公式计算当年的利息，当还款年数比较多时，宜借助还本付息表进行计算。其具体的计算过程因还款方式的不同而不同。当采用等额偿还本金、利息照付方式时，先计算每年偿还本金数额，然后计算每年年初借款余额。在当年年度没有新增贷款且利息已付的情况下：

当年借款余额＝上年年初借款余额－当年归还本金

当采用等额还本付息时，先利用已知年金求现值公式计算每年还款金额即年金A，用年还款额A减去当年偿还利息后得到当年偿还本金，从而计算下一年年初的借款余额。

（1）等额偿还本金、利息照付方式举例。

【例4-7】 某房地产开发项目建设期为2年，因资金不足而以8%的年利率向银行贷款，第一年贷款为2 000万元，第二年借款为3 000万元，项目建设完毕后开始租售，预计每年的销售收入足以还本付息。建设期结束后5年内等额还本付息。试编制该项目的借款还本付息估算表。

【解】 ①建设期各年应计利息：

第1年应计利息＝(0＋2 000÷2)×8％＝80(万元)

第2年应计利息＝(2 080＋3 000÷2)×8％＝286.4(万元)

第2年末借款累计：本金＋利息＝5 000＋80＋286.4＝5 366.4(万元)

②计算每期偿还本金：

分5期偿还，就此用贷款余额累计除以5：

每年偿还本金＝5 366.4/5＝1 073.3(万元)

③还款期利息计算，以第3年为例：

第3年贷款余额累计为5 366.4(万元)

第3年应计利息＝5 366.4×8％＝429.3(万元)

第3年还款总额＝1 073.3＋429.3＝1 502.6(万元)

第3年年末借款余额＝第3年初借款余额－第3年偿还本金＝5 366.4－1 073.3＝4 293.1(万元)

第4年年初的借款余额直接等于第3年年末的借款余额，应用公式就可以将第4年的借款利息计算出来。依此类推，得到该项目的还本付息表(表4-9)。

表4-9 某房地产项目还本付息表

序号	项目名称	合计	开发经营期/年						
			1	2	3	4	5	6	7
1	期初借款余额/万元			2 080	5 366.4	4 293.1	3 219.8	2 146.6	1 073.3
2	本年借款/万元		2 000	3 000					
3	本年应计利息/万元		80	286.4	429.3	343.4	257.6	171.7	85.9
4	当期还本付息/万元				1 502.6	1 416.7	1 330.9	1 245.0	1 159.1
	其中：还本/万元	5 366.4			1 073.3	1 073.3	1 073.3	1 073.3	1 073.3
	付息/万元	1 287.9			429.3	343.4	257.6	171.7	85.9
5	期末借款余额/万元		2 080	5 366.4	4 293.1	3 219.8	2 146.6	1 073.3	0.0

注：等额偿还本金付息照付方式。

(2)等额还本付息应用举例。

【例4-8】 某房地产开发项目建设期为2年，因资金不足而以8％的年利率向银行贷款，第一年贷款2 000万元，第二年贷款3 000万元，项目建设完毕后开始租售，预计每年的销售收入足以还本付息。建设期结束后5年内等额还本付息。试编制该项目的借款还本付息估算表。

【解】 ①建设期各年应计利息：

第1年应计利息＝(0＋2 000÷2)×8％＝80(万元)

第2年应计利息＝(2 080＋3 000÷2)×8％＝286.4(万元)

第2年年末借款累计：本金＋利息＝5 000＋80＋286.4＝5 366.4(万元)

②每期还本付息：

$A＝P(A/P, i, n)＝5 366.4(A/P, 8％, 5)＝1 344.0$(万元)

③还款期利息计算，以第3年为例：

第 3 年应计利息＝5 366.4×8％＝429.3(万元)

第 3 年偿还本金＝1 344－429.3＝914.7(万元)

第 3 年年末借款余额＝第 3 年年初借款余额－第 3 年偿还本金
= 5 366.4－914.7＝4 451.7(万元)

第 4 年年初的借款余额直接等于第 3 年年末的借款余额，应用公式就可以将第 4 年的借款利息计算出来。依此类推，得到该项目的还本付息表(表 4-10)。

表 4-10　某房地产项目还本付息表

序号	项目名称	合计	开发经营期/年						
			1	2	3	4	5	6	7
1	期初借款余额/万元			2 080	5 366.4	4 451.7	3 463.7	2 396.8	1 244.5
2	本年借款/万元		2 000	3 000					
3	本年应计利息/万元		80	286.4	429.3	356.1	277.1	191.7	99.6
4	当期还本付息/万元				1 344.0	1 344.0	1 344.0	1 344.0	1 344.0
	其中：还本/万元	5 366.4			914.7	987.9	1 066.9	1 152.3	1 244.5
	付息/万元	1 353.8			429.3	356.1	277.1	191.7	99.6
5	期末借款余额/万元		2 080	5 366.4	4 451.7	3 463.7	2 396.8	1 244.5	0.0

注：等额还本付息方式。

第六节　本章案例

某地出让一宗地使用权，宗地编号：GC2018－×××。土地坐落：××市邕宁区龙岗大道以东、颜村路以南，为城镇住宅、批发零售用地，面积为 90 928.72 m^2，本项目配建一所幼儿园。土地出让底价 750 万元/亩[①]。

经过市场调研与分析，投资分析人员对项目开发做出了以下方案，总建筑面积为 378 081.6 m^2，其中住宅用地为 239 818 m^2，商业用地为 11 342.4 m^2，幼儿园用地为 3 240 m^2。具体经济技术指标见表 4-11。

表 4-11　项目规划设计指标

项目名称		数量	单位	备注
用地面积		90 928.7	m^2	136.39 亩
总建筑面积		378 081.6	m^2	
地上部分		254 600.4	m^2	
其中	商业	11 342.4	m^2	3％计容建筑面积
	住宅	239 816	m^2	建筑面积
	幼儿园	3 240	m^2	建筑面积
	物业用房	200	m^2	建筑面积
地下部分		123 481.2	m^2	建筑面积

---

① 1 亩≈666.67 m^2

续表

	项目名称	数量	单位	备注
其中	地下普通车库	98 021.2	m²	建筑面积
	地下人防车库	25 460	m²	建筑面积
	容积率	2.8	—	
	总户数	2 164	个	
	地下总车位	2 801	个	
其中	地下普通车库	2 073	个	
	地下人防车库	727	个	

一、项目总投资估算

1. 土地费用

根据《××市2018年第八十八期国有建设用地使用权公开出让公告》，本项目，即GC2018—×××地块拍卖底价为750万元/亩，加上成交价格3%的契税、5元/m²的大市政配套费、127元/m²教育费附加，土地费用共计127 718.48万元(表4-12)。

表4-12 某房地产项目土地费用估算

序号	项目	面积/m²	单方价格/(元·m⁻²)	总价/万元	备注
1	土地费用	251 160	4 241.0	106 561.53	按可售面积分摊的单方成本
A	土地出让金	251 160	4 072.8	102 292.50	
B	契税			3 068.78	成交价格的3%
C	大市政配套费		5.0	45.46	按地上建筑面积计算
D	教育费附加	90 929	127.0	1 154.79	按土地面积计算

2. 前期开发费

前期开发费费率主要参考近期《××省建筑工程价格信息》和区域同类房地产开发项目的实际情况取得，当中项目见表4-13，费用共计6 886.25万元。

表4-13 前期费用估算表

序号	项目	面积/m²	单方价格/(元·m²)	总价/万元	备注
2	前期开发费	251 160	274.2	6 886.25	按可售面积分摊的单方成本
A	三通一平费			488.92	建安工程费用的0.5%
B	人防费			0.00	自建人防工程
C	工程勘察费			293.35	建安工程费的0.3%
D	工程设计费			1 993.58	计价格[2002]10号
E	前期工作咨询费			1 955.68	建安工程费用的2%
F	工程监理费			1 183.33	桂价费[2011]55号
G	工程保险费			293.35	建安工程费的0.3%
H	施工图审查费			148.65	勘察设计费的6.5%

续表

序号	项目	面积/m²	单方价格/(元·m²)	总价/万元	备注
I	白蚁防治费	378 082	2.0	75.62	总建筑面积×2.0元/m²
J	工程造价咨询费			394.21	桂价费〔2013〕88号
L	工程招标代理费			59.55	桂价费〔2011〕55号

3. 基础设施费

基础设施费主要含水、电、供气、通信和有线电视的配套与工程费、道路总体管线建设费、绿化建设费及智能化建设费，均按实际工程量估算。基础设施费共计7 666.22万元（表4-14）。

表4-14 基础设施费估算表

序号	项目	面积/m²	单方价格/(元·m⁻²)	总价/万元	备注
3	基础设施费	251 160	305.2	7 666.22	
A	供水配套、工程费	378 082	25.0	945.20	
B	供电配套、工程费	378 082	100.0	3 780.82	
C	供气配套、工程费	251 160	25.0	627.90	
D	通信配套、工程费	251 160	15.0	376.74	
E	有线电视配套、工程费	251 160	10.0	251.16	
F	道路、总体管线建设费	13 639	400.0	545.57	按硬化道路面积计算
G	绿化建设费	31 825	200.0	636.50	
H	智能化	251 160	20.0	502.32	

4. 建筑安装工程费

建筑安装工程费主要含商业、住宅、幼儿园、物业用房和地下车库的建筑安装费，包括基础、主体、水电安装、室外配套等。住宅和物业用房建安费用参考2017年下半年推出的××市住宅建安工程造价指标，高层住宅建安成本为1 800元/m²，精装修工程、车库与商业的建安成本参考行业信息价格，精装修建安成本为1 000元/m²，商业建安成本为2 000元/m²，地下车库为2 200元/m²。建筑安装工程费共计97 784.07万元（表4-15）。

表4-15 建筑安装工程费估算表

序号	项目	面积/m²	单方价格/(元·m⁻²)	总价/万元	备注
4	建筑安装工程费	254 600	3 840.7	97 784.07	
A	商业	11 342	2 000.0	2 268.49	
B	住宅	239 818	2 800.0	67 149.03	
C	幼儿园	3 240	1 270.0	411.48	
D	物业用房	200	1 270.0	25.40	
a	地下车库(普通)	98 021	2 200.0	21 564.66	
b	地下车库(人防)	25 460	2 500.0	6 365.01	

5. 管理费用

管理费用主要是指项目管理费等。按土地费用、前期工程、基础设施和建安工程费总和的3%计取，共计6 566.94万元。

6. 财务费用

财务费用主要为建设期间贷款利息和融资手续费，本项目借款44 014万元，贷款宽限期为1年，利率按照目前银行年贷款利率4.75%计算，贷款自2018年下半年至2019年下半年，项目采取等额还本付息方式分三期偿还，共发生建设期间贷款利息2 790万元。融资手续费按建设期间贷款利息10%，计279万元，则项目财务费用共计3 069万元（表4-16）。

表4-16　项目还本付息表　　　　　　　　　　　　　　　　　　　　万元

序号	项　目	合计	1	2	3	4	5
1	长期借款						
1.1	期初贷款余额			6 759	44 689	30 137	15 243
1.2	本期贷款额	44 014	6 681	37 333	0	0	0
1.3	本期应计利息	2 790	78	597	1 049	707	358
1.4	本期还本付息	46 803			15 601	15 601	15 601
	其中：还本	44 689			14 552	14 894	15 243
	付息	2 114			1 049	707	358
1.5	期末贷款余额		6 759	44 689	30 137	15 243	0

7. 销售费用

销售费用包括广告及代理费等，参考目前××市房地产市场的行业标准，取销售代理费用为销售额的1.5%，广告推广费为收入的2%，房地产初始登记费为收入的0.02%，房地产勘丈费为0.6元/m²，交易手续费为3元/m²。项目销售费用共计11 697.80万元（表4-17）。

表4-17　销售费用估算表

序号	项目	面积/m²	单方价格/(元·m^{-2})	总价/万元	备注	
8	销售费用	251 160	465.8	11 697.80	单方价格按可售面积分摊	
A	销售代理费	251 160		4 946.33	收入的	1.50%
B	广告推广费	251 160		6 595.10	收入的	2.00%
C	房地产初始登记费	251 160		65.95	收入的	0.02%
D	房地产勘丈费	251 160	0.6	15.07		
E	交易手续费	251 160	3.0	75.35		

8. 不可预见费

因按土地出让底价所做的投资决策分析，土地费用不纳入不确定性因素，按上述前期工程、基础设施和建安工程费总和的6%计取较为合理。不可预见费为6 740.19万元。

项目总投资合计246 971.57万元。

二、销售收入

从竞得地块的日期开始,按半年为1期,则第3期开始销售住宅,第5期开始销售商业和车位。商业及住宅销售价格采用市场比较法,通过区域内类似项目比较修正及市场趋势分析后预测确定。销售收入合计329 755万元(表4-18)。

表4-18 销售收入估算表   万元

序号	项目	面积/m²	合计		期数(半年一期)					
					1	2	3	4	5	6
1	销售收入	251 160	329 755	各期收入	0	0	52 280	92 330	137 251	47 894
A	商业	11 342	25 747	销售比例					60%	40%
				销售单价					22 500	23 000
				销售收入	0	0	0		15 312	10 435
B	住宅	239 818	264 519	销售比例			20%	35%	40%	5%
				销售单价			10 900	11 000	11 100	11 200
				销售收入	0	0	52 280	92 330	106 479	13 430
a	车位	2 801	39 489	销售比例					40%	60%
				销售单价					138 000	143 000
				销售收入	0	0	0	0	15 459	24 029

三、项目税金估算

1. 销售税金及附加估算

本项目按营改增后的相关政策估算销售税金及附加,销项税率按2018年的11%进行估算,在进项税中,建筑行业按11%税率估算,服务业按6%税率估算。城市维护建设税、教育费附加分别按增值税的7%及3%估算,其他当地附加费为防洪保安费,按销售收入的0.1%估算。销售税金及附加合计14 313.82万元(表4-19)。

表4-19 销售税金及附加估算表   万元

序号	项目	合计	1	2	3	4	5	6
1	销售收入	329 755	0	0	52 280	92 330	137 251	47 894
2	销售税金及附加	14 313.82	0.0	0.0	78.4	2 314.2	8 805.6	3 115.6
2.1	增值税	12 562.9	0.0	0.0	0.0	1 977.9	7 817.9	2 767.1
2.1.1	增值税销项税	22 118.3	0.0	0.0	3 164.3	5 620.7	9 282.0	4 051.3
2.1.2	增值税进项税	9 555.4	334.7	3 576.9	1 476.1	1 419.3	1 464.1	1 284.3
2.2	城市维护建设税	879.4	0.0	0.0	0.0	138.5	547.3	193.7
2.3	教育费附加	376.9	0.0	0.0	0.0	59.3	234.5	83.0
2.4	印花税	164.9	0.0	0.0	26.1	46.2	68.6	23.9
2.5	其他当地附加费	329.8	0.0	0.0	52.3	92.3	137.3	47.9
3	净销售收入	315 436	0	0	52 202	90 013	128 443	44 778

2. 土地增值税估算

本项目中住宅部分户型面积均小于 144 m²，项目容积率为 2.8，项目销售价格采用随行就市定价法，通过市场比较法得出，未超过当地类似商品房平均价格的 1.2 倍，符合普通商品住宅性质，同时本项目住宅部分增值率未达到 20%，地下车库部分增值率为负值，符合免征土地增值税要求，因此，本项目计算的土地增值税为商业物业部分的土地增值税。土地增值税共为 6 843.76 万元（表 4-20）。

表 4-20　土地增值税估算表（商业物业部分）　　　　　　　　　　　　万元

序号	项目	金额	估算说明
1	商铺转让收入	25 747.36	详见销售收入估算表
2	扣除项目金额	9 276.80	
2.1	取得土地使用权所支付的金额	3 226.20	地价款及相关手续费
2.2	开发成本	3 605.10	土地征用及拆迁费、前期工程费、建筑安装工程费、基础设施费、公共配套设施费等
2.3	开发费用	645.88	管理费用、销售费用、财务费用
2.4	与转让房地产有关的税金	433.36	增值税、城市维护建设税、教育费附加等
2.5	财政部规定的其他扣除项目	1 366.26	（2.1+2.2）×20%
3	增值额	16 470.56	1－2
4	增值率	178%	增值额/扣除项目金额×100%
5	适用土地增值税税率	50%	增值额超过100%至200%部分：50%
6	速算扣除税税率	15%	
7	土地增值税	6 843.76	土地增值税＝增值额×适用增值税率－扣除项目金额×速算扣除税税率

3. 所得税估算

先计算项目利润总额，本项目投资分析采用开发—销售经营模式，项目总投资等于总成本费用，在没有编制利润表的前提下直接估算项目开发结束后的整体利润总额及所得税。

利润总额＝总销售收入－总成本费用－销售税金及附加－土地增值税
利润总额＝329 755－246 971.57－14 313.82－6 843.76＝49 928.15（万元）
企业所得税＝应纳税所得额×所得税税率
企业所得税＝49 928.15×25%＝12 482.04（万元）
净利润＝49 928.15－12 482.04＝37 446.11（万元）

第五章　房地产筹资与融资

知识目标

1. 了解房地产融资的基本方式，理解直接融资、间接融资、权益融资与债务融资的概念与特点；
2. 了解几种常见的房地产融资方式；

能力目标

1. 能应用房地产筹资与融资的相关知识；
2. 能处理常见房地产筹资、融资方式的选择问题。

第一节　房地产资金筹措

一、资金筹措的原因

房地产行业属于资本密集型行业，资金链的安全直接影响项目及开发商的生死。房地产开发资金运动与其他行业有共性，但更具有资金占用大且集中，资金占用时间长、周转速度慢，资金筹措力度受政策影响大、风险高，资金筹措渠道多但来源较为集中等特点。从第一笔钱支付到第一笔钱回流一般需要6~9个月，且资金需求量大。例如，土地款、契税、配套费等加起来动辄数十亿元，后期的开发建设所需要的十几亿元资金仅仅靠房地产开发企业也很难承担。因此，房地产开发企业很少完全以资本金（权益资金）投入，通过各种渠道和方式筹集资金与融通资金，是房地产开发投资的先决条件。如何以有效的工具和方式、方法向社会广泛筹集资金，合理地分配和引导资金流向，确保房地产开发投资资金的及时到位，对房地产企业具有十分重要的战略意义。

二、资金筹措的内涵

房地产开发企业资金筹措，是指房地产开发企业为了满足房地产开发投资的要求，根据房地产开发项目总投资和各期资金投入量的需要，运用各种资金筹集方式，经济有效地筹集项目开发建设资金的过程。筹资活动包括对企业内部资金的合理安排，如税后利润、折旧、投资收益等，还包括从企业外部筹集资金，即融资，以筹集企业为发展某一项目的资金而所做的财务安排。

融资即融通资金，主要是指从企业外部筹集资金的方式。其包括直接融资和间接融资。

从这个角度来讲，筹资的概念要大于融资的概念。

三、资金筹措的原则

房地产开发项目资金使用的特性决定了筹措房地产开发项目资金必须遵循以下基本原则(这些原则是资金筹集的重要依据)。

(1)合理确定资金需要量，提高筹资效果。无论通过什么渠道，采取什么方式筹集资金，都应首先确定项目资金的需要量。在确定资金需要量时，既要避免资金不足影响项目的经营和发展，又要避免因为资金的过剩造成浪费，影响了资金使用的效果。所以在实际工作中，必须预测与确定未来资金的需要量，以便于选择合适的渠道与方式筹集所需要的资金，防止筹资不足或筹资过剩，提高资金的使用效率。

(2)谨慎选择资金来源，尽量降低筹资成本。项目筹集资金可以采用的渠道和方式多种多样，不同渠道和方式筹资的难易程度、资金成本和风险各不相同。企业在融资过程中必须认真选择融资来源，综合考虑在筹资过程中发生的费用，包括资金占用费(利息等)和资金筹集费(发行费等)，选择最经济方便的渠道和方式，使得企业的综合筹资成本最低，直接提高融资效益。

(3)适时取得资金，保证资金投放的需要。资金筹集必须有时间上的安排，这取决于在投资过程中资金需要的数量和时间。资金占用时间的长短直接影响资金的成本。合理安排筹资与投资，使资金在时间上互相衔接，避免因取得资金过早而造成使用前的闲置，多支付资金成本，或由于取得资金时间滞后而耽误投资的有利时机。

(4)优化筹资结构，力求风险可控。筹资结构是指企业在取得资本来源时通过不同渠道筹措的资本的有机搭配及各种资本所占的比例，也就是企业中各种资金的构成及比例关系。举债经营可以给项目带来一定好处，因为借款利息可在所得税前列入成本费用，对项目净利润影响较小，能够提高自有资金使用效果。当项目的净利润大于筹集资金的成本时，负债比例的提高有利于项目的净利润的增加。但是如果负债过高，会发生较大的财务风险，降低企业的信用程度，甚至会由于丧失偿债能力而面临破产。因此，企业在融资过程中，必须保持合理的筹资结构关系，优化长、短期融资的比例，降低融资风险。

四、资金筹措的分类

1. 按融资主体分类

房地产开发企业资金筹措的按融资主体分类可分为房地产企业融资和房地产项目融资。

(1)房地产企业融资。房地产企业融资，是指利用企业自身的经济实力进行融资。它与其他生产经营性企业融资相同，具有一般性特点。资金募集的方式很多，诸如股票融资、债券融资、信贷融资、信托融资等。外部资金拥有者决定是否进行投资或是否贷款时，主要是将房地产企业作为一个整体，全盘审定其资产负债及利润情况，并结合房地产企业的项目综合考虑，但并不限定资金用于哪些具体的房地产开发项目。

(2)房地产项目融资。房地产项目融资主要是针对具体房地产开发项目的融资方式，根据项目自身的现金流，是否可以覆盖融资需要，通过选择房地产项目、测算房地产项目的现金流融资成本、设计合理的融资结构，以达到满足房地产开发商具体项目的融资需求。目前，中小房地产公司常常采用项目融资模式。

2. 按筹措的方式分类

按筹措的方式不同可分为直接融资和间接融资。

(1)直接融资。所谓直接融资，就是指不通过金融中介机构，而由投资者直接面向社会进行的融资。直接融资所采用的方式主要是发行股票和债券。发行股票和债券可以有两种方式：一种是委托有关证券公司办理相关发行手续，在资本市场上发行股票和债券；另一种是企业在内部筹集资金。前者尽管是由证券公司代办，但并不改变直接融资的性质，项目所需资金与证券公司所筹集的资金在数量、种类和投放渠道上保持一致，证券公司只起一个"代办"的作用。而后者是名副其实的直接融资，因为筹资者直接与内部职工发生资金融通业务，与外界社会并不发生关系。一般情况下，当企业的资金需求量较小时，多采用内部直接筹资的方式。与利用证券公司代办融资业务要支付一定的手续费相比，内部直接筹资的方式不但不需要支付手续费，而且不需要与其他任何经济实体进行交易，减少了交易成本，因而融资成本较低。

(2)间接融资。所谓间接融资，是指由金融机构直接参与的融资活动。在间接融资方式下，金融机构不仅是"代办者"，更主要的是"参与者"。金融机构参与项目的融资活动，其目的是自身盈利。它一般是由证券公司、信托投资公司(以上两类公司主要从事投资银行业务)、银行、保险公司等广泛地向社会融通资金，然后有选择地贷放给或投资于项目，满足房地产项目的资金需要。

间接融资的特征是金融机构与项目在融资金额、融资方式、融资报酬及融资期限等方面是完全分开的。房地产项目的融资并不受某个金融机构的局限，它可以同时从多个金融机构处筹集到所需资金。金融机构所进行的融资业务是其日常经济业务的一部分，并不受某个企业或项目资金需求量的约束。

直接融资和间接融资相比，不同之处见表5-1。

表5-1 直接融资与间接融资的区别

融资相关主体	直接融资	间接融资
项目融资者	手续简便，融资范围和金额直接受到项目融资者信誉影响	手续复杂，可不受融资金额大小的影响
金融中介机构	不承担任何风险，收益很小	收益很高，但风险较大
社会投资者或储蓄者	收益很高，但风险较大	收益稳定，收益和风险相对较小

3. 按资金来源的性质分类

房地产开发企业资金筹措按照资金来源的性质不同可分为权益融资和债务融资。

(1)权益融资。权益融资是指项目为了获取可供长期或永久使用的资金而采取的资金融通方式。这种方式所筹集的资金直接构成了项目的资本金，其性质是项目的自有资金。权益融资通常采用直接筹资的方式，如投资者通过对外发行股票、直接吸引投资者参与项目的合资与合作，以及企业内部的资金积累等方式筹集资金。权益融资的资金供给方与投资者共同承担投资风险，所希望获得的报酬是项目投资所形成的可分配利润。

根据所有权的结构，房地产企业可分为独资企业、一般合伙企业、有限责任合伙企业、有限责任公司、股份有限公司和房地产投资信托等类型，以后四种企业形式为主。不同类型的房地产企业，权益资金的融通方式也有所不同。有限责任合伙企业主要通过出售有限责任权益份额融通资金，出售量有限，融资能力也有限。股份有限公司和房地产投资信托则主要通过在公开市场发行股票融通权益资金，融资能力较强。房地产权益资金传统上主要是在私人市场融通。但随着上市房地产企业的增加和房地产权益证券化的流行，从公开市场融通房地产权益资金的比例正在逐渐提高。从来源看，房地产权益资金主要源于机构投资者。在美国，机构投资者主要为养老基金、房地产投资信托、人寿保险公司及外国投资者。由于房地产权益投资风险很高，商业银行和储蓄机构等存款性金融机构极少或者根本不参与房地产权益投资。

(2)债务融资。债务融资就是通过举债的方式融资。是项目投资者通过信用方式取得资金，并按预先规定的利率支付报酬的一种资金融通方式。就其性质而言，债务融资是不发生所有权变化的单方面资金使用权的临时让渡，筹资者必须在规定的期限内使用资金，同时要按期支付利息。从理论上讲，债务融资的形式一般不受时间、地点、范围的限制，甚至不受资本的限制。只要筹资者有足够的资信水平，就可以获得超过资本金数倍的资金。债务融资往往采用间接融资和直接融资相结合的方式，如银行贷款、发行企业债券、利用商业信用及融资租赁等。

债务融资的资金融出方不承担项目投资的风险，其所获得的报酬是融资协议中所规定的贷款利息和有关费用。

4. 按所筹资金使用期限分类

房地产开发企业筹资按所筹资金使用期限长短可分为短期资金筹集与长期资金筹集。

(1)短期资金是指使用期限在一年以内或超过一年的一个营业周期以内的资金。短期资金主要投资于现金、应收账款、存货等，一般在短期内可收回。短期资金通常采用商业信用、短期银行借款、短期融资券等方式来筹集。

(2)长期资金是指使用期限在一年以上或超过一年的一个营业周期以上的资金。长期资金通常采用吸收直接投资、发行股票、发行债券、长期借款等方式来筹集。

第二节 房地产资金筹措的渠道

由于房地产开发资金需求量特别大，房地产开发商的自有资金一般不可能完全满足需要，通过合理的渠道落实资金就成为房地产开发商必须解决的一个重要问题。随着我国房地产市场的逐步完善，房地产金融业的逐步发展，房地产开发资金的筹集渠道也越来越多。目前，房地产开发商的资金筹集渠道主要有自有资金、银行贷款、证券融资、信托私募、预售预租、带资承包、合作开发及其他方式等。

一、自有资金

房地产开发企业的自有资金主要由资本金、资本公积金、盈余公积金、未分配利润和其他自有资金组成。

1. 资本金

房地产开发企业设立时必须拥有一定数量的资本金。法律、法规、规章中规定的最低限额(不少于100万元)为法定资本金；房地产开发企业在工商行政管理部门注册登记的注册资金为注册资本(实收资本),股份有限公司的资本金被称为股本。

房地产开发资本金的筹集,应根据国家法律、法规的有关规定进行。资本金的投入可以以货币资金投入,也可以以实物资产,或者非专利技术、土地使用权等无形资产形式投入。实物出资和无形资产必须经过有资格的资产评估机构评估作价,并在资本金中不能超过一定比例。吸收的无形资产(不包括土地使用权)的出资不得超过企业或建设项目注册资金的20%。

资本金作为项目投资中由投资者提供的资金,是获得债务资金的基础。为了保障和促进房地产产业的持续健康发展,防止房地产开发项目盲目投资和低水平重复建设现象的出现,根据国务院《关于调整和完善固定资产投资项目资本金制度的通知》(国发〔2015〕51号)的相关精神,保障性住房和普通商品住房项目维持20%不变,其他项目由30%调整为25%。

投资者投入的自有资金,可以全部作为资本金,也可以部分作为资本金。一般情况下,投资者投入的自有资金全部作为资本金。如果资金充裕,投资者投入的资金可以大于资本金。房地产开发企业在运作过程中,随着投资主体及投资额的变化,其资本金也处于变化之中,当企业实有资金比注册资金增加或减少20%以上时,需要进行变更登记。

当房地产投资者的资本金数量达不到启动项目所必需的资本金的数量要求时,投资者就需要通过公司上市或增发新股、吸收其他机构投资者资金、合作开发等方式,进行权益融资。

2. 资本公积金

资本公积金是指由投资者或其他人(或单位)投入,所有权归属于投资者,但不构成实收资本的那部分资本或者资产,与企业经营取得的收益无关。资本公积金可以按照法定程序转增资本,但不能用于弥补公司的亏损。

资本公积金主要来源为资本(股本)溢价、法定资产重估增值、接受捐赠。

3. 盈余公积金

盈余公积金是企业按规定从税后利润中提取的属于所有者留存企业内部的资产或权益。房地产开发企业盈余公积金可以按照法定程序转增为房地产开发企业资本金,可以用于弥补房地产开发企业以前年度亏损。房地产股份有限公司还可以按规定将其盈余公积金用于分配股利。

盈余公积金又可分为法定盈余公积金和任意盈余公积金两种。《中华人民共和国公司法》规定,法定盈余公积金按公司税后利润(减弥补亏损)的10%提取,当盈余公积金累计已达注册资本的50%以上时可不再提取;法定公积金转为资本时,留存不得少于转增前公司注册资本的25%;任意盈余公积金依照公司章程的规定或股东会的决议,从税后利润中提取和使用。

4. 未分配利润

未分配利润=税后利润-法定盈余公积金-可分配利润(可分配利润包括弥补以前年度亏损+优先股股利+任意盈余公积金+普通股股利等)。

5. 股票发行

发行股票,是房地产公司有效融资的重要渠道之一。其发行主体限于房地产股份有限公司,包括已经成立的房地产股份有限公司和经批准拟成立的房地产股份有限公司。所谓的股票是指股份公司发给股东作为已投资入股的证书和索取股息的凭证。它是可以作为买卖对象或抵押品的有价证券。

房地产股份有限公司可以通过增发新股,为特定的房地产开发投资项目筹措资本金。如 2007 年 7 月,金地集团定向增发 1.73 亿 A 股,成功募集 45 亿元。2007 年 8 月,万科 A 股增发募集资金 100 亿元,创下我国股市增发历史上单次募资的最高纪录。但自 2016 年以来,A 股房企通过定增再融资的难度增大。沪深两市共有 35 家房企申请定增(已形成预案),募资总额为 1 372.97 亿元。其中纯项目融资的有 27 家,重组配套融资的有 8 家。截至 2017 年 6 月,只有两家获证监会批准,9 家已经知难而退选择终止,甚至有 1 家还未通过股东大会就取消了。2015 年 12 月 9 日,绿地控股披露了拟募资 301 亿元的定增预案,募资用于地产项目及还贷。之后的一年多时间里,该方案三易其稿,2016 年 8 月 5 日下调至计划募资不超过 110 亿元,募资投向缩减为 3 个房地产项目。

(1) 发行股票的优点主要有以下几点:

1) 对于普通股筹资来说,没有固定的利息负担,公司可以根据盈利状况、财务经营状况和公司发展的需要,灵活地分配股利。股利的支付既固定但又有一定的灵活性,对其固定股利的支付并不构成公司的法定义务。因此,股票筹资相对于债券筹资,具有更大的财务灵活性和较小的财务风险。

2) 股本没有固定的到期日,无须偿还本金,是公司永久性资本,除非公司清算时才予以偿还。这对保证公司资金的需求,保证公司长期稳定经营具有重要的意义。

3) 股票筹资能增强公司的信用,为利用更多的债务筹资提供强有力的支持。

(2) 发行股票的缺点主要有以下几点:

1) 筹资成本较高,一般高于债券筹资的成本。

2) 当发售新股票,增加新股东时,一方面可能会分散公司的控制权;另一方面新股东对公司积累的盈余具有分享权,这会降低普通股的每股净收益。另外,发行新股票可能被投资者视为消极的信号,从而导致股票价格的下跌,影响公司的市场价值和发展潜力。

二、房地产信贷

房地产信贷是指以商业银行为主体的房地产金融机构针对房地产的开发、经营、消费活动开展的信贷业务。

与房地产开发项目相关的债务融资,主要包括房地产开发贷款,与房地产消费相关的主要是房地产抵押贷款。依据贷款的用途,房地产开发贷款又包括土地开发贷款、商品房开发贷款和持有经营型物业贷款三种类型。这三种类型对应着房地产开发、经营的不同阶段。

1. 房地产开发贷款

(1) 土地开发贷款。土地开发贷款是指商业银行向政府所属土地储备机构或受政府委托进行土地整理的房地产开发企业发放的,用于土地一级开发(包括土地收购及土地前期开发)的贷款。

1) 土地购置贷款。开发商在土地购置阶段通常较难获得商业银行的贷款,因为单纯的土地并不能带来足够的现金流收益,其还款能力在很大程度上取决于房地产市场的发展前景,而未来市场变化的风险是比较大的。因此,大多数金融机构通常避免发放土地购置贷款,或将土地购置贷款占其投资组合的比例控制在一个很小的百分比内。由于风险较高,土地购置贷款的金额通常不超过土地评估价值的50%～60%。如果购买的土地是尚未开发的毛地或生地，则该比例还会进一步降低。我国央行目前规定，商业银行不得向房地产开发企业发放用于缴纳土地出让金的贷款。

2）土地开发贷款。土地开发是对毛地或生地进行改良，为建筑施工进行前期准备的阶段。虽然开发后的熟地所创造的收入并不比毛地多，但它毕竟向土地的最终用途靠近了一步。即便如此，为土地开发进行融资仍然较为困难。土地开发贷款通常要求对房地产拥有第一抵押权，贷款随着土地开发的进度分阶段拨付。在大规模的土地开发中，随着土地开发的进行，金融机构通常会允许特定地块从整体的抵押合同中释放出来，即解除该地块的抵押权，使其得以出售。此时，借款人必须向金融机构偿还部分贷款。

3）土地储备贷款。土地储备贷款是指向借款人发放的用于土地收购及土地前期开发、整理的贷款。土地储备贷款对象是对一级土地市场进行管理的县级以上人民政府指定或授权的土地储备机构和对一级土地进行开发的企业。土地储备贷款的主要还款来源是土地出让收入。

土地收购储备制度是指由政府依照法定程序，运用市场机制，按照土地利用总体规划和城市规划，通过收回、收购、置换和征收等方式取得土地，进行前期开发和存储后，以公开招标、拍卖出让方式供应土地，调控各类建设用地需求的制度。建立土地收购储备制度，是我国土地管理部门为适应经济体制改革和经济增长方式的转变要求，促进城市土地集约利用而进行的积极探索。

土地收购储备制度的建立，有利于政府实施集中统一的土地供应，实现政府对土地一级市场的绝对垄断，提高政府通过土地供应对房地产市场进行宏观调控的能力和土地市场的透明度，促进城市土地资源的有效利用和房地产市场与社会经济的协调发展。

（2）商品房开发贷款。商品房开发贷款是指商业银行向房地产开发企业发放的，用于开发、建造向市场销售出租等用途的商品房项目，包括住宅项目、商业用房项目及经济适用房项目的贷款。

建设贷款随工程建设的进度分阶段拨付，同时要确保建设贷款被用于既定的目的，从而确保房地产价值随着贷款拨付额的增加而同步增长，以保障贷款人的利益。贷款人还必须确保施工单位的工程款已经按期支付，因为在大多数国家，工程款的偿还优先顺序都在作为抵押权人的贷款人之前。初始贷款费用和利息是开发商为使用建设贷款而付出的代价。

建设贷款的还款资金来源，通常是销售收入或长期抵押贷款。

（3）持有经营性物业贷款。经营性物业是指已取得房地产权证并投入商业运营、地段合理、物业服务规范、有一定升值空间的商业或工业用房，包括商务办公楼、星级宾馆酒店、酒店式公寓、商铺、工业厂房、仓库等。经营性物业贷款是指商业银行向借款人（物业所有权人）发放的，用于偿还或支付与物业相关的合理、合法负债或费用，以其所拥有的物业作为抵押物，并以该物业的经营收入进行还本付息的贷款。借款人必须是经有关部门批准成立并依法持有企（事）业单位法人营业执照，实行独立核算、具有法人资格，其拥有或购置的经营性物业已经投入商业运营，并对其拥有或购置的商业房产有独立的处置权。

2. 房地产抵押贷款

房地产抵押贷款是指借款人（抵押人）以其合法拥有的房地产，在不转移占有方式的前提下，向贷款人（抵押权人）提供债务履行担保，获得贷款的行为。债务人不履行债务时，债权人有权依法以抵押的房地产拍卖所得的价款优先受偿。房地产抵押贷款，包括个人住房抵押贷款和在建工程抵押贷款。

目前，我国房地产抵押贷款的资金来源全部是商业银行，而西方发达国家房地产抵押贷款的资金来源已经实现了多元化。2001年，美国商业银行提供的房地产抵押贷款只占全部房地产抵押贷款余额的24%，有效地分散了房地产金融的长期系统风险。

(1)个人住房抵押贷款。个人住房抵押贷款，是指个人购买住房时，以所购买住房作为抵押担保，向金融机构申请贷款的行为。个人住房抵押贷款包括商业性住房抵押贷款和政策性(住房公积金)住房抵押贷款两种类型。政策性住房抵押贷款利率较低，通常只面向参与缴纳住房公积金、购买自住房屋的家庭，且贷款额度有一定限制。当政策性抵押贷款不足以满足借款人的资金需求时，还可以同时申请商业性住房抵押贷款，从而形成个人住房抵押贷款中的组合贷款。金融机构发放个人住房抵押贷款的过程，构成了抵押贷款一级市场。

个人住房抵押贷款的利率有固定利率和可调利率两种类型。我国目前大量采用的是可调利率方式，即在法定利率调整时，于下年年初开始，按新的利率规定计算利息。还本付息方式有按月等额还本付息、按月递增还本付息、按月递减还本付息、贷款期间按月付息期末还本和贷款期间按固定还款常数还款期末一次结清等方式。目前，我国个人住房抵押贷款额度的上限为所购住房价值的80%，贷款期限最长不超过30年。商业性个人住房抵押贷款的操作流程，包括受理申请、贷前调查、贷款审批、贷款发放、贷后管理和贷款回收几个阶段。

个人住房抵押贷款属于购房者的消费性贷款，通常与开发商没有直接关系。但开发项目销售或预售的情况，直接影响开发商的还贷能力和需要借贷资金的数量，尤其在项目预售阶段，购房者申请的个人住房抵押贷款是项目预售收入的重要组成部分，也是开发商后续开发建设资金投入的重要来源。由于预售房屋还没有建成，所以金融机构发放个人住房抵押贷款的风险，一方面来自申请贷款的购房者；另一方面来自开发商。购房者的个人信用评价不准或开发商由于各种原因不能按期竣工，都会给金融机构带来风险。

(2)在建工程抵押贷款。在建工程抵押贷款是指抵押人为取得在建工程后续建造资金的贷款，以其合法方式取得的土地使用权连同在建工程的投入资产，以不转移占有的方式抵押给贷款银行作为偿还贷款履行担保的行为。在建工程抵押将项目已完工部分抵押与建筑工程承包合同的房屋期权抵押相结合，是银行与开发商设定房地产抵押，办理房地产开发贷款的一种较好的方式。采取这种方式进行房地产项目融资时，既有利于满足开发商对在建工程进行续建的资金需求，又有利于银行对抵押物的监控，对降低贷款风险、促进开发商提高经营管理水平都有积极意义。

在建工程已完工部分的抵押与建筑工程承包合同的房屋期权抵押相结合，就是以开发商(抵押人)与施工单位签订的依法生效的房屋期权设定抵押权，按其在建工程已完工部分(工程形象进度)分次发放贷款。通常的做法是：一次确定贷款额度，一次办理承包工程合同的房屋期权抵押登记；按工程形象进度(折算为货币工作量)和约定的贷款价值比率分次发放贷款。

将承包合同的房屋期权设定为抵押权时，银行要对承包合同的预算造价进行审查，以确定其抵押价值和贷款价值比率，同时，按约定的各个工程部位的形象进度，确定其分阶段的抵押价值。在工程进度达到约定的某个工程部位时，经银行现场查勘核实后，发放该时段的贷款。

银行在现场查勘时，除核实其已完成的工作量外，还要求工程监理机构、工程质量监督部门对工程质量进行确认，以确保其具有价值。按《城市房地产抵押管理办法》的规定，以在建工程已完工部分抵押的，其土地使用权随之抵押。当在建工程抵押价值包含土地使用权的价值时，该土地使用权必须是有偿获得，并领有《国有土地使用权证》。

对于已设定抵押的房屋期权，在抵押期内，开发商可以在银行的监管下预售。通常先由银行出具允许开发商预售的文件给房地产管理部门，并办理他项权利变更手续，同时，由房地产管理部门予以办理商品房预售登记。对已办理在建工程抵押的房地产开发项目的预售收入，由银行代收，专户存储（作为抵充抵押物的不足部分），在还贷期内由银行进行监管，以使开发商的还贷资金确有保证，降低银行的贷款风险。

三、证券融资

证券融资是指通过房地产债券、股票等证券的发行和流通来融通房地产资金的有关金融活动。随着现代市场经济的发展，在发达国家，证券融资已经成为房地产融资的主要方法。

发行股票和债券融资，可有效利用房地产投资所产生高额利润的吸引力。运用这一有价证券方式向社会广泛筹集资金，具有筹资对象广泛、筹资速度快捷、债权债务明确的特点。虽然筹资成本较其他方式高，但它对房地产业发展所起的作用是极为显著的。

随着我国社会主义市场经济的发展和国家有关股份制企业的方针、政策、法规的不断健全，今后我国将有相当一部分房地产开发企业经过改组成为股份制企业。上海目前有房地产开发公司近5 000家，80％为股份制企业。所以，通过有价证券筹集投资资金，必将成为股份制房地产开发企业主要的资金来源渠道和融资方式之一。

四、预售预租

1. 商品房预售

商品房预售就是指在商品房建成前就将其预售出去，用获得的预售资金建设该房地产。通过预售商品房，可以获得后续开发建设所需要的资金，是开发商融资的重要途径。我国对商品房预售有严格的规定，具体如下：

（1）已交付全部土地使用权，取得《国有土地使用权证》《建设用地规划许可证》《建筑工程规划许可证》和《施工许可证》。

（2）按提供预售的商品房计算，投入开发建设的资金达到工程建设总投资的25％以上，并已经确定施工进度和竣工交付日期。

（3）开发商向城市、县人民政府房地产管理部门办理预售登记，取得《商品房预售许可证》。

2. 商铺预租

商铺预租的前提是该商铺已经符合商品房预售的条件，并且开发商已经依法取得商品房预售许可证。在符合上述前提条件下，承租人应当与开发商签订具备完备条款的《商铺预租合同》。《商铺预租合同》签订后，承租人与开发商应当在15日内持预租合同和其他相关材料向房地产交易中心办理预租合同等级备案。开发商只有在预租的商铺竣工并取得房屋产权证后，方可与承租人订立预租商铺使用交接书，交付房屋。承租人与开发商房屋交付后,持已登记备案的预租合同及预租商铺使用交接书,向房屋所在地的区、县房地产交易中心办理登记备案,领取租赁合同登记备案证明。开发商不得将已经预售的商铺预租,商铺预购人不得将预购的商铺预租,商品房未经初始登记取得房屋产权证前,承租人不得将预租的商品房转租或者交换承租权。

五、房地产信托

房地产信托(Real Estate Investment Trusts,REITs)一般是指以房地产及其相关资产为投向的资金信托投资方式,即信托投资公司制定信托投资计划,与委托人(投资者)签订信托投资合同,委托人(投资者)将其合法资金委托给信托公司进行房地产投资,或进行房地产抵押贷款或购买房地产抵押贷款证券,或进行相关的房地产投资活动。

紧缩性的宏观政策使对银行信贷依赖性极强的房地产开发企业的资金非常紧张,这使得房地产开发企业对银行以外的融资渠道的资金需求增加,房地产信托业务得以发展。现阶段我国信托产品主要有两种模式,即股权融资和债权融资。前者是针对一些自有资本金不足35%的房地产企业,信托投资公司以注入股本金的方式与房地产公司组建有限责任公司,使其自有资本金达到国家规定的要求,信托投资公司作为股东获得投资回报;后者则是针对虽然自有资金已达到国家要求,但是由于某些原因等造成房地产企业短期资金困难,这时候信托投资公司就可以筹集一定资金定向地贷给房地产开发企业,补上资金缺口,这种操作方式类似商业银行的信贷业务。

房地产投资信托按其投资业务和信托性质的不同可分为不同类别。按投资业务不同,可分为权益型REITs、抵押型REITs和混合型REITs三种。权益型REITs是以收益性物业的出租、经营管理和开发为主营业务,主要收入是房地产出租收入;抵押型REITs主要为房地产开发商和置业投资者提供抵押贷款服务,或经营抵押贷款支持证券(MBS)业务,主要收入来源是抵押贷款的利息收入;混合型REITs则同时经营上述两种形式的业务。据美国全美房地产投资信托协会(NAREIT)统计,全美REITs的总市值达2 242亿美元,其中91.3%是权益型REITs。

房地产投资信托在市场经济发达的国家和地区已经广为通行。它为广大的个人投资者提供了投资房地产的良好渠道。在众多投资工具中,房地产投资利润丰厚,保值性好,一直是资金投向的热点领域。但同时,房地产投资所具有的资金量大、回收期长等特点,使众多社会闲散资金或个人投资者无法进入。

目前,我国信托产品存在一些制度性的限制,如法律政策的制约、信托产品的流通性问题,以及信托计划的异地发行、资金异地运用的管理与审批比较严格等,这些都制约着房地产信托的发展。但从长远来看,信托资金是一个能为房地产企业提供长期稳定资金的渠道,是对房地产业融资渠道的一个很好的补充,这种模式将会发展成为中国房地产企业的主流融资模式。

六、房地产抵押贷款证券化

房地产抵押贷款证券化是指银行等金融机构为了实现信贷资产的可流动性,以一级市场(发行市场)上抵押贷款组合为基础,发行抵押贷款证券的结构性融资行为。

抵押贷款二级市场上交易的抵押贷款支持证券,主要有抵押贷款支持债券、抵押贷款传递证券、抵押贷款直付债券和抵押贷款担保债券四种类型。在传递证券中,抵押贷款组合的所有权随着证券的出售而从发行人转移给证券投资者。证券的投资者对抵押贷款组合拥有"不可分割的"权益，将收到借款人偿付的全部金额，包括按约定的本金和利息以及提前偿付的本金。在抵押贷款担保债务中，抵押贷款组合产生的现金流重新分配给不同类别的债券。在传递证券和房地产抵押贷款投资渠道中，抵押贷款组合都不再属于原来的二级市场机构或者企业，不属于其资产负债表内的资产。在抵押贷款支持债券和抵押贷款直付债券中，发行人仍持有抵押贷款组合，所发行的债券则属于发行人的债务。抵押贷款组合和所发行的债券同时出现于发行人的资产负债表中，因而，这属于资产负债表内证券化。抵押贷款支持债券的现金流和公司债券一样。抵押贷款直付债券的现金流类似传递证券，摊销和提前偿付的本金会直接转移给债券的投资者。

七、房地产投资基金

房地产投资基金是从事房地产的收购、开发、管理、经营和营销获取收入的集合投资制度。其可以被看成为投资者从事其自身的资金和管理能力所不能及的房地产经营活动的一种融资形式。房地产投资基金通过发行基金证券的方式，募集投资者的资金，委托给专业人员专门从事房地产或房地产抵押贷款的投资，投资期限较长，追求稳定连续性的收益。基金投资者的收益主要是房地产基金拥有的投资权益的收益和服务费用。基金管理者收取代理费用。

基金的收入来源包括资产增值、房租等，可分为私募和公开发行两种。

所谓私募基金，是指一种非公开宣传的，私下向特定投资人募集资金并进行集合投资的工具。私募基金大致有三种类型，一是信托和证券等金融机构，受投资者委托进行集合投资，以信托理财的方式投资于上市股票或产业；二是普通的资产管理公司、投资公司、投资顾问公司、财务顾问公司等中介机构，私下为客户提供委托理财服务，把集中起来的资金进行投资；三是其他各种机构法人，以自己私下募集的资金集中投资。近年来，房地产私募基金投资的魅力已经开始显现，甚至令人刮目相看。典型的例证是，温州炒房团狂扫内地一、二线城市，掀起炒房旋风，所到之处无不赚得令人唏嘘，仅在国家进行宏观调控时，在上海有所闪失。因此，私募基金已经成为开发商的新增长点。

而所谓公开发行又称公募，是指上市公司通过中介机构向不特定的社会公众广泛发行股票，小股民也可参与其中。

八、资产证券化

资产证券化是指以基础资产未来所产生的现金流为偿付支持，通过结构化设计进行信用增级，在此基础上发行资产支持证券（Asset-Backed Securities，ABS）的过程。其目的是将缺乏流动性的资产，转换为在金融市场上可以自由买卖的证券，使其具有流动性，从而获得所需要的资金。目前主要的操作模式包括"类 REITs"、CMBS（商业房地产抵押贷款支持证券）、运营收益权 ABS（如酒店收入）、物业费 ABS 和购房尾款 ABS 等类型。

1. "类 REITs"产品

从基础资产上看，我国"类 REITs"主要模式为物业＋租金的证券化模式。在常见的"类REITs"产品中，一般需要券商或基金子公司设立并管理资产支持专项计划，从合格的机构投资者处募集资金投入 REITs 的私募基金，并通过 REITs 私募基金所分派的物业现金流向投资者分配收益。写字楼、酒店、购物中心等物业则是以项目公司股权形式进入REITs私募基金,并由REITs私募基金持有。

2. 商业房地产抵押贷款支持证券(CMBS)

CMBS是一种不动产证券化的融资方式,将单个或多个商业物业的抵押贷款组合包装构建底层资产,通过结构化设计,以证券形式向投资者发行。该项产品具有发行价格低、流动性强、充分利用不动产价值等优点,近年来国内房地产多次在"类REITs"产品上创新,而CMBS却姗姗来迟。其实CMBS和"类REITs"的融资模式十分相似,而且CMBS会更加方便快捷,由于CMBS资产并不需要出表,不必像发行"类REITs"产品,需要成立有限合伙公司,并且完成股权交割等较为烦琐的事项,同时,又能与"类REITs"一样,实现较大额度的融资。

3. 物业费证券化

物业费是指提供物业服务的物业公司依据物业合同向业主(一般多适用于住宅物业)或承租人(一般多适用于商业、办公、仓储等地产)收取的物业服务费(还可以包括停车管理服务费用等,视物业合同而定)。

4. 购房尾款证券化

购房尾款是指购房者在支付完定金和首付款后,开发商享有的对购房者的剩余房款债权,一般可分为按揭型购房尾款和非按揭型购房尾款。按揭型购房尾款是指购房者在使用按揭贷款购房时,由按揭银行或公积金中心支付的剩余房款;非按揭型购房尾款是指购房者在全部使用自有资金购房时,购房者应支付的剩余房款。一般而言,购房者全部用自有资金购房时,剩余房款支付时间较短,无须以此为基础资产融资,而按揭型购房尾款由于需要银行审批,剩余房款支付时间相对较长,因此,用作资产证券化的购房尾款主要是指按揭型购房尾款。购房尾款资产证券化的整体结构与一般应收账款证券化的交易结构差不多,主要包括基础资产转让、募集资金及担保征信等环节。

5. 运营收益权证券化

运营收益权是指获取写字楼、商场、酒店及物流仓库等物业在特定期间的运营收入的权利,运营收入包括租金收入、管理费收入等。

租金收入是指租赁合同项下的债权。租赁债权的特点包括受限于租赁期限、债权的持续形成有赖于业主持续地提供租赁物业,以及租赁双方均享有法定的租赁合同解除权等。因此,租赁债权实现与原始权益人的破产隔离较为困难,除非将租赁物一并转让给特殊目的载体。运营收益权是典型的未来债权,现金流严重依附于企业自身的日常经营状况,所以,在搭建交易结构时一般会采取双SPV的结构。

未来债权又可分为没有基础法律关系的未来债权和有基础法律关系的未来债权。以贷款债权为例:银行与企业已签订《借款合同》且该合同已生效,但银行还未实际发放贷款,银行只能在发放贷款后才享有贷款债权,这是有基础法律关系的未来债权。银行在未来经营活动中也有可能与其他企业签订《借款合同》并发放贷款,从而享有贷款债权,这是无基础法律关系的未来债权,又称为纯粹的未来债权。纯粹的未来债权的特点是,没有现时存在的任何权利,其权利的产生时间、数额、行使方式等均处于不确定状态,仅能根据转让方的业务范围、历史经营数据、市场环境等因素预测将来可能产生的债权类型、债权数量。未来债权的可转让性已被广泛接受,国际上目前普遍将证券化基础资产界定为"债权",且同时包括既有债权和未来债权。

九、其他方式

1. 合作开发

房地产合作开发是指拥有土地使用权、开发资质、建设资金等要素的不同当事人之间共同出资、共担风险、共享利益的合作建房行为，是一种房地产开发的联合经营行为。合作开发主要包括合伙制联建、项目公司式合作和房屋参建三种方式。合伙制联建是指提供资金、技术、劳务的一方与提供土地的另一方合作签署联合经营协议进行房地产开发，并约定分配比例和各自责任；项目公司式合作是指拥有资金、土地使用权等要素各方通过组建项目公司，以项目公司名义合作进行房地产开发。房屋参建是指参建人以参建名义对已经成立的房地产项目参与投资或预购房屋的行为。但往往因为未被批准而被认定无效，且涉嫌非法集资。

2. 房地产典当融资

房地产典当融资是一种"以物融资"的方式，是指房地产所有人在保留房屋所有权的条件下，有期限、有条件将房屋出典给他人，获取承典人付给的货币资金（典价）。一些发达国家使用较多，发展较快。近年来，我国沿海开放城市也出现了这种融资形式。

3. 利用外资

房地产企业通过引进国外资金来筹措开发经营资金，从目前的情况来看，主要有两种渠道，即合营和信贷。合营方式多种多样，有中方企业以地入股，外方以资入股，也有双方资产以股票形式出现。这是我国目前房地产业利用外资进行开发经营的重要形式之一。借助信贷方式利用外资是房地产业通过利用外资来筹措资金的另一种重要方式。贷款形式主要有外国政府贷款、国际金融组织贷款和外国商业银行贷款等。

第三节 房地产项目融资

房地产公司的融资一般都是从项目融资开始的。项目的开发可以分为前期拿地、中期开发建设及后期经营等阶段。根据项目开发阶段房地产项目融资包括项目开发融资、项目前端融资和项目经营融资三类。无论采取哪一种项目融资方式，都要遵守法律、行政法规和有关管理办法的规定，综合考虑企业自身、项目情况和融资来源的因素，选择合适的融资方式。

一、项目开发融资

房地产项目开发建设期最基本的房地产贷款是房地产开发贷款，简称开发贷。开发贷是房地产企业最为喜欢的融资方式，开发贷贷款利率为6%~8%，这在地产项目中属于贷款利息最低的；目前银行的抵押率为0.5~0.7不等，具体的根据项目的后续现金流、土地的区域位置、物业形态等来进行判断。

虽然开发贷获取的成本很低，但是开发贷的获取比较困难，尤其对于民营地产企业来说，从2018年之后很难从银行取得开发贷项目，银行比较倾向于向品牌公司、国企办理开发贷。

(1)办理开发贷受到"432"的严苛限制。"432"具体来说，"4"即四证齐全，即具备《国有土地使用权证》《建设用地规划许可证》《建设工程规划许可证》《建筑工程施工许可证》这四个证；"3"指代自有资金比例，要求开发项目资本金比例不低于30%，目前已调整至资本金比例不低于20%；"2"即开发商或其控股股东是否具备二级资质。每个地方的土地政策不一样，这些条件也会有所改变。按照"432"融资条件的设计，房地产企业需要拿自有资金购买土地，然后用自有资金垫资开发建设，待项目取得四证之后，再申请银行开发贷，但总投资中始终有企业本身20%的自有资金比例。那么，在银行开发贷之前，一直是房地产企业自有资金在运作，即使拿到银行开发贷，也必须有20%是自有资金。待项目取得预售之后，可以用预售资金偿还银行开发贷。

(2)银行对于开发贷进行封闭管理。为了确保项目的销售回款能够回到银行归还本息，银行会要求项目公司开立销售回款唯一监管账户在贷款行，确保贷款本息的安全。这时候对于资质较差的公司，银行会认为该公司的承担能力不足，拒绝公司的申请。

二、项目前端融资

1. 前融的概念

前端融资简称前融，所谓前融就是房地产的前期融资，是房地产项目处于"四证"不齐阶段或拿地竞拍阶段，无法获得银行的低成本资金，向其他主体进行的高成本融资行为。

2. 前融的作用

由于开发贷受到"432"的严苛限制，而同时地价越来越高，有些情况下甚至占到整个项目成本费用的50%，并且从支付土地出让金到达到"432"条件需要很长一段时间。同时，开发贷仅能用于工程开发建设支付给工程方，房地产开发企业产生了巨大的资金占用。因此，无法满足开发商前期开发资金的需求，从而衍生出若干种前融模式，涵盖了从拿地到前期开发等各个阶段。前融主要的投资者包括地产基金、信托及其他一些有限合伙企业。前融主要是用于房地产的拿地阶段，或者是置换土地出让金。待房地产开发项目满足了国家对于银行等正规金融的机构对于房地产的投融资限制以后，房地产开发企业将用利率更低的银行开发贷款或项目贷款替换前融资金，继续房地产项目的开发建设。

3. 对前融的监管

财政部《关于规范金融企业对地方政府和国有企业投融资行为有关问题的通知》(财金〔2018〕23号)(以下简称"23号文")和银保监会《中国银保监会信托部关于进一步做好下半年信托监管工作的通知》(信托函〔2019〕64号)(以下简称"64号文")等强监管政策文件对涉及前融业务进行了重点的整治，包括银行表内外资金直接或变相用于土地出让金融资；未严格审查房地产开发企业资质，违规向"四证"不全的房地产开发项目提供融资；资金通过影子银行渠道违规流入房地产市场；并购贷款、经营性物业贷款等贷款管理不审慎，资金被挪用于房地产开发。

信托公司整治重点包括向"四证"不全、开发商或其控股股东资质不达标、资本金未足额到位的房地产开发项目直接提供融资，或通过股权投资+股东借款、股权投资+债权认购劣后、应收账款、特定资产收益权等方式变相提供融资；直接或变相为房地产企业缴纳土地出让价款提供融资，直接或变相为房地产企业发放流动资金贷款。

整体而言，从地产开发链条上的融资需求环节来说，融资受限的情况基本分如下两种：

(1)政策直接限制：如受限最大的前期融资，具体如保证金融资、土地款融资、未符合"432"条件之前的融资。

(2)受政策影响间接限制：如"23号文"之后很多信托机构全面暂停房地产业务，导致符合"432"条件的项目也同样无法操作，又如部分银行被约谈后也全面停止涉房业务，正常的开发贷和并购贷也停止开展等。

4. 前融的模式

(1)银行前融。银行常规房地产融资产品一般包括符合"432"条件的开发贷、并购贷、城改贷、经营性物业贷，以及房企在银行间、交易所等市场的证券化产品的承销、投资等。但经过合规包装，表内资金依然可以变相实现缴纳土地款等前期融资，同时，银行此前借助各类资管通道更是灵活实现了对地产项目各个阶段的融资。银行涉及前融的产品主要包括并购贷、城改贷及表外资管前融。

1)并购贷。因为被并购标的多为空壳标的(净地)，并购贷款此前被广泛变相用于缴纳土地款。2018年年初，上海银监局向本地商业银行及在本地的分行发出关于并购贷款业务的通知，要求拟并购土地项目应该完成在建工程开发投资总额的25%以上，并购贷款不得投向未足额缴付土地出让金项目，不得用于变相置换土地出让金。大多数银行一般仅要求被并购方缴纳完土地款即可，在实际操作中，被并购方一般寻找一笔过桥资金完成剩余土地款的缴纳，银行随即放款，被并购方归还过桥资金。

2)城改贷。城改贷本属于土地一级开发的范畴，但是随着地产开发一、二级联动模式的盛行，很多情况下负责一级土地整理的房企往往顺利成为后面土地招拍挂的受让方，因为城改贷也可以归为前融范畴。融资额一般为拆迁、安置费用总额的60%，前期风控主要为账户强监管及房企集团公司担保，招拍挂后补缴土地出让金与前期开发成本的差额，拿到土地证后补充抵押给银行。

3)表外资管前融。业内俗称"代销池"，与一般地产融资代销不同，表外资管前融实质为银行为自有房企客户提供融资、承担实质信用风险并赚取利差的债权融资模式，银行借道信托计划、券商资管可灵活实现对项目各个阶段的融资，甚至可在表内额度不足时，通过表外资管实现开发贷放款。资金端投资人的签约主体为信托或者券商，但会向客户提示实质为银行的产品，其收益也较一般的理财产品要高。为打消客户疑虑，有些银行甚至开发出直接跟银行签约的模式，但资金最终仍通过资管渠道出账。

(2)信托前融。各地银监局对金融监管政策理解和执行的不同，各信托公司开发出不同的地产前融模式。长期以来通过各种创新模式，信托公司为不符合"432"的地产项目提供融资，以及直接或变相为房地产企业缴纳土地出让价款提供融资并未受到实质限制，本质上得益于房地产调控政策和金融监管政策的灵活性，考虑到房地产作为最大规模金融资产的地位，防止发生系统性金融风险也成为监管底线。但随着"23号文"的印发，多个主流模式被点名，毫无疑问将成为后续整治重点，信托公司前融业务空间将进一步收窄，部分模式已失效、部分仍有操作空间。信托前融之前主要包括"432"投资差额、优先股+次级债、小股+大债、股权收益权、资产收益权、股权投资+对赌、应收账款融资、现金管理业务与非标前融联动等模式。"23号文"后，优先股+次级债、小股+大债、资产收益权、应收账款等模式被列为重点整治对象，已经正式终结或难以操作。

1)"432"投资差额。该模式主要适用于深耕某一城市、拥有较多满足"432"条件的项目公司的开发商。形式上表现为向符合开发贷条件的项目公司发放信托贷款,但资金通过内部往来最终用于不符合开发贷条件的项目公司前期融资。该模式合规成本最低,受到所有信托公司青睐,但难点在于壳项目,不适合小型或在该城市项目较少的开发商。

2)优先股+次级债。该模式为明股实债,投资者以现金认购优先级信托份额,项目公司原股东以股东借款认购次级份额,信托资金用于项目公司股权投资,这样信托计划在拥有对项目公司股权的同时也拥有了债权。以股东借款认购次级信托计划的目的在于确立对项目公司的主债权,从而实现抵质押条件的落实,但由于股东借款是无期限、无利息的借款,因此需要重组为按期付息、到期还本的金融债权。由于该模式明股实债操作的灵活性,此前在部分信托公司长期被大规模运用,"23号文"后该模式正式终结。

3)小股+大债。该模式较为简单,集合信托计划以小股(一般为20%)持有项目公司股权,主体融资通过信托计划发放股东借款方式解决,从而实现对非"432"项目的债权融资。该模式的产生在于部分银监局认为有20%以上的持股比例即股权投资项目。股权退出分为两种:一种是明股实债,最终由原股东回购退出;另一种是真股,后期清算退出。"23号文"也将该模式列为重点整治对象。

4)股权收益权。该模式此前只有少数信托公司能够操作,通过收购原股东持有的项目公司股权收益权从而确立主债权,本质上类似流动资金贷款,因此,实际中最好选择非地产板块作为承债主体从而规避信托资金实际用于房地产开发的合规障碍。因为收益权转让仅依据合同就能进行,为了规避基础资产落空的风险,实际中往往要求项目公司100%股权质押给信托计划,同时,设定账户强监管等其他风控措施。特定资产收益权融资被列为"23号文"的整治范围,股权收益权实质属于资产收益权范畴,是否能继续操作待解。

5)资产收益权。与股权收益权本质一样,只不过资产收益权交易对手为项目公司,基础资产为土地资产,信托公司与项目公司签订特定资产收益权转让合同,项目公司承诺支付资产收益,由此确立主债权,并在此基础上设立抵质押担保,一般设置对赌端浮动条款。该模式最为简单直接,此前只有个别信托公司能够操作,"23号文"后该模式已不具备操作可能。

6)股权投资+对赌。该模式表面看是房地产股权投资,没有主债权安排,但通过对赌约定仍能实现按期付息(分红)、到期还本(回购),规避房地产债权融资监管更为隐蔽。

7)应收账款融资。此前的房地产应收账款融资中,多为受让房地产企业上游供应商应收账款,资金再由上游供应商腾挪用于地产项目前融。但该模式因直接关联房地产企业,规避监管较为明显,后来通过集团内非房地产板块应收账款融资再通过内部往来支付至实际用款企业的模式合规作用更为显著。交易方案设计要注意承债主体的承债能力及资金划转的规避路径,一般通过内部过桥隔断资金真正流向。"23号文"将通过应收账款为非"432"地产提供融资列入整治范围,该模式操作空间或将进一步收窄。

8)信托公司现金管理业务与非标前融联动。在该模式中,信托公司通过现金管理业务认购房企的证券化产品(ABS、ABN、CMBS等)帮助房企融资用于拿地,等项目锁定后,信托公司募集非标前融给房企,房企最终用非标前融资金接回此前信托持有的证券化份额,从而实现标准化产品与非标产品的互动。

(3)资产管理公司(AMC)前融。四大资产管理公司和地方资产管理公司的主业本为金融不良资产和非金融不良资产的收购处置,但由于房地产作为第一大类金融资产,对应的房地产不良资产收购处置业务也成为AMC重要的业务方向,并由此衍生出大规模的不良包装的房地产固定收益业务，AMC因此成为信托公司之外房企最为重要的前融合作方。涉及房地产前融的AMC业务模式主要包括单体不良地产项目破产重整、非金债权收购重组、不良包装＋一二级联动拿地融资。

1) 单体不良地产项目破产重整。该业务属于AMC真正的不良资产盘活业务，操作周期长、债权债务关系复杂。该业务一般为房企发现资产线索后联系AMC进行收购重组或者AMC收购资产前后联系房企作为重组方进行后续开发。

一般流程为AMC收购带有目标地块抵押权的金融债权，收购资金一般为结构化安排，意向重组方房企为劣后级，AMC为优先级，实际为AMC为重组方房企配资；成为债权人后发起破产重整，对困境房企进行债权债务关系的梳理，并最终形成重整方案；法院判决公示完毕，AMC对其他所有债权进行受偿，房企报名并成为独家重整人，最终完成土地过户。本质是AMC为房企拿地提供并购融资，AMC也可以通过股＋债或固定＋浮动的方式介入后期开发。

如破产重整失败则进入破产清算流程，土地资产最终可能旁流，因为AMC和房企持有的是带土地抵押的债权，因此，清算资金也优先偿还该债权，相当于最终做了一笔财务投资，如果最终得到土地，则相当于折价拿到土地资源。

2) 非金债权收购重组。主要为AMC对房企集团内部关联公司的往来款和应收账款等进行收购和重组从而实现为债权人和债务人融资的目的，多为假不良资产，为规避监管一般也要折价收购。随着四大AMC回归主业，2017年下半年以来，四大AMC的该业务已无法开展，受到较少监管的地方AMC仍有腾挪空间，但由于地方AMC非金债权业务背后银行信贷资金现在大多要求穿透（指核准申请人和管理人的资质），对于承接融资的往来主体来说，其须尽量避免选择房地产公司。

3) 不良包装＋一二级联动拿地融资。该模式被广泛应用于地产收并购项目中的融资，一般为在土地方一级土地整理过程中的债权债务往来中发现可以包装的不良线索（如"拖欠"工程款等），在招拍挂阶段并购方与土地方及AMC共同成立项目公司摘地，AMC一般作为优先级提供配资，资金一部分用于解决土地方的"历史问题"，土地方后续完成退股。

三、项目经营融资

1. 以租代售

以租代售是开发商常用的方式，即客户与开发商签署20年的租赁合同，租金（类似购房价格）一般一次性收取，每月还可收取管理费；20年届满时客户续租，无须另行支付租金或象征性地支付少量租金。

但是，以租代售存在固有的行政合规风险，如北京、上海、深圳、杭州、天津、佛山等多地政策都明确禁止"以租代售"，后果严重的，该开发商可能列入土地市场失信"黑名单"，导致开发商甚至开发商的股东、开发商的子公司一年内（或整改前）不得参与土地市场竞买。

另外，需要提示的是，关于租金收取及宣传，广州2019年6月出台的新规《关于规范新增租赁住房有关管理工作的通知》（穗建规字〔2019〕6号）规定，一次性收取租金的不宜超过一年；宣传推广及运营租赁住房项目时，不得诱导、强迫、引导承租人参与任何有金融风险的行为，不得出现"投资""升值""名校""首付""月供""不限购""不限贷"等涉嫌误导、欺骗和虚假宣传的字样。

2. 抵押式出租

抵押式出租,即开发商将房屋交付给客户作为抵押物,客户提供一定金额的"贷款"给开发商,贷款一般是无息的(因为客户有权占有使用房屋),并且客户每月向开发商支付少量的租金或物业费。抵押期限届满后,如3年后,开发商向客户归还"贷款",客户交回房屋。据报道,目前北京丽都壹号小区即存在此种情形。

3. 资产证券化

资产证券化是指将缺乏流动性但预期能产生稳定现金流的资产,转移至特殊目的载体并进行信用增级,再由特殊目的载体以该特定资产的现金流为基础发行可流通的资产支持证券的融资行为。

就自持物业而言,若有稳定现金流,例如,物业处于核心地段(增值潜力大)、成熟运营、客户稳定、续租意愿及能力强,则可采取商业地产抵押贷款支持票据(CMBS)、资产支持票据(ABN)、资产支持计划(ABS)、"类REITs"等形式进行融资。

当然,对于可获得低利率贷款的大型房企,还可加杠杆,通过规模效应及融资成本差获得收益。

4. 互联网理财产品

如果达不到资产证券化的要求,可尝试变通方式,例如,以租金收益为标的发行互联网理财产品。经公开检索,早在2015年,银泰置地即与搜易贷合作,推出以商业地产租金为标的资产的创新型保理产品"银泰租金宝",将一定期限的租金收益转让给投资者,提前获取一部分资金。

无论是项目初期、建设或建成阶段,股东均可通过出售项目公司股权方式间接将自持项目出售,但需要关注出让合同对项目公司的股东、实际控制人是否有不能改变的限制。

第四节 房地产项目融资方案

一、融资方案分析

在初步确定项目的资金筹措方式和资金来源后,接下来的工作就是进行融资方案分析,比选并挑选资金来源可靠、资金结构合理、融资成本低、融资风险小的方案。

1. 资金来源可靠性分析

资金来源可靠性分析主要分析项目所需要总投资和分年所需要投资能否得到足够的、持续的资金供应,即资本金和债务资金供应是否落实可靠。应力求使筹措的资金、币种及投入时序与项目开发建设进度和投资使用计划相匹配,确保项目开发建设活动顺利进行。

2. 融资结构分析

融资结构分析主要分析项目融资方案中的资本金与债务资金比例、股本结构比例和债务结构比例,并分析其实现条件。一般情况下,项目资本金比例过低,将给项目带来潜在的财务风险,因此,应根据项目的特点和开发经营方案,合理确定资本金与债务资金的比例。股本结构反映项目股东各方出资额和相应的权益,应根据项目特点和主要股东方的参股意愿,合理确定参股各方的出资比例。债务结构反映项目债权各方为项目提供的债务资金的比例，应根据债权人提供债务资金的方式、附加条件及利率、汇率、还款方式的不同，合理确定内债与外债的比例、政策性银行与商业性银行的贷款比例、信贷资金与债券资金的比例。

3. 融资成本分析

融资成本是指项目为筹集和使用资金而支付的费用。融资成本高低是判断项目融资方案是否合理的重要因素之一。融资成本包括债务融资成本和资本金融资成本。债务融资成本包括资金筹集费（承诺费、手续费、担保费、代理费等）和资金占用费（利息），一般通过计算债务资金的综合利率来判断债务融资成本的高低；资本金融资成本中的资金筹集费同样包括承诺费、手续费、担保费、代理费等费用，但其资金占用费则需要按机会成本原则计算，当机会成本难以计算时，可参照银行存款利率进行计算。

4. 融资风险分析

融资方案的实施经常受到各种风险的影响。为了使融资方案稳妥可靠，需要分析融资方案实施中可能遇到的各种风险因素，以及其对资金来源可靠性和融资成本的影响。通常需要分析的风险因素包括资金供应风险、利率风险和汇率风险。资金供应风险是指融资方案在实施过程中，可能出现资金不落实，导致开发周期拖长、成本增加、原收益目标难以实现的风险。利率风险则是指融资方案采用浮动利率计息时，贷款利率的可能变动给项目带来的风险和损失；汇率风险是指国际金融市场外汇交易结算产生的风险，包括人民币对外币的比价变动风险和外币之间比价变动的风险，利用外资数额较大的项目必须估测汇率变动对项目造成的风险和损失。

二、融资结构

1. 融资结构的含义

融资结构是指项目中各种资金的构成及比例关系。融资结构是项目融资决策的核心问题。其主要分析项目融资方案中的权益资金比例与债务资金比例，并分析其实现条件。一般情况下，权益资金比例过低，将给项目带来潜在的财务风险，因此，应根据项目的特点和开发经营方案，合理确定权益资金与债务资金的比例。

权益资金比例反映项目股东各方出资额和相应的权益，应根据项目特点和主要股东的参股意愿，合理确定参股各方的出资比例。债务结构反映项目债权各方为项目提供债务资金的比例，应根据债权人提供债务资金的方式、附加条件及利率、汇率、还款的不同，合理确定内债与外债的比例、政策性银行与商业性银行的贷款比例、信贷资金与债券资金的比例。

2. 融资结构的影响因素

（1）企业财务状况。企业获利能力越强、财务状况越好、变现能力越强，就越有能力负担财务上的风险，其举债筹资就越有吸引力，债务资金占的比例相对就大些。

（2）企业资产结构。

1）拥有大量固定资产的企业，主要通过非流动负债和发行股票筹集资金；

2）拥有较多流动资产的企业，更多依赖流动负债筹集资金；

3）资产适用于抵押贷款的公司举债额较多。

（3）企业产品销售情况。如果企业的销售比较稳定，其获利能力也相对稳定，则企业负担固定财务费用的能力相对较强;如果销售具有较强的周期性,则企业将冒较大的财务风险。

(4)投资者和管理人员的态度。如果一个企业股权较分散,企业所有者并不担心控制权旁落,因而会更多地采用发行股票的方式来筹集资金。反之,有的企业被少数股东控制,为了保证少数股东的绝对控制权,多采用优先股或负债方式筹集资金。喜欢冒险的财务管理人员,可能会安排比较高的负债比例;一些持稳健态度的财务人员则使用较少的债务。

(5)贷款人和信用评级机构的影响。一般来说,大部分贷款人都不希望企业的负债比例较大。同样,如果企业债务太多。信用评级机构可能会降低企业的信用等级,从而影响企业的融资能力。

(6)行业因素。不同行业,资本结构有很大差别。企业必须考虑本企业所在行业,以确定最佳的资本结构。房地产市场竞争激烈,房地产企业需要大量资金来保持在市场竞争中的优势地位,导致负债水平随企业规模扩张而上升,资产负债率也随之上升。

(7)所得税税率的高低。企业利用负债可以获得减税利益,因此,所得税税率越高,负债的好处越多;如果税率很低,则采用举债方式的减税利益就不显著。

(8)利率水平的变动趋势。如果企业认为利息率暂时较低,但不久的将来有可能上升,企业应大量发行长期债券,从而在若干年内将利率固定在较低的水平上。

3. 融资结构的决策方法

(1)资本成本比较法。资本成本比较法是指在适度财务风险的条件下,测算可供选择的不同资本结构或筹资组合方案的综合资本成本率,并以此为标准相互比较确定最佳资本结构的方法。企业的资本结构决策可分为初始筹资的资本结构决策和追加筹资的资本结构决策。

1)初始筹资的资本结构决策。

步骤一:测算各方案各种筹资方式的筹资额占筹资总额的比例及综合资本成本率。

步骤二:比较各个筹资组合方案的综合资本成本率并做出选择。

2)追加筹资的资本结构决策。

按照最佳资本结构的要求,在适度财务风险的前提下,企业选择追加筹资组合方案可用两种方法:一种方法是直接测算各备选追加筹资方案的边际资本成本率,从中比较选择最佳筹资组合方案;另一种方法是分别将各备选追加筹资方案与原有最佳资本结构汇总,测算比较各个追加筹资方案下汇总资本结构的综合资本成本率,从中比较选择最佳筹资方案。

资本成本比较法以资本成本率最低为决策标准,没有具体测算财务风险因素,其决策目标实质上是利润最大化而不是公司价值最大化,一般适用于资本规模较小、资本结构较为简单的非股份制企业。

(2)每股利润分析法。每股利润分析法是利用每股利润无差别点来进行资本结构决策的方法。所谓每股利润无差别点是指两种或两种以上筹资方案下,普通股每股利润相等时的息税前利润点,称息税前利润平衡点或筹资无差别点。

息税前利润平衡点的测算公式为

$$\frac{\overline{(EBIT-I_1)}(1-T)-D_{P1}}{N_1} = \frac{\overline{(EBIT-I_2)}(1-T)-D_{P2}}{N_2} \quad (5-1)$$

式中 $\overline{EBIT}$——息税前利润平衡点,即每股利润无差别点;

I_1、I_2——两种增资方式下的长期债务年利息;

D_{P1}、D_{P2}——两种增资方式下的优先股年股利;

N_1、N_2——两种增资方式下的普通股股数。

每股利润分析法是以普通股每股利润最高为决策标准,也没有具体测算财务风险因素,其决策目标实际上是股票价值最大化而不是公司价值最大化,可用于规模不大、资本结构不太复杂的股份有限公司。

(3)公司价值分析法。公司价值分析法是在充分反映公司财务风险的前提下,以公司价值的大小为标准,经过测算确定公司最佳资本结构的方法。与资本成本比较法和每股利润分析法相比,公司价值比较法充分考虑了公司的财务风险和资金成本等因素的影响,进行资本结构的决策以公司价值最大化为标准,更符合公司价值最大化的财务目标,但其测算过程较为复杂,通常用于资本规模较大的上市公司。

关于公司价值的内容和测算基础与方法,目前主要有以下两种认识:

1)公司价值等于其未来净收益(或现金流量,下同)按照一定的折现率折现的价值,即公司未来净收益的折现值。这种测算方法的原理有其合理性,但因其中所含的不易确定的因素很多,难以在实践中加以应用。

2)公司价值是其股票的现行市场价值。公司股票的现行市场价值可按其现行的市场价格计算,有其客观合理性,但一方面,股票的价格经常处于波动之中,很难确定按哪个交易日的市场价格计算;另一方面,只考虑股票的价值而忽略长期债务的价值不符合实际情况。

三、融资成本

无论从哪个渠道以何种方式获得所需要的资金,房地产开发者都要付出相应的代价,这种代价即融资成本,也称为资金成本。融资成本是确定最终融资结构的基本依据之一。

1. 融资成本的概念

融资成本是选择融资渠道首先应该考虑的一个因素,是公司融资管理中的重要概念。其是指企业为筹集和使用资金而付出的代价,包括用资费用和融资费用两部分。

(1)用资费用。用资费用是指使用资金过程中向资金提供者支付的费用。其包括借款利息、债权利息、优先股利息、普通股红利及权益收益。

(2)融资费用。融资费用是指企业在筹集资金过程中而付出的花费。其包括为取得银行借款支付的手续费;为发行股票、债券支付的广告费、印刷费、评估费、公证费、代理发行费等。通常这部分费用在筹资过程中一次性发生,用资过程中不再发生。

2. 融资成本的影响因素

(1)宏观经济状况。宏观经济状况决定了整个社会中资本的总供给和总需求,从而决定了资本的稀缺程度和名义利率的大小。一般来说,宏观经济形势良好,则资本供给比较充足,融资成本相对较低;反之融资成本较高。

(2)资本市场环境。资本市场环境也是影响融资成本的一个非常重要的因素。如果某种金融产品的市场流动性较好,企业融资成本则会比较低;若某种金融产品的市场流动性不好,投资者买进或卖出此种产品相对较困难,那么企业的融资成本将会较高。

(3)企业自身情况。企业融资成本也受企业自身情况的影响。如果企业的经营风险和财务风险较大,则投资者会要求较高的收益率,这将会增加融资的成本。

(4)融资期限。融资期限越长,企业占用资金的时间越多,风险发生的可能性越大,因此,投资者会要求较高的投资收益率,企业的融资成本相应较高。

3. 融资成本的计算

(1)资金成本计算的一般形式。资金成本的表现形式有绝对数和相对数两种。在财务管理活动中资金成本通常以相对数的形式表示,称为资金成本率,简称资金成本,其一般计算公式为

$$K=\frac{D}{P-f} \tag{5-2}$$

或:

$$K=\frac{D}{P(1-F)} \tag{5-3}$$

式中 K——资金成本率;
D——用资费用;
P——筹资数额;
f——筹资费用;
F——筹资费用率。

(2)各种资金来源的资金成本。

1)债务成本。

①长期借款成本。计算公式为

$$K_t=\frac{I_t(1-T)}{L(1-F_t)}=\frac{R_t(1-T)}{1-F_t} \tag{5-4}$$

式中 K_t——长期借款成本;
I_t——长期借款年利息;
T——企业所得税税率;
L——长期借款筹资额,即借款本金;
F_t——长期借款筹资费用率;
R_t——长期借款年利率。

②债券成本。债券成本的计算公式为

$$K_b=\frac{I_b(1-T)}{B(1-F_b)} \tag{5-5}$$

式中 K_b——债券成本;
I_b——债券年利息;
T——企业所得税率;
B——债券筹资额,按发行价格而定;
F_b——债券筹资费用率。

2)权益成本。

①优先股成本。公司发行优先股股票筹资,需支付的筹资费有注册费、代销费等,其股息也要定期支付,但它是公司用税后利润来支付的,不会减少公司应上缴的所得税。优先股成本可按下式计算:

$$K_p = \frac{D_p}{P_p(1-F_p)} \tag{5-6}$$

式中 K_p——优先股成本；

D_p——优先股年股利；

P_p——优先股筹资额；

F_p——优先股筹资费用率。

②普通股成本。普通股筹资成本就是普通股投资的必要报酬率，确定普通股资金成本的方法有股利增长模型法和资本资产定价模型法。

普通股的股利往往不是固定的，因此，其资金成本率的计算通常用股利增长模型法计算。一般假定收益以固定的年增长率递增，则普通股成本的计算公式为

$$K_c = \frac{D_c}{P_c(1-F_c)} + G \tag{5-7}$$

式中 K_c——普通股成本；

D_c——普通股年股利；

P_c——普通股筹资额；

F_c——普通股筹资费用率；

G——普通股股利年增长率。

注意：该公式在较长期使用较合适，短期不适合。

③留存收益成本。留存收益是指企业从历年实现的利润中提取或形成的留存于企业的内部积累。其包括盈余公积和未分配利润两类。盈余公积是指企业按照有关规定从净利润中提取的积累资金，包括法定盈余公积和任意盈余公积；未分配利润是指企业实现的净利润经过弥补亏损、提取盈余公积和向投资者分配利润后留存在企业的、历年结存的利润。

留存收益等同于股东对企业进行追加投资，股东对这部分投资与以前交给企业的股本一样，要求获得同普通股等价的报酬，所以留存收益也要计算成本。留存收益筹资成本的计算与普通股成本基本相同，只是不考虑筹资费用。

$$K_r = \frac{D_c}{P_c} + G \tag{5-8}$$

式中 K_r——留存收益成本；

D_c——普通股年股利；

P_c——普通股筹资额；

G——普通股股利年增长率。

3) 综合资金成本。综合资金成本是指企业全部长期资金的总成本，通常是以各种资金占全部资金的比重为权数，对个别资金成本进行加权平均确定的，故称加权平均成本（WAGG）。其计算公式如下：

$$K_w = \sum_{j=1}^{n} K_j W_j \tag{5-9}$$

式中 K_w——综合资金成本；

K_j——第 j 种个别资金成本；

W_j——第 j 种个别资金占全部资金的比重，即权数，$\sum_{j=1}^{n} W_j = 1$。

四、融资风险

融资方案的实施经常受到各种风险的影响。为了使融资方案稳妥可靠，需要分析融资方案实施中可能遇到的各种风险因素，以及其对资金来源可靠性和融资成本的影响。通常需要分析的风险因素包括资金供应风险、利率风险和汇率风险。

(1)资金供应风险是指融资方案在实施过程中，可能出现资金不落实，导致开发周期拖长、成本增加、原收益目标难以实现的风险。

(2)利率风险则是指融资方案采用浮动利率计息时，贷款利率的可能变动给项目带来的风险和损失。

(3)汇率风险是指国际金融市场外汇交易结算产生的风险，包括人民币对外币的比价变动风险和外币之间的比价变动风险，利用外资数额较大的项目必须估测汇率变动对项目造成的风险和损失。

五、房地产项目资金筹集计划编制

房地产项目资金筹集计划就是根据项目估算的总投资需要量和年度投资需要量(或分期投资需要量)，通过编制投资计划与资金筹措表，研究、安排资金的来源与运用，对各种可能的筹资方案的安全性、经济性和可行性进行比较分析，为项目寻求适宜的资金筹集方案，以适应项目预期的现金流量。

房地产项目资金筹集计划的主要内容包括：对企业和项目的内外因素进行分析；合理确定筹资活动期望达到的目的和要求；编制投资计划与资金筹措计划；选择融资方案；实施及调整融资方案。

第五节　本章案例

该案例与第四章案例为同一案例。

一、项目投资方案

(一)投资组合方式

在房地产开发中，大量的资金周转使开发商很难单凭自身的经济实力进行项目的开发，本项目总投资(含贷款建设期利息)为 246 972 万元，整个建设经营期为 4 年，是一个建设周期长、资金投入量大的建设项目。所以，一般采用投资方式的多种组合运用，一方面可以降低融资的压力，有助于资金的流通；另一方面可相对降低开发商的风险，使项目顺利开发。

本项目开发投资的资金来源有三个渠道：一是自有资金；二是向银行贷款；三是预售收入用于投资部分。资金运作方式如下：自有资金全部用于投资；销售收入扣除与销售有关税费后用于投资，初步估算按销售收入 19.8% 计算；此外还缺少的资金，则向银行借贷。本项目开发总投资(含贷款利息)共计 246 972 万元，自有资金 106 893 万元，占总投资的 43.3%，销售收入再投入用于投资合计 96 065 万元，另需贷款额合计 44 014 万元。

(二)资金运作方式

在项目的前期，将汇集到的自有资金用于支付土地使用权出让金和前期工程费；在获取土地使用权后，可将其向银行或金融机构抵押以获取银行抵押贷款，用于地上建筑物建设；当住宅楼建设完成了主体工程后就可进行销售，销售收入再加上用其他方式筹措到的资金，就可将整个项目投资完成。

1. 自有资金

整个项目的自有资金为 106 893 万元，占总投资的 43.3%，分两次投入，详见表 5-2。

表 5-2　自有资金年度投入表　　　　　　　　　　　　　　　万元

2018 年下半年	2019 年上半年
106 656	237

2. 银行贷款

银行长期贷款共有两笔，共计 44 014 万元，占总投资的 17.8%，2018 年下半年和 2019 年上半年各一笔(表 5-3)。

表 5-3　银行贷款年度投入表　　　　　　　　　　　　　　　万元

2018 年下半年	2019 年上半年
6 681	37 333

3. 销售收入再投入

销售收入再投入按销售收入的 19.8% 计算，从项目有销售收入 2019 年下半年开始，直到项目建设经营期结束，总销售收入再投入为 96 065 万元，占总投资的 38.9%(表 5-4)。

表 5-4　销售收入再投入年度投入表　　　　　　　　　　　　万元

2019 年下半年	2020 年上半年	2020 年下半年	2021 年上半年	2021 年下半年	2022 年上半年
17 787	17 483	18 265	14 505	12 815	15 210

二、资金筹措、投资计划及借款利息

(1)资金筹措与投资计划。本项目开发商投入自有资金 106 893 万元作为启动资金，另需向银行贷款 44 014 万元用于投资，剩余部分 96 065 万元由销售收入补充，总投资为 246 972 万元，其中 3 069 万元的财务费用从住宅销售收入中支付。

详细投资计划与资金筹措见表 5-5。

表 5-5 投资计划与资金筹措   万元

序号	项目	合计	2018年下半年	2019年上半年	2019年下半年	2020年上半年	2020年下半年	2021年上半年	2021年下半年	2022年上半年
一、	开发资金投入计划									
1	土地费用	106 562	106 562							
2	前期开发费	6 886.26	5 912.81	973.44						
3	基础设施费	7 666		1 277.70	1 277.70	1 277.70	1 277.70	1 277.70	1 277.70	
4	建筑安装工程费	97 784		33 137.50	11 432.91	10 046.42	9 592.72	9 592.72	9 592.72	14 389.08
5	不可预见费	6740		1 123.37	1 123.37	1 123.37	1 123.37	1 123.37	1 123.37	
	开发直接成本小计	225 638	112 474	36 512	13 834	12 447	11 994	11 994	11 994	14 389
二、	开发期间费用	21 333	863.21	1 057.48	3 953.36	5035.07	6271.18	2 511.26	820.87	820.87
6	管理费	6 567	820.87	820.87	820.87	820.87	820.87	820.87	820.87	820.87
7	财务费用	3 069	42.34	236.62	1 274.15	932.54	582.92			
8	销售费用	11 698			1 858.35	3 281.66	4 867.40	1 690.39		
三、	开发建设投资合计（未含财务费用）	243 903.00	113 295.21	37 332.21	37 332.20	16 550.01	17 682.05	14 505.05	12 814.65	15 209.95
四、	资金投入总计	346 972	113 338	37 570	17 787	17 483	18 265	14 505	12 815	15 210
五、	资金筹措									
1	项目投资	246 972	113 338	37 570	17 787	17 483	18 265	14 505	12 815	15 210
2	资金筹措	246 972	113 338	37 570	17 787	17 483	18 265	14 505	12 815	15 210
2.1	自有资金	106 893	106 656	237						
2.2	销售回笼资金再投入	96 065								
2.3	银行贷款	44 014	6 681	37 333						

(2)贷款本金的偿还及利息支付。长期借款采用每年等额还本付息方案，最后1年还清，从2019年下半年开始计算。详见贷款还本付息表(表5-6)。

表 5-6 贷款还本付息估算表   万元

序号	项目	合计	2018年下半年	2019年上半年	2019年下半年	2020年上半年	2020年下半年
1	长期借款						
	期初贷款余额		—	6 759	44 689	30 137	15 243
	本期贷款款额	44 014	6 681	37 333			

续表

序号	项目	合计	2018年下半年	2019年上半年	2019年下半年	2020年上半年	2020年下半年
	本期应计利息	2 790	78	597	1 049	707	358
	本期还本付息	46 803			15 601	15 601	15 601
	其中：还本	44 689			14 552	14 894	15 243
	付息	2 114		1 049	707	358	
2	期末贷款余额		6 759	44 689	30 137	15 243	
	利息备付率				5	9	68
	偿债备付率				2	4	6

注：1. 贷款半年利率为 2.35%；
  2. 贷款年利率为 4.75%；
  3. 等额还本付息法；
  4. 当期利息＝(期初借款本息累计＋当期借款/2)×当期利率。

第六章 房地产开发项目财务评价

知识目标

1. 理解项目财务评价的分类、程序、原则和目的；
2. 理解项目财务基本报表；
3. 理解各种财务评价指标的含义。

能力目标

1. 能计算各种财务评价指标；
2. 能编制基本财务报表；
3. 能利用 Excel 计算一些财务评价指标。

第一节 项目财务评价概述

一、项目财务评价的概念及作用

1. 项目财务评价的概念

项目财务评价是项目经济效果分析评价的重要组成部分，是指在国家现行会计制度、税收法规和价格体系下，从企业（项目）角度出发，分析测算项目范围内直接发生的财务效益和费用，编制财务评价报表，计算财务评价指标，考察拟建项目的获利能力、清偿能力和财务生存能力，据以判断项目的财务可行性，明确项目对财务主体及对投资者的价值贡献，为投资决策、融资决策及银行审贷提供依据。

2. 项目财务评价的作用

（1）项目财务评价是项目决策分析与评价的重要组成部分。对项目的评价应从多角度、多方面进行，无论是对项目的前评价、中间评价，还是后评价，财务评价都是必不可少的重要内容。在项目决策分析与评价的各个阶段中，无论是机会研究、项目建议书、初步可行性研究报告，还是可行性研究报告，财务评价都是其中的重要组成部分。

（2）项目财务评价是投资决策的重要依据。项目决策所涉及的范围中，财务评价虽然不是唯一的决策依据，却是重要的决策依据。在市场经济条件下，绝大部分项目的相关利益方一般都会根据财务评价结果做出相应的决策：项目发起人决策是否发起或进一步推进该项目；投资人决策是否投资该项目；债权人决策是否贷款给该项目；各级项目审批部门在做出是否批准该项目的决策时，财务评价结论也是重要的决策依据之一。总体来说，财务评价的盈利能力分析结论是投资决策的基本依据，其中项目资本金盈利能力分析结论也是融资决策的依据；偿债能力分析结论不仅是债权人决策贷款与否的依据，也是投资人确定融资方案的重要依据。因此，通过财务评价可以科学地做出是否进行投资的决策。

（3）项目财务评价在方案比选中起着重要作用。项目决策分析与评价的关键是方案比选。在规模、技术、工程等方面都必须通过方案比选予以优化，而项目财务数据和指标正是重要的比选依据。在投资方向存在多个的情况下，如何从多个备选项目中择优，往往是项目发起人、投资者，甚至政府有关部门的重要工作内容，财务评价的结果无疑为相关各方进行方案比选提供了重要参考信息。

（4）项目财务评价是项目投资各方谈判签约与平等合作的重要依据。目前，投资主体多元化已成为项目融资的主流，存在着多种形式的合作方式，主要有国内合资或合作的项目、中外合资或合作的项目、多个外商参与的合资或合作的项目等。而项目投资各方合同条款的拟订、谈判和合同正式签约的重要依据就是项目的财务评价结果。因此，财务评价结果起着促使投资各方平等合作的重要作用。

二、项目财务评价的分类

1. 按项目的性质分类

项目财务评价的内容根据项目性质和目标的不同而不同。

（1）对于经营性项目，财务评价应通过编制财务分析报表，计算财务指标，分析项目的盈利能力（考察项目投资的预期盈利水平）、偿债能力（考察项目的财务状况和按期偿还债的能力）和财务生存能力（考察是否有足够的净现金流量维持正常运营），判断项目的财务可行性，明确项目对财务主体及投资者的价值贡献，为项目决策提供依据。

（2）对于非经营性项目，财务分析应主要分析项目的财务生存能力。财务生存能力分析，通过考察项目计算期内的投资、融资和经营活动所产生的各项现金流入和流出，计算净现金流量和累计盈余资金，分析项目是否有足够的净现金流量维持正常运营，以实现财务上的可持续性。

2. 按是否考虑融资方案分类

项目财务评价可分为融资前分析（不考虑融资方案的财务评价）和融资后分析（考虑融资方案的财务评价）。一般应先进行融资前分析，在融资前分析结论满足要求的情况下，初步设定融资方案，再进行融资后分析。

融资前分析不考虑项目具体融资方案的影响，从项目投资总获利能力的角度考察项目方案设计的合理性。融资前分析应以营业收入、建设投资、经营成本和流动资金的估算为基础，考察整个计算期内现金流入和现金流出，编制项目投资现金流量表，计算项目投资内部收益率和净现值等指标，为初步投资决策与融资方案提供参考依据。

融资后分析应以融资前分析和初步的融资方案为基础，考察项目在拟订融资条件下的盈利能力、偿债能力和财务生存能力，判断项目方案在融资条件下的可行性。融资后分析用于比选融资方案，帮助投资者做出融资决策。

三、项目财务评价的程序

财务评价在确定的项目建设方案、投资估算的基础上进行，主要利用相关的基础数据，通过基本财务报表,计算财务评价指标和各项财务比率,进行财务分析,做出财务评价。财务评价一般可分为以下四个步骤。

1. 选取、计算财务评价的基础数据

通过对投资项目所处的市场进行充分调研和投资方案分析,确定项目建设方案,拟订项目实施进度计划等,据此进行财务预测,选取适当的生产价格、费率、税率、利率、基准收益率、计算期等基础数据,获取项目总投资、总成本费用、租售收入、税金、利润等一系列财务基础数据。在对这些财务数据进行分析、审查、鉴定和评估的基础上,完成财务评价辅助报表。

2. 编制和分析财务评价基本报表

将上述基础数据汇总,编制现金流量表、利润表、财务计划表、资产负债表等财务评价基本报表,并对这些报表进行分析评价。在分析评价的过程中,不仅要审查基本报表的格式是否符合规范要求,还要审查所填列的数据是否准确并保持前后一致。然后利用各基本报表,计算出一系列财务评价的指标,包括反映项目的盈利能力、清偿能力和生存能力等静态和动态指标。

3. 进行不确定性分析

对于影响项目财务指标的主要因素还要进行不确定性分析,包括敏感性分析、盈亏平衡分析和风险分析等,通过分析项目适应市场变化的能力和抗风险力,得出项目在不确定情况下的财务评价结论与建议。

4. 提出财务评价结论

根据上述计算的财务评价静态和动态指标,以及不确定性分析的结果,将有关指标值与国家有关部门规定的基准值和目标值进行对比,得出项目在财务上是否可行的评价结论。在此基础上,综合提出最终评价结论,编写财务评价报告。

四、项目财务评价的深度

项目前期研究阶段是对项目的内部、外部条件由浅入深、由粗到细的逐步细化过程,一般可分为规划、机会研究、项目建议书和可行性研究四个阶段。由于不同研究阶段的研究目的、内容深度和要求等不相同,因此,经济评价的内容深度和侧重点也随着项目决策不同阶段的要求有所不同。

(1)可行性研究阶段的经济评价,应系统分析、计算项目的效益和费用,通过多方案经济比选推荐最佳方案,对项目建设的必要性、财务可接受性、经济合理性、投资风险等进行详细、全面的分析论证。

(2)项目建议书阶段的经济评价,重点是围绕项目立项建设的必要性和可能性,分析论证项目的经济条件及经济状况。这个阶段采用的基础数据可适当粗略,采用的评价指标可根据资料和认识的深度适度简化。

(3)规划和机会研究是将项目意向变成简要的项目建议的过程,研究人员对项目赖以存在的客观(内外部)条件的认识还不深刻,或者说不确定性比较大,在此阶段,可以用一些综合性的信息资料,通过计算简便的指标进行分析。

五、项目财务评价的原则

1. 定量分析与定性分析相结合的原则

工程项目财务评价的本质要求是对项目建设中的诸多经济因素，通过费用、效益计算，给出明确的数量概念，从而进行经济分析与评价。因此，定量分析能正确反映项目建设与生产经营的两个方面。但是，一个复杂的大型工程项目，总会存在一些难以量化的经济因素，因而无法直接量化，需要通过定性分析和定量分析结合在一起进行评价。

2. 静态分析与动态分析相结合的原则

静态分析对时间因素往往不做价值形态的定量分析，所采用的指标和测算办法很难反映未来时期的发展变化情况，致使由此做出的投资决策失误较多。而动态分析考虑资金的时间价值对投资效益的影响，反映工程项目寿命期的发展变化情况，使投资者和决策者牢固树立资金周转观念和资金时间观念，使投资者决策科学化、合理化、规范化，对合理利用有限的建设资金、提高投资经济效益具有十分重要的意义。因此，在工程项目财务评价中，必须以动态分析为主要方法。

3. 阶段性经济效益分析与全过程经济效益分析相结合的原则

以往项目财务分析过分偏重建设阶段的投资、工期和造价，而对项目生产运营阶段流动资金的投资、生产经营成本、经济效益不够重视，致使项目交付使用后不能充分满足顾客需求，出现亏损的情况。鉴于此，当前财务分析应遵循全过程经济效益分析的原则，强调应将项目评价的出发点和落脚点放在投资全过程的经济分析上，采用能够反映项目整个寿命期内经济效益的动态分析方法及其评价指标，据此判断项目的可行性。

第二节　房地产开发项目财务报表

在完成房地产投资环境分析与市场分析、房地产项目投资与成本费用估算和房地产筹资与融资分析等基础工作后，就可以通过编制财务报表、计算财务评价指标，进而进行盈利能力分析、偿债能力分析和财务生存能力分析，据以判断项目在财务上的可行性。

房地产开发项目财务评价报表包括基本报表和辅助报表。一些基础性数据（如成本、收入等）都存储于辅助报表中，例如，项目投资估算表、开发建设投资估算表、经营成本估算表、借款还本付息估算表，这些辅助报表通过某种对应关系生成基本报表，如现金流量表、利润表、资产负债。通过基本报表就可以计算一系列财务评价指标，进而对项目进行财务盈利能力、清偿能力及资金平衡分析。

一、项目财务评价基本报表

财务分析基本报表主要有财务现金流量表、财务计划现金流量表、利润表和资产负债表等。

1. 现金流量表

现金流量是现金流入与现金流出的统称，它是以项目作为一个独立系统，反映项目在计算期内实际发生的流入和流出的现金活动及其流动数量。现金流量表反映房地产项目开发经营期内各期(年、半年、季度、月)的现金流入和现金流出,用以计算各项动态和静态评价指标,进行项目财务盈利能力分析。按投资计算基础的不同,现金流量表也可分为项目投资现金流量表、项目资本金现金流量表和投资各方现金流量表。

(1)项目投资现金流量表。该表不分投资资金来源,以全部投资作为计算基础,用以计算全部投资财务内部收益率、财务净现值及投资回收期等评价指标,考察项目全部投资的盈利能力。表6-1显示了房地产开发投资项目全部投资现金流量表的典型形式。

表6-1 项目投资现金流量表　　　　　　　　　　　万元

序号	项目	开发经营期				合计
		1	2	…	n	
1	现金流入					
1.1	销售收入					
1.2	租金收入					
1.3	自营收入					
1.4	净转售收入					
1.5	其他收入					
1.6	回收固定资产余值					
1.7	回收经营资金					
2	现金流出					
2.1	开发建设投资					
2.2	经营资金					
2.3	运营费用					
2.4	修理费用					
2.5	税金及附加					
2.6	土地增值税					
2.7	调整所得税					
3	净现金流量					
4	累计净现金流量					
5	净现值($i_c=$)					
6	累计净现值					

注:(1)该表适用于独立法人的房地产开发项目(项目公司);
　　(2)开发建设投资中应注意不包含财务费用;
　　(3)在运营费用中应扣除财务费用、折旧费和摊销费。

(2)资本金流量表。为了全面考察项目的盈利能力,除对融资前的项目现金流量进行分析外,还需要进行项目资本金现金流量分析。该表以自有资金作为计算基础,将借款还本付息作为现金流出。其实质是进行项目融资后的财务分析。项目资本金现金流量表中的净现金流量是项目在缴税和还本付息后所剩余的收益(含投资应分得的利润),也即项目的净利润,又是投资者的权益性收益。通过项目资本金现金流量表,可以计算资本金的财务内部收益率,用于从投资者整体角度考察项目的盈利能力。表6-2显示了房地产开发投资项目资本金现金流量表的典型形式。

表 6-2 资本金现金流量表

序号	项目	开发经营期				合计
		1	2	…	n	
1	现金流入					
1.1	销售收入					
1.2	租金收入					
1.3	自营收入					
1.4	净转售收入					
1.5	其他收入					
1.6	回收固定资产余值					
1.7	回收经营资金					
2	现金流出					
2.1	资本金					
2.2	经营资金					
2.3	运营费用					
2.4	修理费用					
2.5	税金及附加					
2.6	土地增值税					
2.7	所得税					
2.8	借款本金偿还					
2.9	借款利息支付					
3	净现金流量					
4	累计净现金流量					
5	净现值($i_c=$)					
6	累计净现值					
计算指标：财务内部收益率、财务净现值						

注：该表适用于独立法人的房地产开发项目(项目公司)。

(3)投资者各方现金流量表。对于某些项目，为了考察投资各方的具体收益情况，还需要编制从投资各方角度出发的现金流量表，即投资各方现金流量表。通过投资各方现金流量表可以计算投资各方财务内部收益率、净现值等指标，考察投资各方的盈利情况。投资各方的财务内部收益率，实际上是相对次要的财务效益评价指标。因为在按普通股本比例分配利润和分担亏损与风险的原则下，投资各方的利益一般是均等的，只有在投资者中的各方有股权之外的不对等的利益分配时，投资各方的收益率才会有差异。另外，不按比例出资和分配的合作经营项目，投资各方的收益率也可能会有差异。计算投资各方的内部收益率，可以看出投资各方收益的不均衡性是否在合理水平上，有助于促成投资各方达成平等互利的投资方案，从而确定是否值得投资。表 6-3 显示了房地产开发投资项目投资者各方现金流量表的典型形式。

表 6-3 投资者各方现金流量表　　　　　　　　　　　　万元

序号	项目	开发经营期				合计
		1	2	…	n	
1	现金流入					
1.1	应得利润					
1.2	资产清理分配					
1.3	回收固定资产余值					
1.4	回收经营资金					
1.5	净转售收入					
1.6	其他收入					
2	现金流出					
2.1	开发建设投资出资额					
2.2	经营资金出资额					
3	净现金流量					
4	累计净现金流量					
5	净现值($i_c=$)					
6	累计净现值					
计算指标：财务内部收益率、财务净现值						

注：该表适用于独立法人的房地产开发项目(项目公司)。

2. 财务计划现金流量表

财务计划现金流量表反映房地产项目开发经营期内各期的资金盈余或短缺情况，用于选择资金筹措方案，制订适宜的借款及偿还计划。表 6-4 显示了房地产开发投资项目财务计划现金流量表的典型形式。

表 6-4 财务计划现金流量表　　　　　　　　　　　　万元

序号	项目	开发经营期				合计
		1	2	…	n	
1	资金来源					
1.1	销售收入					
1.2	租金收入					
1.3	自营收入					
1.4	自有资金					
1.5	长期借款					
1.6	短期借款					
1.7	回收固定资产余值					
1.8	回收经营资金					
1.9	净转售收入					
2	资金运用					
2.1	开发建设投资					
2.2	经营资金					
2.3	运营费用					

续表

序号	项目	开发经营期				合计
		1	2	…	n	
2.4	修理费用					
2.5	税金及附加					
2.6	土地增值税					
2.7	所得税					
2.8	税后利润					
2.9	借款本金偿还					
2.10	借款利息支付					
3	盈余资金					
4	累计盈余资金					

注：该表适用于独立法人的房地产开发项目。

3. 利润表

利润表反映房地产项目开发经营期内各期的利润总额、所得税及各期税后利润的分配情况，用以计算投资利润率、资本金利润率及资本金净利润率等评价指标。

税后利润的分配顺序：第一步，计算可供分配的利润；第二步，计提法定盈余公积金；第三步，计提任意盈余公积金；第四步，向股东（投资者）支付股利（分配利润）。表 6-5 显示了房地产开发投资项目利润表的典型形式。

表 6-5 利润表　　　　　　　　　　　　万元

序号	项目	开发经营期				合计
		1	2	…	n	
1	经营收入					
1.1	销售收入					
1.2	租金收入					
1.3	自营收入					
2	经营成本					
2.1	商品房销售成本					
2.2	出租房经营成本					
3	运营费用					
4	修理费用					
5	税金及附加					
6	土地增值税					
7	利润总额					
8	所得税					
9	税后利润					
9.1	盈余公积					
9.2	应付利润					
9.3	未分配利润					

注：该表适用于独立法人的房地产开发项目。

4. 资产负债表

资产负债表反映企业一定时期全部资产、负债和所有者权益的情况。在对房地产开发项目进行独立的财务评价时，不需要编制资产负债表。但当房地产开发经营公司开发或投资一个新的房地产项目时，通常需要编制该企业的资产负债表，以计算资产负债率、流动比率、速动比率等反映企业财务状况和清偿能力的指标。

基本财务报表按照独立法人房地产项目（项目公司）的要求进行科目设置；非独立法人房地产项目基本财务报表的科目设置，可参照独立法人项目进行，但应注意费用与效益在项目上的合理分摊。表 6-6 显示了房地产开发投资项目公司资产负债表的典型形式。

表 6-6 资产负债表   万元

序号	项目	开发经营期			
		1	2	…	n
1	资产				
1.1	流动资产				
1.1.1	货币资金				
1.1.2	交易性金融资产				
1.1.3	应收账款				
1.1.4	预付账款				
1.1.5	其他应收款				
1.1.6	存货				
1.2	非流动资产				
1.2.1	可供出售金融资产				
1.2.2	长期股权投资				
1.2.3	投资性房地产				
1.2.4	固定资产				
1.2.5	在建工程				
1.2.6	长期待摊费用				
1.2.7	递延所得税资产				
2	负债及所有者权益				
2.1	流动负债				
2.1.1	短期借款				
2.1.2	交易性金融负债				
2.1.3	应付账款				
2.1.4	预收账款				
2.1.5	应付职工薪酬				
2.1.6	应交税费				
2.1.7	其他应付款				
2.2	非流动负债				
2.2.1	长期借款				
2.2.2	长期应付款				
2.2.3	其他非流动负债				

续表

序号	项目	开发经营期			
		1	2	...	n
2.2.4	预计负债				
2.2.5	递延所得税负债				
2.3	股东权益				
2.3.1	股本				
2.3.2	资本公积				
2.3.3	盈余公积				
2.3.4	未分配利润				
2.3.5	少数股东权益				

二、项目财务评价辅助报表

辅助报表包括项目总投资估算表、开发建设投资估算表、经营成本估算表、土地费用估算表、前期工程费估算表、基础设施建设费估算表、建筑安装工程费用估算表、公共配套设施建设费估算表、开发期税费估算表、其他费用估算表、销售收入与经营税金及附加估算表、出租收入与经营税金及附加估算表、自营收入与经营税金及附加估算表和投资计划与资金筹措表。在辅助报表中，项目总投资估算表、开发建设投资估算表、经营成本估算表、借款还本付息估算表和投资计划与资金筹措表为最主要的辅助报表。表6-7～表6-11显示了这些辅助报表的典型形式。

表6-7 项目总投资估算表　　　　　　万元

序号	项目	总投资	估算说明
1	开发建设投资		
1.1	土地费用		
1.2	前期工程费		
1.3	基础设施建设费		
1.4	建筑安装工程费		
1.5	公共配套设施建设费		
1.6	开发间接费		
1.7	管理费用		
1.8	财务费用		
1.9	销售费用		
1.10	开发期税费		
1.11	其他费用		
1.12	不可预见费		
2	经营资金		
3	项目总投资		
3.1	开发产品成本		
3.2	固定资产投资		
3.3	经营资金		

表 6-8　开发建设投资估算表　　　　　　　　　　　　　　　　　　　　万元

序号	项目	开发产品成本	固定资产投资	合计
1	土地费用			
2	前期工程费			
3	基础设施建设费			
4	建筑安装工程费			
5	公共配套设施建设费			
6	开发间接费			
7	管理费用			
8	财务费用			
9	销售费用			
10	开发期税费			
11	其他费用			
12	不可预见费			
	合计			

表 6-9　经营成本估算表　　　　　　　　　　　　　　　　　　　　　　万元

序号	产品名称	开发产品成本	1		2		…	n	
			结转比例	经营成本	结转比例	经营成本		结转比例	经营成本
1									
2									
3									
4									
5									
6									
7									
8									
	合计								

表 6-10　借款还本付息估算表　　　　　　　　　　　　　　　　　　　万元

序号	项目	合计	1	2	3	…	n
1	借款及还本付息						
1.1	期初借款本息累计						
1.2	本金						
1.3	利息						
1.4	本期借款						
1.5	本期应计利息						
1.6	本期还本						

续表

序号	项目	合计	1	2	3	…	n
1.7	本期付息						
2	借款偿还资金来源						
2.1	利润						
2.2	折旧费						
2.3	摊销费						
2.4	其他还款资金						

表 6-11　投资计划与资金筹措表　　　　　　　　　　　　万元

序号	项目	合计	1	2	3	…	n
1	项目总投资						
1.1	开发建设投资						
1.2	经营资金						
2	资金筹措						
2.1	资本金						
2.2	借贷资金						
2.3	预售收入						
2.4	预租收入						
2.5	其他收入						

三、项目财务报表与财务评价指标

投资项目财务评价的结果，一方面取决于基础数据的可靠性；另一方面取决于所选取指标体系的合理性。只有选取正确的指标体系，项目的财务分析结果才能与客观实际情况相吻合，才具有实际意义。一般来说，投资人的投资目标不止一个，因此，项目财务指标体系也不是唯一的。根据不同的评价深度要求和可获得资料的多少，以及项目本身所处条件与性质的不同，可选用不同指标。表 6-12 列示了财务报表与财务评价指标体系之间的关系。下一节将重点阐述项目财务评价的各个指标。

表 6-12　财务评价指标体系

评价内容	基本报表	评价指标	
		静态指标	动态指标
盈利能力分析	融资前分析	项目投资现金流量表	项目投资回收期	项目投资财务内部收益率 财务净现值
	融资后分析	项目资本金现金流量表		资本金内部收益率
		投资各方现金流量表		投资各方内部收益率
		利润表	投资利润率 资本金利润率 资本金净利润率	

续表

评价内容	基本报表	评价指标	
		静态指标	动态指标
偿债能力分析	资产负债表	资产负债率 流动比率 速动比率	
	借款还本付息表	偿债备付率 利息备付率 借款偿还期	
财务生存能力分析	财务计划现金流量表	累计盈余资金	

第三节 项目财务评价指标

一、静态盈利能力指标

1. 静态投资回收期

静态投资回收期是指在不考虑资金时间价值的情况下,项目以净收益抵偿全部投资所需要的时间,一般以年为单位。其计算公式为

$$\sum_{t=0}^{P_t}(CI-CO)_t=0 \tag{6-1}$$

式中 $(CI-CO)_t$ ——第 t 年年末的净现金流量;

P_t ——静态投资回收期。

静态投资回收期可用项目财务现金流量表累计净现金流量计算求得,计算公式为

$$P_t=(累计净现金流量始出正值的年份)-1+\left(\frac{上年累计净现金流量的绝对值}{当年净现金流量值}\right) \tag{6-2}$$

静态项目投资回收期的评价准则是:当静态投资回收期 $P_t \leqslant T_0$ (国家或部门行业的基准投资回收期)时,可以接受,否则予以否定。

【例 6-1】 某项目的净现金流量和累计净现金流量见表 6-13,求静态投资回收期。

表 6-13 净现金流量和累计净现金流量

年限/年	0	1	2	3	4	5	6	7	8	9	10	11
净现金流量/万元	−200	−180	−320	50	150	150	200	200	200	200	200	200
累计净现金流量/万元	−200	−380	−700	−650	−500	−350	−150	50	250	450	650	850

【解】 根据式(6-2),可得

$$P_t=7-1+\left(\frac{|-150|}{200}\right)=6.75(年)$$

静态投资回收期的优点是概念明确、计算简单。它反映资金的周转速度,从而对提高资金利用率很有意义。它不仅在一定程度上反映项目的经济性,而且反映项目的风险大小。

但是，它没有考虑投资回收以后的情况，也没有考虑投资方案的使用年限，只是反映了项目的部分经济效果，不能全面反映项目的经济性，难以对不同方案的比较选择做出明确判断。尽管如此，静态投资回收期在项目评价中仍具有独特的地位和作用，并被广泛用作项目评价的辅助性参考指标。

2. 投资利润率

投资利润率可分为开发投资的投资利润率和置业投资的投资利润率。

(1)开发投资的投资利润率是指开发项目年平均利润额占开发项目总投资的比率。

(2)置业投资的投资利润率是指项目经营期内一个正常年份的年利润总额或项目经营期内年平均利润总额与项目总投资的比率。其是考察项目单位投资盈利能力的静态指标。对经营期内各年的利润变化幅度较大的项目，应计算经营期内年平均利润总额与项目总投资的比率。

投资利润率的计算公式为

$$投资利润率 = \frac{年利润总额或年平均利润总额}{项目总投资} \times 100\% \quad (6-3)$$

投资利润率可以根据利润表中的相关数据计算。其评价准则是投资利润率大于行业的平均投资利润率时，可以接受；否则，予以否定。

3. 资本金利润率

资本金利润率是指项目经营期内一个正常年份的年利润总额或项目经营期内年平均利润总额与资本金的比率。其反映投入项目的资本金的盈利能力。资本金是投资者为房地产投资项目投入的资本金或权益资本。资本金利润率的计算公式为

$$资本金利润率 = \frac{年利润总额或年平均利润总额}{资本金} \times 100\% \quad (6-4)$$

资本金利润率越高，说明投资者投入的资本金的利用效果越好，资本金盈利能力越强；反之，则说明投入的资本金的利用效果不佳，盈利能力越弱。

4. 资本金净利润率

资本金净利润率是指项目经营期内一个正常年份的年税后利润总额或项目经营期内年平均税后利润总额与资本金的比率，它反映投入项目的资本金的盈利能力。其计算公式为

$$资本金净利润率 = \frac{年税后利润总额或年平均税后利润总额}{资本金} \times 100\% \quad (6-5)$$

当该项目的资本金净利润率高于同行业的资本金净利润率参考值时，表明项目的盈利能力满足要求。

二、动态盈利能力指标

1. 财务净现值

(1)财务净现值的概念。财务净现值是将项目整个计算期内各年所发生的净现金流量，按行业基准收益率或设定的期望收益率折现到计算期期初的现值的代数和。其是反映投资方案在计算期内的获利能力的动态评价指标。其计算公式为

$$NPV(i_c) = \sum_{t=0}^{n} (CI - CO)_t (1+i_c)^{-t} \quad (6-6)$$

式中 $(CI-CO)_t$——第 t 年的净现金流量；

i_c——行业基准收益率或期望收益率；

n——计算期；

$NPV(i_c)$——在 i_c 下的净现值。

当 $NPV(i_c)=0$ 时，表明项目达到了行业基准收益率或者期望收益率标准，而不是表示该项目投资盈亏平衡。当 $NPV(i_c)>0$，表明该项目的投资方案除了实现行业基准收益率或期望收益率外，还有超额的收益；当 $NPV(i_c)<0$，表明该项目不能达到行业基准收益率或期望收益率水平，但不能确定项目是否亏损。

因此，净现值法的评判准则：当 $NPV(i_c)\geqslant 0$ 时，说明项目能够达到行业基准收益率或期望收益率，故该项目在财务上可行；当 $NPV(i_c)<0$ 时，说明项目不能达到行业基准收益率或期望收益率，该项目在财务上不可行。

净现值是反映方案投资盈利能力的一个重要动态指标，广泛应用于项目的经济效果评价中。其优点是考虑到资金时间价值和项目在整个计算期内的费用和收益情况，它以金额表示投资收益的大小，比较直观。但净现值指标存在以下不足：

1）需首先确定一个符合经济现实的基准收益率，而确定基准收益率通常比较困难；

2）不能说明在项目运营期间各年经营成果；

3）在互斥项目评价时，如果项目之间的项目周期不一致，必须构造一个相同的周期；

4）不能直接反映项目投资中单位投资的使用效率。

【例 6-2】 例 6-1 中项目的净现金流量见表 6-14，如果投资者的目标收益率为 10%，求该项目的财务净现值。

表 6-14 净现金流量

年限/年	0	1	2	3	4	5	6	7	8	9	10	11
净现金流量/万元	−200	−180	−320	50	150	150	200	200	200	200	200	200

【解】 首先将各年净现金流量折现，得到各年净现金流量现值，见表 6-15。

表 6-15 净现金流量和净现金流量现值

年限/年	0	1	2	3	4	5	6	7	8	9	10	11
净现金流量/万元	−200	−180	−320	50	150	150	200	200	200	200	200	200
净现金流量现值/万元	−200	−163.64	−264.46	37.57	102.45	93.14	112.89	102.63	93.30	84.82	77.11	70.10

然后，将各年净现金流量现值累加，得到财务净现值 $NPV(10\%)=145.91$ 万元。因此，该项目在财务上可行。

(2) 净现值函数。从净现值的计算公式可知，净现值的计算结果与基准（或期望）收益率 i_c 有直接的关系，净现值函数就是用来表示净现值与基准收益率之间变化关系的函数。对于常规的项目，净现值随着基准收益率的变化呈现出某种变化规律，一般随着基准收益率的增加，净现值逐渐减小，如图 6-1 所示。按净现值的评价准则，只要 $NPV(i_c)\geqslant 0$，方案或项目就可接受。由于 $NPV(i_c)$ 是 i_c 的递减函数，故基准收益率定得越高，方案被接受的可能性就越小。显然中间存在某个适当的 i_c，可以使 $NPV(i_c)=0$，此时 i_c 的取值 IRR 称为内部收益率。由此可见，基准收益率确定得合理与否，对投资方案的评价结果有直接影响，定得过高或过低都会导致投资决策的失误。基准收益率定得太高，会使许多经济效益好的项目被拒绝；如果定得太低，会使一些经济效益不好的项目被采纳。

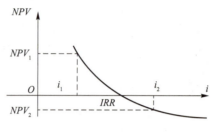

图 6-1　净现值函数曲线

（3）基准收益率。基准收益率 i_c 也称基准折现率或基准贴现率，是企业或行业或投资者以动态的观点所确定的、可接受的投资项目最低标准的收益水平。其表明投资决策者对项目资金时间价值的估计，是投资资金应当获得的最低盈利水平，是评价和判断投资方案是否可行的一个重要的经济参数。

基准收益率的确定，一般以行业的平均收益率为基础，同时综合考虑资金成本、投资风险、通货膨胀及资金限制等影响因素。对于政府投资项目，进行经济评价时使用的基准收益率是由国家组织测定并发布的行业基准收益率；非政府投资项目，由投资者自行确定，应考虑以下因素：

1）资金成本和机会成本。资金成本是指为了筹集资金所花费的费用。基准收益率最低限度应不小于资金成本率，保证项目投资后所获利润额必须能够补偿资金成本，否则无利可图；投资的机会成本是指投资者将有限的资金用于除拟投资项目外的其他投资机会所能获得的最大收益。显然，为了使资金得到最有效的利用，基准收益率应该不低于单位资金成本和单位投资的机会成本的最大值。

2）风险补贴率。项目的周期一般较长，在项目计算期内，项目环境可能发生难以预料的不利变化，即项目面临各种内外部风险。因此，在确定基准收益率时，仅考虑资金成本、机会成本因素通常是不够的，还需要考虑风险因素。通常，以一个适当的风险贴补率来提高基准或者期望收益率。换而言之，风险越大，贴补率越高。因此，在采用财务净现值指标来对项目进行经济评价时，为了限制对风险大、盈利低的项目进行投资，可以采取适当提高基准收益率的办法。

3）通货膨胀率。在通货膨胀影响下，项目建设的投入物的价格都会上升。为反映和评价出拟建项目在未来的真实经济效果，在确定基准或期望收益率时，应考虑通货膨胀因素。

4）资金限制。资金是稀缺的资源，在资金短缺时，应通过提高基准或期望收益率的途径进行项目经济评价，以便筛选掉盈利能力较低的项目，使得资金流向盈利能力高的项目，充分发挥资金的最大效用。

5）环境影响程度。不同的项目对环境的影响程度也不同，对环境破坏程度大的项目，应适当提高基准或期望收益率，以提高项目的准入门槛。

2. 动态投资回收期

动态投资回收期 P_t 是指考虑资金的时间价值，在给定的基准收益率 i，以折算的各年

净收益的现值来回收全部投资的现值所需要的时间。累计现值等于零时的年份就是动态投资回收期,其计算表达式为

$$\sum_{t=0}^{P_t}(CI-CO)_t(1+i)^{-t}=0 \qquad (6-7)$$

式中　P_t——动态投资回收期,i 为基准收益率;

　　$(CI-CO)_t$——t 时刻的净现金流。

与静态投资回收期同理,在实际应用中根据项目的现金流量表,用下列近似公式计算:

$$P_t=(累计净现金流量现值开始出现正值的年份数)-1+\left(\frac{上年累计净现金流量现值的绝对值}{当年净现金流量现值}\right) \qquad (6-8)$$

在项目财务评价中,将动态投资回收期 P_t 与基准动态投资回收期 P_c 进行比较,如果 $P_t \leqslant P_c$,则表明项目投资能在规定的时间内收回,项目在财务上是可以考虑接受的;反之,则表示项目在财务上是不可接受的。动态投资回收期指标一般用于评价开发完成后用来出租经营或者自营的房地产项目,也可用来评价置业投资项目。

【例 6-3】 某项目的净现金流量和累计净现金流量见表 6-16,如果投资者的目标收益率为 10%,求动态投资回收期。

表 6-16　净现金流量和累计净现金流量

年份/年	0	1	2	3	4	5	6	7	8	9	10	11
净现金流量/万元	−200	−180	−320	50	150	150	200	200	200	200	200	200
累计净现金流量/万元	−200	−380	−700	−650	−500	−350	−150	50	250	450	650	850

【解】 先计算出各年净现金流量的现值,然后逐年累加,见表 6-17。

表 6-17　累计净现金流量现值

年份/年	0	1	2	3	4	5	6	7	8	9	10	11
净现金流量/万元	−200	−180	−320	50	150	150	200	200	200	200	200	200
净现金流量现值/万元	−200	−163.64	−264.46	37.57	102.45	93.14	112.89	102.63	93.30	84.82	77.11	70.10
累计净现值/万元	−200	−363.64	−628.10	−590.53	−488.08	−394.94	−282.05	−179.42	−86.12	−1.30	75.81	145.91

所以,根据式(6-8):

$$P_t=(累计净现金流量现值开始出现正值的年份数)-1+\left(\frac{上年累计净现金流量现值的绝对值}{当年净现金流量现值}\right)$$

$$P_t=10-1+\left(\frac{|-1.3|}{77.11}\right)=9.02(年)$$

3. 财务内部收益率

(1)内部收益率概念。内部收益率(Internal Rate of Return)是指使得项目计算期内各年净现金流量的净现值等于零时的折现率。其计算公式为

$$NPV(IRR) = \sum_{t=0}^{n} (CI - CO)_t (1+IRR)^{-t} = 0 \tag{6-9}$$

式中 IRR——内部收益率,其他符合指代意义同前。

由于高次方程求解困难,根据净现值曲线的变化趋势,可以采用线性内插法求解内部收益率。即先按期望收益率或者基准收益率求得项目的财务净现值,如果为正,则不断增加采用更高的折现率,使得净现值非常接近于零的正值和负值各一个,即 $NPV(i_1)>0$ 和 $NPV(i_2)<0$,如图 6-2 所示。两点连线与横轴的交点,即可近似为内部收益率。

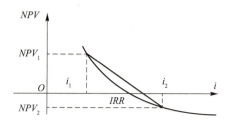

图 6-2 计算 IRR 的内插法图示

从图中根据相似三角形原理可知,IRR 的近似计算公式为

$$IRR \approx i_1 + \frac{NPV_1}{NPV_1 + |NPV_2|}(i_2 - i_1) \tag{6-10}$$

式中 NPV_1——采用低折现率 i_1 时净现值的正值;

NPV_2——采用低折现率 i_2 时净现值的负值。

显然,NPV_1 和 NPV_2 两者越接近于 0,得到的近似 IRR 则越接近于真实的 IRR。为保证计算的精度,i_1 和 i_2 之差一般不应超过 2%;否则,求得的 IRR 容易失真。

内部收益率表明了项目投资所能支付的最高贷款利率。如果贷款利率高于内部收益率,项目投资就会面临亏损,因此所求出的内部收益率是可以接受贷款的最高利率。以内部收益率来评价项目的可行性,其评价准则:如果 $IRR \geqslant i_c$,则 $NPV(i_c) \geqslant 0$,项目在财务上可接受;反之,项目在财务上不可行。

【例 6-4】 例 6-1 中项目的净现金流量见表 6-18,试采用内插法计算该项目的内部收益率。

表 6-18 净现金流量

年份/年	0	1	2	3	4	5	6	7	8	9	10	11
净现金流量/万元	−200	−180	−320	50	150	150	200	200	200	200	200	200

【解】 分别取 $i_1=14\%$ 和 $i_2=15\%$ 计算项目现金流量的净现值,得到
$$NPV(14\%)=0.27;\ NPV(15\%)=-28.96 \text{ 万元}$$

由线性内插法得
$$IRR=14\%+\frac{0.27}{0.27+|-28.96|}(15\%-14\%) \approx 14.0\%$$

(2)内部收益率优缺点。

1)内部收益率的优点主要包括以下几项:

①考虑资金的时间价值及项目在整个寿命期内的经济状况。

②能够直接衡量项目的真正的投资收益率。

③内部收益率大小完全取决于项目的内生变量(现金流大小及其分布、计算期),不受任何外在变量的影响,不需要事先确定一个基准收益率,而只需要知道基准收益率的大致范围即可。

以上讨论的 IRR 使用情况仅适用于常规投资项目的经济评价,此类项目计算期内净现金流量的符号变化只有一次。可以证明,此时方案有唯一的 IRR 解。

2)内部收益率的缺点包括以下几项:

①对于具有非常规投资项目,其内部收益率往往不是唯一的,在某些情况下甚至不存在。

情形1:只有现金流入或现金流出的方案,此时不存在明确经济意义的 IRR。

情形2:非投资情况,即从项目取得收益,然后用收益偿付有关费用、设备租赁费。在这种情况下,只有 $IRR<i_c$ 的方案才可接受。

情形3:当项目的净现金流量的正负号改变不止一次,就会出现多个内部收益率(若符号改变1次,则有1个 IRR;改变2次,则有2个;改变 n 次,则有 n 个值),此规律称作"狄斯卡尔符号规则"。

②计算烦琐,需多次试算。

③只反映了资金的使用效率,而不能反映其总量的使用效果。如果只根据 IRR 指标大小进行方案投资决策,可能会使那些投资大、IRR 低,但收益总额很大、对国民经济有重大影响的方案落选。因此,IRR 指标往往和 NPV 结合起来使用,因为 NPV 值大的方案,其 IRR 未必大;反之,亦然。

三、偿债能力指标

项目清偿能力分析主要是考察计算期内各年的财务状况及偿债能力。主要指标有以下几项。

1. 资产负债率

资产负债率是指各期末负债总额与资产总额的比率。其计算公式为

$$资产负债率 = \frac{期末负债总额}{期末资产总额} \times 100\% \tag{6-11}$$

资产负债率表示债权人所提供的资金占全部资产的比率,即总资产中有多少是通过负债筹集来的,可以用来衡量企业或项目在清算时保护债权人利益的程度,因此,该指标能够反映企业或项目所面临的财务风险程度及偿债能力。

适度的资产负债率,表明企业或项目经营安全、稳健,具有较强的筹资能力,也表明企业和债权人的风险较小。对该指标的分析,应结合国家宏观经济状况、行业发展趋势、企业实力及所处竞争环境等具体条件判定。过高的资产负债率,表明企业财务风险大;而过低的资产负债率,则表明企业对财务杠杆利用不足。各行业间资产负债率的差异较大,一般认为,资产负债率的适宜水平为40%~60%。房地产开发属于资金密集型活动,且普遍使用较高的财务杠杆,所以房地产开发企业或项目的资产负债率一般较高。

2. 流动比率

流动比率是企业或项目在某个时点流动资产总额与流动负债总额的比率,反映项目各年偿付流动负债能力的评价指标。其计算公式为

$$流动比率 = \frac{流动资产总额}{流动负债总额} \times 100\% \tag{6-12}$$

流动比率衡量企业或项目的资金流动性的大小，表明项目每一元钱流动负债有多少流动资产作为支付的保障。对债权人来说，此项比率越高，债权越有保障。但该指标过高，说明企业或项目的资金利用效率低，对企业或项目运营不利。在国际上银行一般要求这一比率在200%以上，理由是变现能力差的存货通常占流动资产总额的一半左右。但对于房地产开发企业或项目，200%并不是最理想的流动比率。这是由于房地产开发项目所需开发资金较多，且本身并不拥有大量的资本金，其资金一般来源于长、短期借款。另外，房地产开发项目通常采取预售期房的方式筹集资金。这些特点使得房地产开发项目的流动负债数额较大，流动比率相对较低。

3. 速动比率

速动比率是企业或项目在某个时点速动资产总额与流动负债总额的比率，反映企业快速偿付流动负债能力。其计算公式为

$$速动比率 = \frac{速动资产总额}{流动负债总额} \times 100\% = \frac{流动资产总额 - 存货}{流动负债总额} \times 100\% \qquad (6-13)$$

因为存货变现能力差，至少也需要经过销售和收账两个过程，且会受到价格下跌、损坏、不易销售等因素的影响，因此速动资产不包括存货。速动资产主要包括流动资产中的现金、短期投资（有价证券）、应收票据及应收账款等项目，它们的流动性较好，变现时间短。各行业间的速动比率有较大差异，一般要求速动比率在100%以上。但对于房地产开发企业或项目而言，流动资产有相当一部分是存货，因此它们的速动比率一般较低，通常不会达到100%。

4. 偿债备付率

偿债备付率，是指项目在借款偿还期内各年用于还本付息的资金与当期应还本付息金额的比率。其从偿债资金来源的充裕性角度来反映项目偿付债务本息的能力。其计算公式为

$$偿债备付率 = \frac{可用于还本付息资金}{当期应还本付息金额} \times 100\% \qquad (6-14)$$

可用于还本付息资金，包括可用于还款的折旧和摊销，在成本中列支的利息费用，可用于还款的利润等。当期应还本付息金额包括当期应还贷款本金及计入成本的利息。

偿债备付率可以按年计算，也可以按整个借款期计算。偿债备付率表示可用于还本付息的资金偿还借款本息的保障倍数。对于一般房地产投资项目，该指标值一般为1.15～1.35。当指标小于1.15时，表示当期资金来源不足以偿付当期债务，需要通过短期借款来偿还已到期的债务。该指标的计算对出租经营或自营的房地产投资项目非常重要。

5. 利息备付率

利息备付率表示项目利润偿付利息的保证倍率，是指项目在借款偿还期内各年可用于支付利息的息税前利润（EBIT）与当期应付利息（PI）的比值，即

$$利息备付率 = \frac{息税前利润(EBIT)}{当期应付利息(PI)} \times 100\% \qquad (6-15)$$

式中，息税前利润（EBIT）为利润总额与计入总成本费用的利息费用之和，即息税前利润＝利润总额＋计入总成本费用的利息费用；PI（当期应付利息）为计入总成本费用的全部利息。利息备付率通常按年算，也可按整个借款期算。

利息备付率从付息资金来源的充裕性角度反映项目偿付债务利息的能力。对于一般商用房地产投资项目，商业银行通常要求该指标为2～2.5。当利息备付率小于2时，表示项

目没有足够的资金支付利息，存在较大的偿债风险。

6. 借款偿还期

借款偿还期是指根据国家财政规定及投资项目的具体财务条件，以可作为偿还贷款的项目收益(利润、折旧、摊销费及其他收益)来偿还项目投资借款本金和利息所需要的时间。它是反映项目借款偿债能力的重要指标。借款偿还期可用资金来源与运用表或借款还本付息计算表推算。其具体推算公式如下：

$$借款偿还期=(借款偿还后开始出现盈余期数-开始借款期数)+\left(\frac{上期偿还借款额}{当前可用于还款的资金额}\right) \tag{6-16}$$

关于贷款利息的计算，如果按实际贷款、还款日期计算将十分复杂，为简化计算，一般规定借款发生当年均在年中支付，按半年计息，其后年份按全年计息；还款当年按年末还款，按全年计息。

四、Excel 在财务评价指标计算中的应用

Excel 提供了一些财务评价的函数，以提高相关指标的计算速率和计算准确率。本节主要介绍如何利用 Excel 软件计算项目的净现值、静(动)态投资回收期和财务内部收益率。

1. 净现值的 Excel 操作

Excel 提供了净现值函数 *NPV*，可以用它计算项目现金流量的净现值。*NPV* 函数的公式是：*NPV*(rate，value1，[value2]，…)。其中，rate 为折现率；value1，value2，…为现金流量值，其中 value1 是必需的，后续值是可选的。特别需要注意 value1，value2，…在时间上必须具有相等间隔，并且都发生在期末。如果第一笔现金流发生在第一期期初，也就是 0 时刻，则这笔现金不应包含在值参数中。现以前节的例题为例，说明净现值的 Excel 操作。

步骤 1：输入基础数据，如图 6-3 所示。

	A	B	C	D	E	F	G	H	I	J	K	L	M	N
1	年份	0	1	2	3	4	5	6	7	8	9	10	11	
2	净现金流	-200	-180	-320	50	150	150	200	200	200	200	200	200	
3	折现率	10%												
4	净现值													

图 6-3　基础数据

步骤 2：选中 B4 单元格，执行“公式”|“财务”命令，在列表中，选择函数为“*NPV*”，如图 6-4 所示。

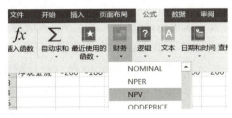

图 6-4　NPV 函数

步骤 3：选中后弹出“函数参数”对话框，在相应的函数参数文本框中选择相应的信息，特别注意，第一期期初 B2 的值不能选入，如图 6-5 所示。

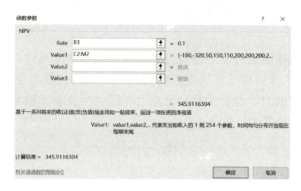

图 6-5 "函数参数"对话框

步骤 4：单击"确定"按钮，然后将第一期期初值补加上，如图 6-6 所示。

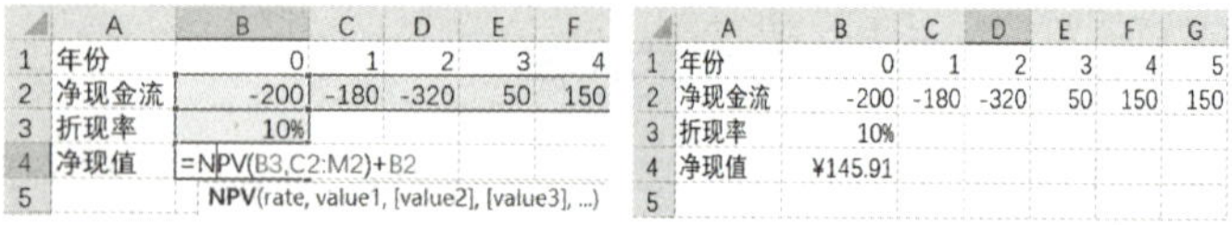

图 6-6 净现值计算结果

值得说明的是，也可直接在单元格内输入 NPV 公式，选择相应数据区域，得到计算结果。

2. 投资回收期的 Excel 操作

对于计算期小的项目，可以通过肉眼观察的方法识别现金流量由正变为负的年份，然后根据投资回收期的公式计算出投资回收期。但对于投资回收期长的项目，或者需要批量计算多个项目的投资回收期，以及研究某些因素对投资回收期的影响。这种手工计算的方法需要耗费一定的时间与精力，Excel 的自动计算功能则能有效地解决这一问题。

虽然 Excel 没有函数用来直接自动计算静(动)态投资回收期，但是可以根据投资回收期的定义，通过调用 Match 函数、Lookup 函数及 Index 函数，间接计算出项目投资回收期。

Match 函数用来查找指定数值在指定数组区域中的位置，其公式为 match(lookup_value, lookuparray, match-type)，其中 lookup_value 表示查询的指定内容；lookuparray 表示查询的指定区域；match-type 表示查询的指定方式，用数字-1、0 或者 1 表示，其中 1 或省略表示查找小于或等于 lookup_value 的最大值，0 表示查找完全等于 lookup_value 的第一个值，-1 表示查找大于或等于 lookup_value 的最小值。

Lookup 函数用来查找单行或单列或数组中的某个值，其公式为 lookup(lookup_value, lookup_vector, [result-vector])，lookup_value 表示查找的值，lookup_vector 表示查找的区域，result-vector 表示返回的结果。如没有精确匹配对象时，lookup 返回小于等于查找值的最大值。

Index 函数用来查找数据区域指定位置的值，其公式为 index(数据区域，行或列，[列或行])。

基于这些函数，可以得到项目投资回收期的公式：

项目投资回收期公式=match(0，累计净现金流量所在的行/列，1)-1-lookup(0，累

计净现金流量所在的行/列)/index(净现金流量所在的行/列，match(0，累计净现金流量所在的行/列，1)+1)

下面以【例 6-1】为例，说明静态投资回收期的 Excel 操作步骤如下：

步骤 1：输入基础数据，如图 6-7 所示。

	A	B	C	D	E	F	G	H	I	J	K	L	M	N
1	年份	0	1	2	3	4	5	6	7	8	9	10	11	
2	净现金流	-200	-180	-320	50	150	150	200	200	200	200	200	200	
3	累计净现	-200	-380	-700	-650	-500	-350	-150	50	250	450	650	850	
4	回收期													

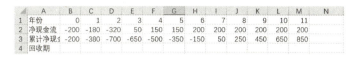

图 6-7 基础数据

步骤 2：选中 B4 单元格，输入公式如图 6-8 所示。

	A	B	C	D	E	F	G	H	I	J	K	L	M
1	年份	0	1	2	3	4	5	6	7	8	9	10	11
2	净现金流	-200	-180	-320	50	150	150	200	200	200	200	200	200
3	累计净现	-200	-380	-700	-650	-500	-350	-150	50	250	450	650	850
4	回收期	=MATCH(0,B3:M3,1)-1-LOOKUP(0,B3:M3)/INDEX(B2:M2,MATCH(0,B3:M3,1)+1)											

图 6-8 输入公式

步骤 3：按 Enter 键，返回结果，如图 6-9 所示。

	A	B	C	D	E	F	G	H	I	J	K	L	M
1	年份	0	1	2	3	4	5	6	7	8	9	10	11
2	净现金流	-200	-180	-320	50	150	150	200	200	200	200	200	200
3	累计净现	-200	-380	-700	-650	-500	-350	-150	50	250	450	650	850
4	回收期	6.75											

图 6-9 返回结果

动态投资回收期的 Excel 操作同理。

3. 财务内部收益率的 Excel 操作

Excel 提供了内部收益率函数 *IRR* 计算项目现金流的内部收益率。*IRR* 函数的公式：*IRR*(values，[guess])，其中 values 是现金流量值，[guess]是猜测的内部收益率，可不填。下面以【例 6-1】为例，说明内部收益率的 Excel 操作，步骤如下：

步骤 1：输入基础数据，如图 6-10 所示。

步骤 2：选中 B3 单元格，执行“公式”|“财务”命令，在列表中，选择函数为“*IRR*”，如图 6-11 所示。

	A	B	C	D	E	F	G	H	I	J	K	L	M
1	年份	0	1	2	3	4	5	6	7	8	9	10	11
2	净现金流	-200	-180	-320	50	150	150	200	200	200	200	200	200
3	内部收益率												

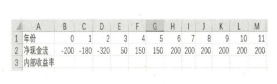

图 6-10 基础数据

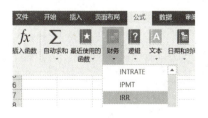

图 6-11 *IRR* 函数

步骤 3：选中后弹出“函数参数”对话框，在相应的函数参数文本框中选择相应的信息，如图 6-12 所示。

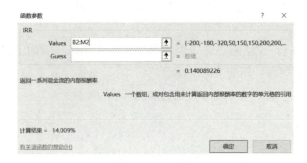

图 6-12 “函数参数”对话框

步骤 4：单击“确定”按钮，得到结果，如图 6-13 所示，如果结果没有小数位，可设置单位格格式调整小数位数。

	A	B	C	D	E	F	G	H	I	J	K	L	M
1	年份	0	1	2	3	4	5	6	7	8	9	10	11
2	净现金流	-200	-180	-320	50	150	150	200	200	200	200	200	200
3	内部收益率	14.009%											

图 6-13 输出结果

第四节 本章案例

项目基本信息详见第五章第五节。相关表格见表 6-19～表 6-22。

表 6-19 利润表 万元

序号	项目	合计	2018 年下半年	2019 年上半年	2019 年下半年	2020 年上半年	2020 年下半年	2021 年上半年	2021 年下半年	2022 年上半年	2022 年下半年
1	收入	329 755	0	0	52 280	92 330	137 251	47 894	0	0	
1.1	销售收入	329 755	0	0	52 280	92 330	137 251	47 894	0	0	0
2	结转开发直接成本	225 638	0	0	43 090	75 407	92 293	14 848	0	0	0
2.1	出售产品结转成本	225 638		0	43 090	75 407	92 293	14 848	0	0	0
3	开发期间费用	33 031	0	1 642	2 958	7 235	9 902	7 962	2 511	821	0
3.1	管理费用	6 567	0	1 642	821	821	821	821	821	821	0
3.2	财务费用	3 069	0	0	279	1 274	933	583	0	0	0
3.3	销售费用	23 396		0	1 858	5 140	8 149	6 558	1 690	0	0
4	销售税金及附加	14 314	0	0	78	2 314	8 806	3 116	0	0	0

续表

序号	项目	合计	2018年下半年	2019年上半年	2019年下半年	2020年上半年	2020年下半年	2021年上半年	2021年下半年	2022年上半年	2022年下半年
5	土地增值税	6 844	0	0	1 085	1 916	2 849	994	0	0	0
	调整土地增值税	6 973	0	0	1 106	1 952	2 902	1 013	0	0	0
6	所得税前利润（1−2−3−4−5）	49 928.15	0	−1 642	5 069	5 458	23 401	20 974	−2 511	−821	0
7	弥补以前年度亏损		0	0	1 642	0	0	0	0	0	0
8	所得税	12 482	0	0	857	1 364	5 850	5 244	−628	−205	0
9	净利润（6−8）	37 446	0	−1 642	4 212	4 093	17 551	15 731	−1 883	−616	0
10	息税前利润	52 867	0	−1 642	5 327	6 695	24 280	21 539	−2 511	−821	0
	累计息税前利润		0	−1 642	3 686	10 381	34 661	56 200	53 688	52 867	
	弥补以前年度亏损	1 642	0	0	1 642	0	0	0	0	0	0
11	调整所得税	13 217		0	921	1 674	6 070	5 385	−628	−205	0
12	息税前利润+折旧+摊销		0	−1 642	34 583	69 655	104 579	24 393	−2 511	−821	0

计算指标：	总投资收益率＝20%
	项目资本金净利润率＝35%
	资本金投资利润率＝47%

表 6-20　项目投资现金流量表　　　　　　　　　　　　　　　　　　万元

序号	项目	合计	0	1	2	3	4	5	6	7	8
1	现金流入	329 755	0	0	0	52 280	92 330	137 251	47 894	0	0
1.1	销售收入	329 755	0		0	52 280	92 330	137 251	47 894	0	0
2	现金流出	265 190	106 562	6 734	37 333	17 697	20 817	29 390	18 633	12 815	15 210
2.1	开发建设投资(不含建安费用)	146 119	106 562	6 734	4 195	5 080	6 504	8 089	4 912	3 222	821
2.2	建筑安装工程费	97 784		0	33 138	11 433	10 046	9 593	9 593	9 593	14 389
2.3	销售税金及附加	14 314		0	0	78	2 314	8 806	3 116	0	0
2.4	调整土地增值税	6 973		0	0	1 106	1 952	2 902	1 013	0	0

续表

序号	项目	合计	0	1	2	3	4	5	6	7	8
3	净现金流量	64 565	−106 562	−6 734	−37 333	34 583	71 513	107 861	29 261	−12 815	−15 210
4	累计所得税前净现金流量	−230 802	−106 562	−113 295	−150 628	−116 045	−44 532	63 329	92 590	79 775	64 565
5	调整所得税	13 217		0	0	921	1 674	6 070	5 385	−628	−205
6	税后净现金流量	51 348	−106 562	−6 734	−37 333	33 662	69 839	101 791	23 876	−12 187	−15 005
7	累计税后净现金流量		−106 562	−113 295	−150 628	−116 966	−47 127	54 664	78 540	66 353	51 348
8	净现金流量现值		−106 562	−6 363	−33 333	29 177	57 010	81 249	20 827	−8 619	−9 666
9	累计净现金流量现值		−106 562	−112 924	−146 257	−117 080	−60 070	21 179	42 006	33 387	23 721

计算指标	项目投资内部收益率(%)(所得税前)$IRR=10.2\%$
	项目投资内部收益率(%)(所得税后)$IRR=8.5\%$
	项目投资财务净现值($i_c=5.83\%$)(所得税前)$NPV=¥23\,720.95$
	项目投资财务净现值($i_c=5.83\%$)(所得税后)$NPV=¥13\,756.79$
	项目静态投资回收期(年)(所得税前)$P_b=2.21$
	项目静态投资回收期(年)(所得税后)$P_b=2.73$
	项目动态投资回收期(年)(所得税后)$P_b=2.87$

表 6-21 资本金现金流量表　　　　　　　　万元

项目	合计	0	1	2	3	4	5	6	7	8
现金流入	329 755	0	0	0	52 280	92 330	137 251	47 894	0	0
销售收入	329 755		0	0	52 280	92 330	137 251	47 894	0	0
出租收入	0									
现金流出	252 587	106 562	95	237	34 135	37 746	50 788	23 858	−628	−205
项目资本金	106 893	106 562	95	237	0	0	0	0	0	0
销售收入再投入	65 250		0	0	16 513	16 550	17 682	14 505	0	0
销售税金及附加	14 314		0	0	78	2 314	8 806	3 116	0	0
土地增值税	6 844		0	0	1 085	1 916	2 849	994	0	0
所得税	12 482		0	0	857	1 364	5 850	5 244	−628	−205
借款本金偿还	44 689			0	14 552	14 894	15 243	0	0	0
借款利息偿还	2 114			0	1 049	707	358	0	0	0
净现金流量	77 169	−106 562	−95	−237	18 146	54 584	86 463	24 036	628	205

表 6-22 财务计划现金流量表　　　　　　　　　　　　　　　　　　　　万元

序号	项目	合计	2018年下半年	2019年上半年	2019年下半年	2020年上半年	2020年下半年	2021年上半年	2021年下半年	2022年上半年
1	经营活动产生净现金流量	295 282	0	0	50 260	86 735	119 746	38 541	628	205
1.1	现金流入	329 755	0	0	52 280	92 330	137 251	47 894	0	0
1.1.1	销售收入	329 755	0	0	52 280	92 330	137 251	47 894	0	0
1.1.7	增值税销项税	0								
1.2	现金流出	34 473	0	0	2 020	5 595	17 504	9 353	−628	−205
1.2.2	增值税进项税	0								
1.2.3	销售税金及附加	14 314	0	0	78	2 314	8 806	3 116	0	0
1.2.4	土地增值税	6 844	0	0	1 085	1 916	2 849	994	0	0
1.2.5	所得税	13 315	0	0	857	1 364	5 850	5 244	−628	−205
2	投资活动净现金流量	−243 903	−113 295	−37 333	−16 513	−16 550	−17 682	−14 505	−12 815	−15 210
2.1	现金流入	0								
2.2	现金流出	243 903	113 295	37 333	16 513	16 550	17 682	14 505	12 815	15 210
2.1.1	建设投资	243 903	113 295	37 333	16 513	16 550	17 682	14 505	12 815	15 210
2.1.3	流动资金	0								
2.1.4	其他流出	0								
3	筹资活动净现金流量	103 825	226 717	75 376	31 202	31 202	31 202	0	0	0
3.1	现金流入	150 907	113 338	37 570	0	0	0	0	0	0
3.1.1	项目资本金投入	106 893	106 657	237	0	0	0	0	0	0
3.1.2	建设投资借款	44 014	6 681	37 333	0	0	0	0	0	0
3.1.3	其他流入	0			0	0	0	0	0	0
3.2	现金流出	47 082	42	237	15 601	15 601	15 601	0	0	0
3.2.1	各种利息支出	2 114	0	0	1 049	707	358	0	0	0
3.2.2	偿还债务本金	44 689	0	0	14 552	14 894	15 243	0	0	0
3.2.3	应付利润(股利分配)	0								
3.2.3	其他流出	279	42	237	0	0	0	0	0	0
4	净现金流量	155 204	113 422	38 043	64 949	101 387	133 267	24 036	−12 187	−15 005
5	累计盈余资金	914 119	0		18 146	72 730	159 193	183 229	170 414	155 204

第七章 不确定性分析和风险分析

知识目标

1. 了解不确定性的含义和作用；盈亏平衡分析的含义和基本原理；敏感性分析的含义；房地产投资项目的主要风险。
2. 熟悉房地产开发投资、置业投资的不确定性因素的种类及内涵；非线性盈亏平衡分析的方法；多因素敏感性分析的含义、步骤及方法；风险分析的主要方法和风险的常用对策。
3. 掌握线性盈亏平衡分析的方法；单因素敏感性分析的含义、步骤及方法。

能力目标

1. 能分析房地产开发投资、置业投资不确定性因素的种类；
2. 能分析房地产投资项目的主要风险；
3. 能进行房地产投资项目的线性盈亏平衡分析和计算；
4. 能进行房地产投资项目的单因素敏感性分析和计算。

第一节 房地产项目的不确定性因素

一、不确定性的含义

在前述章节的房地产项目财务分析中，所采用的投资成本、销售收入、基准收益率、计算期等基础数据都是事先确定的，得出的财务分析结果也是确定的。但在实际工作中，随着项目的建设和运营，项目的投资成本、销售收入、基准收益率、计算期等数据一直呈变化的状态，与事先的估计并不能保持一致，导致项目的财务分析结果出现不确定性。

从房地产项目的立项时点来看，投资分析人员虽然对财务分析所采取的基础数据做了尽可能详尽的研究，这些数据往往都是根据历史数据和经验，是对未来相当长一段时期的项目开发周期进行预测和估算所得到的。但由于项目开发和经营的未来状况具有各种不可控因素的影响，实际情况较大可能与设想状况发生偏离，这就必然导致项目实施后的实际结果与预测的基本方案产生偏差。显然，项目的不确定性是指由于客观事物发展多变的特点以及人们对客观事物认识的局限性，房地产项目未来的经济状况（如收益和损失）的分布范围和状态不能事先确知所引发的投资决策结果的多种可能性。

分析结果产生不确定性的原因很多，主要原因有以下两点：

（1）主观因素。投资分析人员的个人判断能力具有差异性和有限性，不同的人对同一事物的判断不尽相同，同时每个人所能掌握的信息量较为有限、不够充分以及信息自身的不对称性，分析时需要做不少的假设，加上预测判断工具以及工作条件的限制，这些情况汇总在一起决定了预测结果与实际情况存在或大或小的偏差，不可能做到准确无误地预测项目未来的投资效益结果。

（2）客观因素。由于房地产投资项目的建设周期一般较长，所以在整个周期中不可避免地会发生许多客观因素的变化。一是市场发展变化的影响，比如房地产市场出现负增长状况，诸多项目楼盘滞销，销售价格下跌，开发项目回款困难；二是宏观经济环境变化的影响，国家的宏观经济调控政策、各种改革措施以及经济发展本身都对投资项目产生影响，比如有些当地政府对房地产市场进行供求关系的直接调控，颁布限售限购等政策，都对房地产项目的销售影响较大；三是风险因素的影响，比如项目工地在施工时发生重大伤亡事故，项目楼盘在销售之前遭遇地震、火灾、飓风等意外灾害，都会使项目资产和收益受到较大损失。

二、房地产开发投资的不确定性因素

房地产投资一般主要包括开发投资与置业投资两种，其不确定性因素也不相同。房地产开发投资一般周期较长、资金投入量大，建设过程充满动态变化，因此要在开发投资初期对建设过程中的相关费用和后期的收益情况做出准确的估计是比较困难的。

房地产开发投资中的不确定性因素主要包括售价、建安成本、土地费用、开发周期、融资成本、折现率、建筑面积等。

1. 售价

项目楼盘的销售收入是项目收益的主要来源。如果项目开发结束时楼盘售价较高、销售量大，整个项目的现金流流入较好，则项目的盈利就有了保障。因此，房地产开发商从项目启动以来，就一直致力于项目楼盘的宣传、推广等营销工作。有时，大多数房地产开发商在项目开发初期采用预售的方式，提前回笼销售资金，锁定销售收入，既降低开发资金的融资压力，又避免了未来房价波动的市场风险。但是，如果房地产市场不是处于景气上升周期甚至处于下行周期，则项目未来的租金和售价难以有较好表现，加上销售或出租的比例不高，盈利状况不会太乐观。此外，如果在开发过程中出现政治、经济、社会和自然环境等因素的意外变化，如政局动荡、社会骚乱、经济衰退、疫情突发等，也会对房地产市场形成冲击，进而对售价产生影响。

2. 建安成本

建安成本是房屋建筑成本和房屋设施设备安装成本的简称。房屋建筑成本是建设房屋的投入成本，房屋设施设备安装成本是安装房屋设施设备的投入成本。两者都包括材料成本和人工成本的投入，主要体现为建筑部分的地基基础、主体结构、墙体、门窗，水电工程部分的强电（电梯）、弱电（安防、有线电视、电信通信、网络宽带），以及给水（含纯净水、中水）、排水（雨水、污水、空调排水）等工程的材料和人工成本投入。

从以往的建设经验看，建安成本是房价构成中相对稳定的部分。但是在房屋项目建造过程中，人工劳务费用和建筑材料中的钢筋、水泥等曾经发生过大幅上涨的情况，特别是在项目建筑体量比较大的时候，会导致房屋建造成本快速上升。此外，由于前期的地质勘探工作不准确，施工期间地质情况出现变化，或者政府出台住宅小区开发的新限制或新约束条件（如增加廉租房配建比例、增加装配式住宅的单体预制率或装配率比例等），都要求更新设计或重新设计，从而导致建造成本出现较大幅度的上升。

建安成本的改变对房地产开发商的投资效益是否有较大影响，还要看项目建设施工的承包合同的具体签订形式。如果承包合同属于固定总价合同类型，则建安工程费的变化由承包商负担，对房地产开发商无太大影响；否则，开发商要承担项目施工期间由于建筑材料价格和人工费用上涨所引起的建造成本增加额。

虽然从形式上看，固定总价合同把原材料涨价等风险转嫁给工程承包商，意味着承包商必须承担完成工程的责任而不管完成工程的成本是多少，但依据市场交易的对等原则，高风险对应着高收益，固定总价合同下的项目施工合同总价也是不低的。换言之，房地产开发商虽然规避了建安成本失控的风险，但付出的固定总价合同工程款并不一定便宜。

3. 土地费用

土地费用是房地产项目为取得用地使用权而发生的费用，一般包括土地出让金、土地征用费、城市建设配套费用、拆迁安置补偿费等。

虽然理论上房地产开发商获取土地使用权主要分为有偿出让转让和行政划拨两种方式，但是随着我国房地产市场的发展日趋成熟，土地有偿出让转让已成为房地产开发商拿地的主要方式，土地市场已经成为招拍挂的公开竞价市场。《中华人民共和国土地法》及中华人民共和国自然资源部相关的部门规章规定，对于经营性用地必须通过招标、拍卖或挂牌等方式向社会公开出让国有土地，简称为招拍挂制度。

因此，对于开发项目的土地费用，通常要参照近期当地市场土地成交的实例，以市场比较法或其他方法来估算土地费用。在以往，土地费用占房地产开发成本的比例保持为20%～40%，但随着我国城市的发展规模日益扩大和城市可利用土地资源的减少，土地费用在房地产开发总成本中所占的比例也在快速增长。特别是通过竞争激烈的拍卖方式，土地成本有可能占到开发成本的60%及以上，在北、上、广等一线城市甚至出现项目楼面地价的每平方米价格超过周边楼盘房价的现象。

显然，在土地价格波动剧烈的情况下，土地费用的变化对房地产开发项目财务评价结果的影响非常巨大。如果土地费用一旦超过项目开发成本的底线，则该项目将变得无利可图甚至亏损。

4. 开发周期

我国房地产项目开发周期包括土地获取、规划设计、施工准备、工程建设、预售、竣工验收、交房等阶段，每一个阶段又包括一些子阶段，其中有许多具体的工作需要完成，整个开发阶段的正常持续时间为1～3年。这些阶段前后顺序衔接，前一阶段工作的完成程度将直接影响后期工作的实施，任何一个环节的拖延都有可能导致整个开发周期的延长。开发周期的延长意味着房地产开发商的前期投入成本将不断增加，包括贷款利息、施工成本、项目管理的人力成本、固定资产折旧的增加，进而提高工程造价，同时推迟销售资金的回笼，降低现金流入的净现值，并伴随有更多的市场变化风险，这一切都将影响项目投资效果。

导致项目开发周期延长的因素是较为复杂的，如前期的土地招标投标能否顺利进行；项目的规划设计能否按时通过政府部门的审批；项目贷款资金能否准时到位；项目施工单位的招标及合同签订能否顺利完成；工程建设过程中原材料、人力资源、机械准备是否充足，施工中是否遇到特殊地质构造，是否发生重大伤亡事故；预售阶段能否按时完成销售任务；竣工验收能否按时完成等，这些复杂因素一旦出现意外情况，都会导致项目开发周期的延长。

另外，在房地产市场出现不利情况时，如政府政策变化、楼市持续下行及部分区域供应量过大的压力，部分开发商销售出现一定的困难，会开始选择放缓推盘脚步，甚至推迟开盘，以便有充分的时间进行调整、重新宣传造势及储备客户资源，这也会导致房地产项目开发周期变长。

5. 融资成本

房地产业属资本密集型行业，项目开发资金需求量大。仅仅依靠企业自有资金（一般情况下，房地产在开发建设一个项目时的自有资金往往只占投资总额的30%左右），不可能完成项目开发，因而开发商必须通过各种手段进行外源性融资。在我国，房地产项目的融资方式主要以银行贷款、发行债券、信托计划、股票融资为主，其中贷款和债券又较为常见。

房地产项目融资成本的影响因素包括贷款利率、筹资费用、杠杆比率，如果贷款利率、筹资费用、杠杆比率都比较高，则说明房地产开发商的建设资金主要来自贷款，融资成本整体较高。这时，一旦项目的毛利润率不高甚至处于微利水平，则扣除融资成本以后，项目难以实现盈利。

此外，由于房地产投资开发周期长，销售充分实现资金回笼具有一定的不确定性，如果房地产没有获得长期贷款，则在开发期间就要提前归还贷款，短期极有可能出现资金链断裂的不利情形，这种风险也增加了融资的成本。此外，在建设期间，一旦政府宏观调控政策出现变化，如收缩投资、减少基建计划，或者提高市场利率，都会给房地产开发商的后期资金筹措带来困难，极大提高了融资成本。

6. 折现率

由于房地产开发周期长，未来现金流的价值需要折现到期初，才有投资决策上的比较意义。从项目投资的角度来看，折现率是项目各类收益索偿权持有人要求报酬率的加权平均数，也就是加权平均资本成本，如借贷成本和股权成本的加权平均数。从折现率本身来说，它是一种特定条件下的收益率，说明房地产项目资产取得该项收益的收益率水平。

房地产项目投资分析人员在确定折现率时，一般要综合考虑以下因素：当前整个国家的经济发展状况、银行贷款利率、其他行业的投资收益水平、投资者对项目投资收益的预期情况和对项目风险的态度、项目风险的大小、项目的寿命期长短等。在我国目前房地产项目的分析过程中，折现率一般采用投资者可接受的最低收益率，如参考周边市场上已开发项目的平均投资收益率、房地产行业的基准收益率等，一般都高于银行贷款利率。

在计算投资效果时，采用不同的折现率会使项目的净现值结果产生较大的差异，即使相差1%，所求得的结果也会相差较为明显。因此，准确地确定折现率，对项目的投资决策具有重大影响，也是避免投资者承担较大风险的客观需要。

7. 建筑面积

建筑面积是指建筑物各层水平面积的总和，包括使用面积、辅助面积和结构面积。使用面积是指建筑物各层平面中直接为生产和生活使用的净面积。辅助面积是指建筑物各层平面中为辅助生产或辅助生活所占的净面积，例如居住建筑物中的楼梯、走道、卫生间、厨房所占的面积。使用面积和辅助面积的总和称为"有效面积"。结构面积是指建筑物各层平面中墙、柱等结构所占的面积。

容积率是指一个小区的地上总建筑面积与净用地面积的比率，又称建筑面积毛密度。对于住户来说，容积率直接涉及居住的舒适度。一个居住环境良好的小区，高层住宅容积率应不超过5，多层住宅应不超过3，绿地率应不低于30%。容积率越低，居民的居住舒适度越高，同时每平方米售价也越高；反之，容积率越高，居住舒适度越低，则每平方米售价也越低。

容积率是衡量建设用地使用强度的一项重要指标。对于房地产开发商来说，当项目用地面积一定时，容积率的大小就决定了项目可建设的建筑面积的数量，而总建筑面积直接关系到项目的销售收入（或租金）与总建造成本。容积率决定了地价成本在房屋中占的比例。

在进行项目分析时，房地产开发商的项目规划设计有可能还没有通过政府有关部门的审批，容积率及相关规划指标还存在变数。这时候进行估算的建筑面积可能与批准的建筑面积不一致，如果最终批准的容积率较低，导致总建筑面积缩小，则可能会降低总售价收入。

此外，建筑物出售时必然涉及公共面积分摊问题，其中不可分摊的公共面积部分不能带来销售收入，可售面积只占总建筑面积的一定比例。可售面积占比越高，带来的销售收入也越高。

因此，由于容积率带来可售总面积的不确定性以及可售面积占比的不确定性，项目分析阶段只能根据经验来大致估算可售总面积，与最终的实际可售面积必然存在一定的误差。

三、房地产置业投资的不确定性因素

房地产置业投资是把与自己建设开发或购买的房地产项目用来出租获取收入的行为，其最重要的影响因素是置业成本、租金、空置率、运营费用等。如果置业投资者是自建开发的房地产项目，则项目的建安成本、土地费用、开发周期、融资成本、折现率、建筑面积等不确定性因素的分析与上述开发投资的分析内容相同。这里主要分析置业投资独有的不确定性因素。

1. 置业成本

如果是自建开发的置业项目，则置业成本包括建安成本、土地费用、融资成本等。如果投资者是通过购买获得的房产楼宇等物业项目，则置业成本是指该物业的市场购买价格。

购买价格越高，则房地产置业投资项目的初始资本投资数额越大，后续的租金等物业收入就越难覆盖投资成本，这对房地产置业投资的盈利要求造成较大的经营压力，相应地也形成较高的投资风险。物业的购买价格一般基于房地产估价师的估值或物业项目的市场交易价格，或来自公开的拍卖价格，或来自买卖双方的议价，这些不同来源的价格存在较大差异。显然，物业的购买价格有很大的不确定性。

2. 租金与空置率

租金是房地产置业投资项目的主要收入来源，租金越高，对置业投资收益越有保障。但是租金水平一般取决于市场价，项目周边的住宅或写字楼等物业的市场出租价格限制了本项目租金定价的上涨空间。如果项目的装潢条件较高，相应可提高租金价格，但是装潢费用也无疑增加了物业的置业成本，是否划算也需要通过计算来权衡。

同时，要想获得较高的租金收入，也要求物业的空置率越低越好。空置率是没有出租的建筑面积占总的可出租建筑面积的比例。它的对应概念是出租率，两者相加之和为 1。显然，出租率和空置率的估计对于计算项目的租金总收入非常重要。在租金价格水平一定的条件下，空置率低意味着出租率高，说明项目租金总收入较高；反过来，空置率高、出租率低，说明项目租金总收入不理想。而两者的变化又与宏观经济环境、房地产行业发展状况、物业租赁市场供求关系、用户支付租金的能力等因素有关。所以，要想准确地估计某类物业的出租率，面临较大的挑战，这就导致预测的租金总收入与实际情况可能具有较大的误差。

3. 运营费用

运营费用是为了保持物业正常运行，满足租户的使用要求而支付的费用，包括物业人员工资（含社保、公积金）及办公费用、保持物业正常运转的成本（建筑物和相关场地的日常运行、维护、维修及保养费）、为租客提供服务的费用（公共设施的维护维修、清洁、保安、绿化等）、固定资产折旧费、相关税费（保险费、房产税和法律费用）等。

为了保持物业运营费用的稳定性和可预测性，项目置业者可以通过与物业服务公司签署长期合约来减少运营费用的变动，但即使这样，通货膨胀因素带来物业运营费用的增加是无法排除的。此外，物业在运营管理过程中发生的大修理费用和设备更新费用存在着较大的不确定性，特别是老旧物业更有可能发生。由于置业投资的期限较长，其间因持有物业发生的相关房产税，也有可能随着政府政策的调整而发生变化。

四、不确定性分析的作用

房地产投资的不确定性分析是计算和分析开发投资或置业投资中各种不确定性因素的变动对投资项目经济效益的影响程度，或者计算和分析投资项目对各种不确定性因素的承受能力，从而合理有效地分析、识别和规避各种不确定性因素带来的风险，进而确认投资项目在经济上的财务可行性。

房地产投资的不确定性分析常采用的具体方法包括盈亏平衡分析和敏感性分析。这两种方法都能计算各种不确定性因素的变动对投资项目经济效益的影响程度，判断投资方案对不确定性因素变化的承受能力。房地产项目售价、土地费用、开发周期、折现率等各种不确定性因素的变化会影响投资方案的经济效果，当这些因素的变化达到某一临界值时，就会影响方案的取舍。盈亏平衡分析的目的是找出这种临界值，即盈亏平衡点，从而判断投资方案对不确定性因素变化的承受能力，为决策提供依据。敏感性分析是从多个不确定性因素中逐一找出对投资项目经济效益指标有重要影响的因素，并分析、测算该因素对项目经济效益指标的影响程度和敏感性程度，进而判断项目承受风险的能力。

通过盈亏平衡分析和敏感性分析，不确定性分析成为投资者进行房地产项目投资时的重要决策手段，它对于房地产投资项目的成功与否有着极其重要的作用。

1. 洞察项目的风险承受能力

根据各种不确定性因素的变动对投资项目经济效益影响程度的计算结果，了解房地产项目在各种经济情况下的投资效果，可以分析得到房地产投资项目的保本底线，如项目可接受的最低售价、可承受的最高拿地价格、可忍受的最大融资成本和最长开发周期等。只要项目的开发情况和市场的交易情况不突破房地产投资项目的保本底线，则项目将会呈现盈利的局面。若市场出现良好发展趋势，市场交易价格明显优于房地产投资项目的保本底线，则会进一步提高项目的抗冲击能力及风险防范能力；反过来，若市场价格劣于房地产投资项目的保本底线，甚至多个不利指标同时发生叠加效应，则项目承担的风险过大，将会无利可图甚至发生大幅亏损，最终做出放弃的决策。

2. 降低投资决策的盲目性

在确定性分析中，房地产投资项目的经济效益指标也是唯一确定的，是否进行投资的结论一目了然。但是在不确定性分析中，不确定性因素各种变动的可能性是难以预测的，不利变动所产生的投资后果甚至是灾难性的，这就给理性投资建立了指导依据，避免在分析过程中只倾向性地偏重利好情形，而选择性地忽视不利情形下的风险因素。同时，对于不利情形的分析，需要房地产开发商在做出投资决定之前事先考虑采取更多化解风险的针对性措施，避免或降低未来可能遭受的损失。比如，从投资的寿命周期看，有些房地产项目在运作初期根据估算结果看上去是可以盈利的，但是随着市场的发展，可能出现技术进步、通货膨胀、需求不足等不利因素，导致在项目运作的中期或是后期会逐渐亏损，这就需要未雨绸缪，提前做好投资规划。

3. 提高项目运营的管理效果

通过计算梳理各种不确定性因素对项目投资效益的影响程度，可以对各种不确定性因素按照影响程度从大到小进行排序，影响程度最大的排在第一位，从而把排在前几名的不确定性因素列为重要因素。在项目运营管理的时候，首先对重要因素进行重点关注，提升或加强其对项目的有利影响，从而促进项目的经济效益，若对项目产生不利影响则要采取相应的管理措施优先进行防范和化解。在保证重要因素不出问题的情况下，再去管理其他不确定性因素对项目的影响问题，也是充分利用其有利性方面，克服或避免其不利性方面，从而在项目的运营上分清轻重缓急，做到管理有序，达到措施有层次、有针对性的管理效果。

第二节　盈亏平衡分析

一、盈亏平衡分析概述

1. 盈亏平衡分析的含义

盈亏平衡分析是通过盈亏平衡点分析项目成本与收益的平衡关系的一种定量分析方法。盈亏临界点是房地产项目利润为零时售价、销量、投资成本或出租率所对应的数值状态。在这一点上，销售收入与总成本费用相等，既不亏损也不盈利。

盈亏平衡分析也称量本利分析、保本点分析、临界点分析或收支平衡分析，它是根据项目销售或出租业务量、投资成本、利润之间的相互制约关系，分析各种不确定性因素（如投资成本、销量、售价、开发周期等）的变化影响项目投资方案的经济效果的盈亏临界值，从而根据临界值大小来判断投资方案对不确定性因素变化的承受能力，为决策提供依据。对于房地产开发投资项目，主要关心的盈亏临界值有最低的售价水平、最高的投资成本（包括土地费用、建安成本和融资成本）、最长的开发周期、最高的折现率、最小的建筑面积等。对于房地产置业投资项目，主要关心的盈亏临界值有最低的租金水平、最高的置业成本或运营费用、最高的空置率等。

显然，根据盈亏临界值分析，可以为投资者提供在何种销售或出租量下项目将盈利，以及在何种销售或出租量下项目会出现亏损的问题答案。因此，盈亏平衡分析对于房地产项目的开头投资、成本管理、经营分析和方案选择具有重要的参考作用。

2. 盈亏平衡分析的基本原理

一般情况下，投资项目的利润＝收入－总成本－销售税金。如果利润为零，则有收入－销售税金＝成本＝固定成本＋变动成本。固定成本是指成本总额在一定期间和一定业务量范围内不随产量的增减而变动的成本，主要是指固定资产折旧和管理费用。变动成本是指成本总额随产量的增减而成正比例关系变化的成本，主要包括原材料和计件工资等。

对于房地产开发或置业项目而言，固定成本是指在一定范围内不随开发面积或出租面积的变化而变化的相对稳定的成本，如建筑机械费用、固定资产折旧费、公司或物业服务人员工资等。可变成本是指随着开发面积或出租面积的变化而变化的成本，如土地费用、建筑安装工程费(包括建筑材料费、施工工人工资)、勘察设计费、物业维护人员工资等。

房地产开发面积或出租面积、成本、销售税金、利润之间存在一定的相互关系。项目开发面积或出租面积可以看作销售收入和总成本的变量，称为开发置业量，从而使开发置业量与利润之间建立起函数联系，计算出开发置业量的变化对利润的影响，其数学函数关系为

$$利润＝销售收入－总成本－销售税金$$

对于房地产开发项目，项目销售收入＝开发面积×售价，变动成本＝单位变动成本×开发面积，这样由开发面积×售价＝销售税金＋固定成本＋单位变动成本×开发面积，可以推导出开发面积的盈亏平衡点计算公式为

$$开发面积＝(销售税金＋固定成本)÷(售价－单位变动成本)$$

对于房地产置业项目，项目销售收入＝出租面积×租金，变动成本＝单位变动成本×出租面积，这样由出租面积×租金＝销售税金＋固定成本＋单位变动成本×出租面积，可以推导出出租面积的盈亏平衡点计算公式为

$$出租面积＝(销售税金＋固定成本)÷(租金－单位变动成本)$$

在具体计算时，根据房地产项目的开发置业量与销售收入或总成本之间的函数关系，可以分为线性盈亏平衡分析和非线性盈亏平衡分析。根据计算未来现金流时是否考虑资金的时间价值，可以分为静态和动态的盈亏平衡分析。

二、线性盈亏平衡分析

1. 线性盈亏平衡分析的条件

线性盈亏平衡分析是指收入、成本、利润等均和项目开发面积或出租面积呈线性关系的盈亏平衡分析，一般需要满足以下六个条件。

(1)房地产项目的总销售收入是开发面积或出租面积的线性函数。
(2)变动成本是开发面积或出租面积的线性函数。
(3)固定成本保持不变。
(4)房地产项目的开发面积和销售面积相等，或者房地产项目的置业面积和出租面积相

等,即房地产项目没有存货,项目面积都能全部销售或租出去。

(5)房地产产品的固定成本和单位租售价格在产品租售期间保持不变。

(6)同时开发几种不同类型的房地产产品组合时,产品品种结构保持不变,并可将其组合折算成一种产品。

2. 线性盈亏平衡分析公式

假设某开发项目的总成本为 C,其中固定成本为 C_F,变动成本为 C_V,单位变动成本为 V,开发面积为 Q,销售收入为 S,销售税率为 t,销售单价为 P,利润为 E,则有

$$C = C_F + C_V = C_F + VQ \tag{7-1}$$

$$S = PQ - tPQ = PQ(1-t) \tag{7-2}$$

$$E = S - C = PQ(1-t) - (C_F + VQ) \tag{7-3}$$

根据上述量本利的三个平衡公式,可以推导出其他变量的计算公式。

根据公式(7-3),令利润 $E=0$,则可以得到销售单价 P、开发面积 Q、销售收入 S 等变量的盈亏平衡点(P^*、Q^*、S^*)。

在房地产开发项目中,项目的实际或计划销售单价 P 与 P^* 的差额称为销售单价的安全边际,实际或计划开发面积 Q 与 Q^* 的差额称为开发面积的安全边际,实际或计划销售收入 S 与 S^* 的差额称为销售收入的安全边际,其余变量的安全边际定义类推。

同时,各变量的安全边际与变量的实际或计划值之比称为安全边际率。例如,项目销售单价的 $(P-P^*)/P$ 称为销售单价的安全边际率,其余变量的安全边际率定义类推。

(1)计算开发面积。

1)根据公式(7-3)可以得出

$$Q = \frac{E + C_F}{P(1-t) - V} \tag{7-4}$$

2)令利润 $E=0$,则有

$$Q^* = \frac{C_F}{P(1-t) - V} \tag{7-5}$$

3)Q^* 为开发面积的盈亏平衡点,即房地产项目在一定的销售单价条件下,为了实现盈亏平衡,所必须达到的最低开发面积(销售面积)。

$$销售面积的安全边际 = Q - Q^* \tag{7-6}$$

4)销售面积的安全边际率:

$$\varphi_Q = \frac{Q - Q^*}{Q} \tag{7-7}$$

销售面积的安全边际、安全边际率越高,说明项目实际或计划销售面积比盈亏平衡点超出值越大,项目开发越安全;反之,销售面积的安全边际、安全边际率越低,说明项目开发越不安全,项目风险越大。

此外,在盈亏平衡分析中,一般把项目的销售单价与单位变动成本之差 $(P-V)$ 称为单位边际贡献,也称为单位边际利润或单位贡献毛益。

同时,把单位边际贡献与销售单价之比称为单位边际贡献率,即 $(P-V)/P$。把单位边际贡献与销售量的乘积称为边际贡献总额,即 $(P-V)Q$。

(2)计算销售单价。

1)根据公式(7-3)可以得出

$$P=\frac{E+VQ+C_F}{Q(1-t)} \tag{7-8}$$

2)令利润 $E=0$,则有

$$P^*=\frac{VQ+C_F}{Q(1-t)} \tag{7-9}$$

3)P^* 为销售单价的盈亏平衡点,即房地产项目在一定的销售面积条件下,为了实现盈亏平衡,所必须达到的最低销售单价。

$$销售单价的安全边际 = P - P^* \tag{7-10}$$

4)销售单价的安全边际率。

$$\varphi_P = \frac{P-P^*}{P} \tag{7-11}$$

同理,销售单价的安全边际、安全边际率越高,说明项目实际或计划销售单价比盈亏平衡点超出值越大,项目开发越安全;反之,销售单价的安全边际、安全边际率越低,说明项目开发越不安全,项目风险越大。

(3)计算销售收入。

1)根据公式(7-4)可以得出

$$S=PQ(1-t)=\frac{E+C_F}{P(1-t)-V}\times P(1-t) \tag{7-12}$$

2)令利润 $E=0$,则有

$$S^*=\frac{C_F}{P(1-t)-V}\times P(1-t) \tag{7-13}$$

3)S^* 为销售收入的盈亏平衡点,即房地产项目在一定的开发面积条件下,为了实现盈亏平衡,所必须达到的最低销售收入。

$$销售收入的安全边际 = S - S^* \tag{7-14}$$

4)销售收入的安全边际率:

$$\varphi_S = \frac{S-S^*}{S} \tag{7-15}$$

同理,销售收入的安全边际、安全边际率越高,说明项目实际或计划销售收入比盈亏平衡点超出值越大,项目开发越安全;反之,销售收入的安全边际、安全边际率越低,说明项目开发越不安全,项目风险越大。

(4)计算单位变动成本。

1)根据公式(7-3)可以得出

$$V=\frac{PQ(1-t)-E-C_F}{Q} \tag{7-16}$$

2)令利润 $E=0$,则有

$$V^*=\frac{PQ(1-t)-C_F}{Q} \tag{7-17}$$

3)V^* 为单位变动成本的盈亏平衡点,即房地产项目在一定的销售收入条件下,为了实现盈亏平衡,所达到的最高单位变动成本。

$$单位变动成本的安全边际 = V^* - V \tag{7-18}$$

4)单位变动成本的安全边际率:

$$\varphi_V = \frac{V^* - V}{V} \qquad (7-19)$$

同理，单位变动成本的安全边际、安全边际率越高，说明项目实际或计划单位变动成本比盈亏平衡点越低，项目开发越安全；反之，单位变动成本的安全边际、安全边际率越低，说明项目开发越不安全，项目风险越大。

(5)计算固定成本。

1)根据公式(7-3)可以得出

$$C_F = PQ(1-t) - VQ - E \qquad (7-20)$$

2)令利润 $E=0$，则有

$$C_F^* = PQ(1-t) - VQ \qquad (7-21)$$

3)C_F^* 为固定成本的盈亏平衡点，即房地产项目在一定的销售收入条件下，为了实现盈亏平衡，所达到的最高固定成本。

$$固定成本的安全边际 = C_F^* - C_F \qquad (7-22)$$

4)固定成本的安全边际率：

$$\varphi_F = \frac{C_F^* - C_F}{C_F} \qquad (7-23)$$

同理，固定成本的安全边际、安全边际率越高，说明项目实际或计划固定成本比盈亏平衡点越低，项目开发越安全；反之，固定成本的安全边际、安全边际率越低，说明项目开发越不安全，项目风险越大。

上述各种变量的盈亏平衡分析主要针对以销售为主的房地产开发项目，当房地产项目是以置业出租为主时，也可相应进行盈亏平衡租金、盈亏平衡出租面积以及盈亏平衡出租率等变量的计算分析，计算公式类推。

3. 图解线性盈亏平衡分析

如图 7-1 所示，纵轴表示收支金额，横轴表示开发面积 Q，固定成本线为 C_F 线，可变成本线为 C_V 线，两者叠加得到总成本线（C 线），销售总收入线为 S 线。盈亏平衡点为 C 线与 S 线的交点，它对应的开发面积为 Q^*。

盈亏平衡点将 C 线与 S 线的交叉区域分为左右两个部分。在左侧，总成本线高于销售收入线，为亏损区；在右侧，总成本线低于销售收入线，为盈利区。也就是说，当项目实际销售量 $Q>Q^*$ 时，投资开发项目开始盈利；当 $Q<Q^*$ 时，投资开发项目处于亏损；当 $Q=Q^*$ 时，该投资开发项目不盈不亏，处于保本状态，这时 Q^* 为保本量。

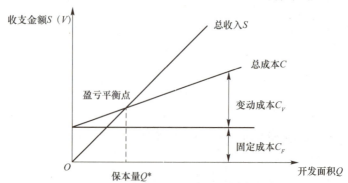

图 7-1 图解线性盈亏平衡分析

4. 线性盈亏平衡分析案例

【例 7-1】 某房地产开发商拟投资一房地产开发项目,该项目固定成本为 12 000 万元,单位面积的可变成本为 3 500 元/m²,项目建成后预计平均售价为 15 000 元/m²,销售税金及附加为售价的 10%,开发商拟获利 10 000 万元。试求项目盈亏平衡时的开发面积及目标利润面积。

【解】

依题意可知:$C_F = 12\ 000$ 万元,$P = 15\ 000$ 元/m²,$C_V = 3\ 500$ 元/m²,$t = 15\ 000 \times 10\% = 1\ 500$(元/m²),目标利润 $E = 10\ 000$ 万元。

根据公式(7-5),则项目开发面积的盈亏平衡点为

$$Q^* = \frac{C_F}{P(1-t)-V} = \frac{12\ 000 \times 10^4}{15\ 000 - 1\ 500 - 3\ 500} = 12\ 000(\text{m}^2)$$

根据公式(7-4),则目标利润开发面积为

$$Q = \frac{E+C_F}{P(1-t)-V} = \frac{(10\ 000 + 12\ 000) \times 10^4}{15\ 000 - 1\ 500 - 3\ 500} = 22\ 000(\text{m}^2)$$

由此可知,该项目至少开发 12 000 m² 才能保本,若要盈利 10 000 万元,则需要开发 22 000 m²。

同时,该项目开发面积的安全边际 = 22 000 − 10 000 = 12 000(m²)
相应的安全边际率 = (22 000 − 10 000)/22 000 × 100% = 54.5%
该项目的单位边际贡献 = 15 000 − 3 500 = 11 500(元/m²)
相应的单位边际贡献率 = (15 000 − 3 500)/15 000 × 100% = 76.7%
若考虑销售税金及附加,则单位边际贡献 = 11 500 − 1 500 = 10 000(元/m²)
相应的单位边际贡献率 = 10 000/15 000 × 100% = 66.7%

【例 7-2】 某房地产开发商投资甲、乙、丙、丁四个类型的房地产项目,每个项目的经营情况如表 7-1 所示。试计算每个项目开发面积的保本量,并对经营情况进行评析。

表 7-1 某房地产开发商投资项目概况

序号	项目类型	甲	乙	丙	丁
①	开发面积/m²	30 000	20 000	8 000	25 000
②	单位售价/(元·m⁻²)	5 000	4 500	8 000	4 000
③	单位变动成本/(元·m⁻²)	3 000	3 000	4 000	4 200
④	固定成本/万元	4 000	2 100	3 500	4 000

【解】

根据表 7-1 数据,列表计算结果,见表 7-2。

表 7-2 某房地产开发商投资项目计算结果

序号	项目类型	计算公式	甲	乙	丙	丁
①	开发面积/m²		30 000	20 000	8 000	25 000
②	单位售价/(元·m⁻²)		5 000	4 500	8 000	4 000
③	单位变动成本/(元·m⁻²)		3 000	3 000	4 000	4 200
④	固定成本/万元		4 000	2 100	3 500	4 000

续表

序号	项目类型	计算公式	甲	乙	丙	丁
⑤	销售收入/万元	①×②	15 000	9 000	6 400	10 000
⑥	总成本/万元	①×③+④	13 000	8 100	6 700	14 500
⑦	利润/万元	⑤−⑥	2 000	900	−300	−4 500
⑧	单位边际贡献/万元	②−③	2 000	1 500	4 000	−200
⑨	单位边际贡献率	⑧/②	40.0%	33.3%	50.0%	−5.0%
⑩	保本量/m²	④/⑧	20 000	14 000	8 750	—

通过表 7-2 数据可见：

(1) 项目甲、乙实际业务量都大于保本量，为盈利项目；项目丙实际业务量小于保本量，为亏损项目；项目丁单位变动成本大于单位售价，为亏损项目。

(2) 相对而言，项目甲单位边际贡献及单位边际贡献率都大于项目乙，说明项目甲每单位开发面积能够获得更高的收益，今后房地产开发商应更重视项目甲类型的投入与经营。

(3) 项目丙、项目丁虽然都呈亏损状态，但性质完全不同。项目丁因为单位变动成本大于单位售价，即每卖一平方米，其收入连变动成本都无法弥补，该项目无法通过增加开发面积来转亏为盈。而项目丙单位变动成本小于单价，可以通过提高开发面积转亏为盈，而且项目丙单位边际贡献率为 50%，是一个非常值得去经营的项目，应加大投入力度。

三、非线性盈亏平衡分析

1. 非线性盈亏平衡分析的适用范围

线性盈亏平衡分析的假设前提是房地产项目的销售收入、生产的变动成本与开发面积保持线性关系，但是在实际开发经营中，单位面积的可变成本与销售价格不一定是以线性关系发生变化的。例如，当房地产市场的可售楼盘供应量大幅增加的时候，会使市场需求趋于饱和甚至供大于求。此时，一些房地产项目会实行优惠促销，销售价格开始有所降低，销售收入增幅趋缓，不再与销量保持原有的线性关系。此时，由于房地产项目增加销售费用，单位变动成本也有所增加，项目总成本及边际成本都将增加。由于这些情况下房地产项目的销售收入、生产的变动成本与开发面积不再呈线性关系，而是呈非线性关系，就需要采用非线性盈亏平衡分析方法。

2. 非线性盈亏平衡分析公式及图解

非线性盈亏平衡分析首先要建立合适的销售收入函数 $S(Q)$ 和总成本函数 $C(Q)$，则项目利润 $E=S(Q)-C(Q)$。

通过解方程式 $E=S(Q)-C(Q)=0$，即可求得保本量 Q^*。一般情况下，Q^* 将会有多解。注意此时多个 Q^* 将形成开发量的盈利区间或亏损区间，只有落在盈利区间的开发量才是可行的选择方案。

如图 7-2 所示，纵轴表示收支金额，横轴表示开发面积 Q，固定成本线为 C_F 线，其与可变成本 C_V 两者叠加得到总成本线(C 线)，销售总收入线为 S 线。盈亏平衡点为 C 线与 S 线的交点，共有 A_1 和 A_2 两点，相对应的开发面积为 Q_1^* 和 Q_2^*。

盈亏平衡点 A_1 和 A_2 两点把开发面积分为 3 个区间段，当开发面积处于 $Q_1^* < Q < Q_2^*$

情况时，项目盈利；当开发面积处于 $0<Q<Q_1^*$ 或者 $Q>Q_2^*$ 情况时，项目亏损；当开发面积 $Q=Q_1^*$ 或者 $Q=Q_2^*$ 时，项目不盈不亏，处于保本状态。

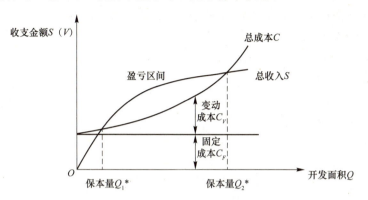

图 7-2　图解非线性盈亏平衡分析

3. 非线性盈亏平衡分析案例

【例 7-3】　某房地产商开发小区住宅项目，已知该项目的开发固定成本为 12 000 万元，单位变动成本为 5 000 元/m^2，商品房的销售价格为 15 000 元/m^2。由于市场竞争也十分激烈，因此公司决定采取降价促销的措施，此时销售收入函数 $S(Q)=15\,000Q-0.1Q^2$，总成本函数 $C(Q)=12\,000×10^4+5\,000Q+0.1Q^2$。试计算，该房地产商的开发规模在什么范围内可以实现盈利？如果盈利，则实现最大盈利的开发规模是多少？

【解】
根据项目利润公式 $E(Q)=S(Q)-C(Q)$，令 $E=0$，解方程式 $S(Q)=C(Q)$。
即
$$15\,000Q-0.1Q^2=12\,000×10^4+5\,000Q+0.1Q^2$$
经整理可得到
$$0.2Q^2-10\,000Q+12\,000×10^4=0$$
解此一元二次方程，可得 $Q_1=20\,000(m^2)$，$Q_2=30\,000(m^2)$。

显然，该项目盈利区间为 $(20\,000,30\,000)\,m^2$，即该房地产项目的开发规模在 $(20\,000,30\,000)\,m^2$ 范围内才能实现盈利。

为求出最大盈利开发规模，需要对方程 $E(Q)=S(Q)-C(Q)$ 分别求一阶导数和二阶导数，并令一阶导数等于 0，则得到
$$E(Q)=-0.2Q^2+10\,000Q-12\,000×10^4$$
$$\frac{dE(Q)}{dQ}=-0.4Q+10\,000=0$$
则 $Q=25\,000\,m^2$，$\frac{d^2E(Q)}{dQ^2}=-0.4<0$。

所以，当 $Q=25\,000\,m^2$ 时，开发项目达到了最大盈利点，把 $Q=25\,000\,m^2$ 代入下列方程，可以得到最大的盈利为
$$E(Q)=-0.2×25\,000^2+10\,000×25\,000-12\,000×10^4=500×10^4(元)$$
即最佳开发规模为 $25\,000\,m^2$，最大盈利为 500 万元。

四、动态盈亏平衡分析

传统盈亏平衡分析以盈利为零作为盈亏平衡点，没有考虑资金的时间价值，是一种静

态分析，盈利为零的盈亏平衡实际上意味着项目已经损失了基准收益水平的收益，项目存在着潜在的亏损。因此，需要把资金的时间价值纳入盈亏平衡分析，将项目盈亏平衡状态定义为净现值等于零的状态，便能将资金的时间价值考虑在盈亏平衡分析内，变静态盈亏平衡分析为动态盈亏平衡分析。因此，动态盈亏平衡分析是考虑货币时间价值，通过考察项目在整个寿命期内的产量、现金流入、现金流出三者的关系，测算项目的盈亏平衡点，来进行项目风险分析的一种方法。

由于净现值的经济实质是项目在整个经济计算期内可以获得的、超过基准收益水平的、以现值表示的超额净收益，所以，净现值等于零意味着项目刚好获得基准收益水平的收益，实现了资金的基本水平的保值和真正意义的"盈亏平衡"。动态盈亏平衡分析不仅考虑了资金的时间价值，而且可以根据企业所要求的不同的基准收益率确定不同的盈亏平衡点，使企业的投资决策和经营决策更全面、更准确，从而提高项目投资决策的科学性和可靠性。

五、盈亏平衡分析的优缺点

1. 盈亏平衡分析的优点

相对而言，盈亏平衡分析方法是最为简单的不确定性分析方法。它的计算原理非常简明，仅是通过对一个投资项目的量本利间的平衡关系进行分析计算，找出盈亏平衡点（或临界点），就可以了解项目对市场需求变化的适应能力，掌握各种不确定性因素的变化对项目收支平衡的影响，从而使决策者清楚应当把工作重点放在什么环节上才能使项目投资得到最有效的利用。

盈亏平衡分析在分析某些不确定性因素，如销售面积、销售价格、投资成本等的变化对项目利润水平的影响时，有着其他不确定性分析方法所不能替代的独到之处，其优点主要在于通过盈亏平衡分析有助于了解项目可承受的风险程度，简便、合理地确定项目的经济规模、融资方式、工艺技术的最佳方案。

因为盈亏平衡分析具有简单、直接的优点，同时在确定经济规模和工艺技术最佳方案上具有独到之处，从而被广泛地应用在房地产投资项目评价中。

2. 盈亏平衡分析的缺点

首先，盈亏平衡分析方法建立的假定前提条件较为理想化，在实际中很难满足。即使其中个别条件能够满足，也不可能所有条件都同时得到满足，这又使盈亏平衡分析带有一定程度的不确定性和局限性。

其次，线性盈亏平衡分析对于成本、利润和收入三者之间的关系要求较高。在原理上，盈亏平衡分析是通过确定成本、利润和收入三者中的任意两个，求取盈亏平衡点下的另外一个；而在实际市场中，这三者都无时无刻不在发生着变化，不一定具有线性关系。如果采用非线性盈亏平衡分析，则平衡方程可能是高次方程，较为复杂，计算出的一些盈亏平衡点数值可能是无效解。

最后，盈亏平衡分析无法把握风险与收益间的平衡。仅以盈亏平衡点的高低来判断投资方案的优劣，并不一定能够得到最优方案，因为有时需要在更高的盈利安全性与获取更大盈利的可能性这两者之间做出抉择，这一点盈亏平衡分析难以做到，只能依靠风险分析来实现。总的来说，盈亏平衡分析方法是一种很实用的不确定性分析方法，但要获得较为精确的评价结果，还必须配合其他评价方法进行深入分析。

第三节 敏感性分析

一、敏感性分析概述

1. 敏感性分析的含义

在房地产项目的不确定性分析中,各个不确定性因素的变化都会带来项目经济效益的变化。有些不确定性因素对项目经济效益的影响程度大,即该因素的小幅度变化能导致项目经济效益指标的较大变化,则称此因素为敏感性因素,反之称其为非敏感性因素。敏感性分析就是在诸多不确定性因素中找出对投资项目经济效益指标有重要影响的敏感性因素,并分析、测算其对项目经济效益指标的影响程度和敏感性程度,进而判断项目承受风险的能力。根据每次选取考察不确定性因素的数量,敏感性分析分为单因素敏感性分析和多因素敏感性分析。

根据分析问题的目的不同,一般可通过两种方法来确定敏感性因素。一种是相对测定法,即假定要分析的不确定性因素均从初始值开始变动,且假设各个不确定性因素每次变动的幅度均相同,分别计算在同一变动幅度下各个不确定性因素的变动对经济评价指标的影响程度,即灵敏度或敏感程度;然后,按灵敏度的高低对各个不确定性因素进行排序,灵敏度高的因素就是敏感性因素。另一种是绝对测定法,即假定要分析的不确定性因素均只向对经济评价指标产生不利影响的方向变动。当变动到某一极限值时,会使经济评价指标超过项目可行的临界值,从而改变项目的可行性,则说明该不确定性因素就是敏感性因素。

2. 敏感性分析的作用

通过对影响项目经济效益指标的各个不确定性因素进行敏感性分析,可以对项目的敏感性因素进行量化管理,控制项目的风险。在风险识别上,可以按照影响程度大小对敏感因素划分级别,一级因素为最敏感因素,作为最重要的管理对象,其余类推。

在项目投资管理上,首先,重点分析一级因素的变动引起项目经济效益评价指标变动的范围,确定项目经济效益在最悲观情况下的对应临界数值,从而把握一级因素在最不利情况下的变化底线,了解项目的风险承受程度。例如,当价格相对预测值水平下跌20%的时候,项目的净现值指标由正转负,则把价格下跌20%的情况作为项目价格管理的底线。

其次,要注意多个敏感性因素的风险叠加效应。例如,当一级因素、二级因素同时向不利方向变动时,风险叠加效应将快速降低项目的经济效益指标,项目的风险快速上升,稍有管理不善就会产生亏损。

最后,通过对比项目各种方案的敏感度大小,区别各种方案的风险和收益程度。一般而言,敏感程度大的方案,风险大,收益波动也大;敏感程度小的方案,风险小,收益相对稳定。项目投资方可以根据自身的风险偏好,选择合适的投资方案。

二、单因素敏感性分析

1. 单因素敏感性分析的含义

每次只变动一个因素而其他因素保持不变时所做的敏感性分析,称为单因素敏感性分析。单因素敏感性分析是敏感性分析的最基本方法,它假设各个不确定性因素之间相互独立,每个因素的变动不会引起其他不确定性因素的变动。

2. 单因素敏感性分析步骤

(1)确定项目的经济效益指标。房地产项目的敏感性分析指标应与财务分析所使用的指标一致,与经济评价阶段的指标内容相协调。在诸多经济评价指标中,应首选其中一个或几个最重要的指标进行敏感性分析。经常使用的分析指标是项目净现值、内部收益率、开发商利润、投资回收期、贷款偿还期等。

(2)选择需要分析的不确定性因素。选择进行敏感性分析的不确定性因素是那些预计在可能的变化范围内对项目经济效益有强烈影响的因素,或者是在进行经济效益评价时所采用的不准确、没把握的数据因素。简单而言,其变动容易对项目经济效益造成严重不利影响的不确定性因素是敏感性分析的首选因素。

根据房地产行业的发展经验,房价或租金、土地成本、基准收益率或折现率、容积率、建筑面积、建设期或出租期、出租率或空置率等都是开发项目或置业项目敏感性分析的主要不确定性因素。

(3)研究并确定各敏感性因素的变动范围。在其他因素不变的条件下,列出某敏感性因素不同的变化幅度(如±5%、±10%等)或不同取值的几种状态,然后计算其变化对经济评价指标的影响结果。对每个敏感性因素均重复这些计算,并将计算结果列成表或图形,便得到用于显示经济指标对各因素变化敏感程度的量化分析数据。应注意,对于不同敏感性因素的变化幅度取值可以不一样,例如,根据经验,房价或租金上涨5%的幅度在交易市场上可能较为常见,而基准收益率或折现率上涨5%的幅度则较为罕见,所以基准收益率或折现率的变化幅度可以按1%取值。

(4)确定敏感因素和敏感程度。根据上述计算结果,可以查明每种因素的变化对经济指标的影响及其影响程度,并能对影响程度的大小进行排序,找出对项目影响最大的敏感性因素。即那些有较小变化便会带来评价指标上较大变化的因素,都可以确定为该开发项目的重要敏感性因素。在此基础上,进一步对项目的风险情况做出判断。

3. 单因素敏感性分析案例

【例7-4】 某房地产公司新建一住宅小区项目,土地费用15 000万元,建设期3年,每年的建安成本分别为3 000万元、3 000万元、4 000万元。项目从第3年开始销售后,3年全部售完,每年的销售收入预计为15 000万元、12 000万元、5 000万元。基准收益率为10%。假设投资者要求项目的内部收益率不低于15%,试进行该项目的敏感性分析。

【解】

首先对该项目数据进行列表计算,基本情况见表7-3。

表7-3 某新建住宅小区项目基本情况表 万元

年限/年	土地费用 L	建安成本 C	销售收入 S	净现金流量 NCF
1	15 000	3 000		−13 000
2		3 000		−3 000
3		4 000	20 000	11 000
4			15 000	12 000
5			5 000	5 000

根据计算公式，则项目的净现值 NPV 为

$$NPV = -\frac{L}{1+i} - \sum_{t=1}^{3} \frac{C_t}{(1+i)^t} + \sum_{t=3}^{5} \frac{S_t}{(1+i)^t} \tag{7-24}$$

$$NPV = \sum_{t=1}^{5} \frac{NCF_t}{(1+i)^t} \tag{7-25}$$

把上表中数据及 $i=10\%$ 代入公式(7-24)或公式(7-25)，可得

$$NPV = 6\,527.9 \text{ 万元}$$

投资者要求项目的内部收益率不低于 15%，代入公式(7-25)，可得

$$NPV_0 = 3\,661.8 \text{ 万元}$$

显然，该项目的 $NPV > NPV_0$，为可行项目。

令上述公式(7-24)或公式(7-25)=0，即 $NPV=0$，通过迭代计算得到项目的内部收益率为

$$IRR = 23.9\%。$$

显然，该项目的 $IRR > 15\%$，为可行项目。

(1) 进行土地费用变动的敏感性分析。假设土地费用的变化范围为$(-20\%, 20\%)$，5% 为一个等级，根据公式(7-24)，计算相应情况下的项目净现值和内部收益率，结果见表 7-4。

表 7-4 土地费用变动的敏感性分析

变动率	−20%	−15%	−10%	−5%	0%	5%	10%	15%	20%
NPV/万元	9 255.1	8 573.3	7 891.5	7 209.7	6 527.9	5 846.1	5 164.2	4 482.4	3 800.6
ΔNPV 万元	—	−681.8	−681.8	−681.8	−681.8	−681.8	−681.9	−681.8	−681.8
ΔNPV/NPV	—	−7.4%	−8.0%	−8.6%	−9.5%	−10.4%	−11.7%	−13.2%	−15.2%
(ΔNPV/NPV)/5%	—	−1.5	−1.6	−1.7	−1.9	−2.1	−2.3	−2.6	−3.0
IRR	32.2%	30.0%	27.8%	25.8%	23.9%	22.1%	20.4%	18.8%	17.3%
ΔIRR	—	−2.2%	−2.2%	−2.0%	−1.9%	−1.8%	−1.7%	−1.6%	−1.5%
ΔIRR/IRR	—	−6.8%	−7.3%	−7.2%	−7.4%	−7.5%	−7.7%	−7.8%	−8.0%
(ΔIRR/IRR)/5%	—	−1.4	−1.5	−1.4	−1.5	−1.5	−1.5	−1.6	−1.6

根据表 7-4，土地费用在$(-20\%, 20\%)$的范围内每增加 5%，NPV 均减少 681.8 万元，IRR 降低 2% 左右，变化范围从 2.2% 逐步到 1.5%。

同时，随着土地费用越来越高，NPV 下降幅度也越来越大，从 -7.4% 下降到 -15.2%；敏感系数从 -1.5 变化到 -3.0，表示敏感程度越来越高。而 IRR 虽然下降幅度也越来越大，但幅度较小，从 -6.8% 增加到 -8.0%；敏感系数从 -1.4 变化到 -1.6，虽然也是越来越高，但是相对而言敏感程度较为稳定，波幅较小。

(2) 进行建安成本变动的敏感性分析。假设建安成本的变化范围为$(-20\%, 20\%)$，5% 为一个等级，根据公式(7-24)，计算相应情况下的项目净现值和内部收益率，结果见表 7-5。

表 7-5 建安成本变动的敏感性分析

变动率	−20%	−15%	−10%	−5%	0%	5%	10%	15%	20%
NPV/万元	8 170.2	7 759.7	7 349.1	6 938.5	6 527.9	6 117.3	5 706.7	5 296.1	4 885.5
ΔNPV/万元	—	−410.6	−410.6	−410.6	−410.6	−410.6	−410.6	−410.6	−410.6
ΔNPV/NPV	—	−5.0%	−5.3%	−5.6%	−5.9%	−6.3%	−6.7%	−7.2%	−7.8%
(ΔNPV/NPV)/5%	—	−1.0	−1.1	−1.1	−1.2	−1.3	−1.3	−1.4	−1.6
IRR	27.9%	26.9%	25.9%	24.9%	23.9%	22.9%	22.0%	21.0%	20.1%
ΔIRR	—	−1.0%	−1.0%	−1.0%	−1.0%	−1.0%	−1.0%	−0.9%	−0.9%
ΔIRR/IRR	—	−3.7%	−3.8%	−3.9%	−4.0%	−4.1%	−4.2%	−4.3%	−4.4%
(ΔIRR/IRR)/5%	—	−0.7	−0.8	−0.8	−0.8	−0.8	−0.8	−0.9	−0.9

根据表 7-5，建安成本在(−20%，20%)的范围内每增加 5%，NPV 均减少 410.6 万元，IRR 降低 1%左右。

同时，随着建安成本越来越高，NPV 下降幅度也越来越大，从−5.0%下降到−7.8%；敏感系数从−1.0 变化到−1.6，表示敏感程度越来越高。而 IRR 虽然下降幅度也越来越大，但幅度较小，从−3.7%增加到−4.4%；敏感系数从−0.7 变化到−0.9，虽然是呈增大趋势，但是相对而言敏感程度较为稳定，波幅较小。

(3)进行销售收入变动的敏感性分析。假设销售收入的变化范围为(−20%，20%)，5%为一个等级，根据式(7-24)，计算相应情况下的项目净现值和内部收益率，结果见表 7-6。

表 7-6 销售收入变动的敏感性分析

变动率	−20%	−15%	−10%	−5%	0%	5%	10%	15%	20%
NPV/万元	852.6	2 271.5	3 690.3	5 109.1	6 527.9	7 946.7	9 365.5	10 784.3	12 203.1
ΔNPV/万元	—	1 418.8	1 418.8	1 418.8	1 418.8	1 418.8	1 418.8	1 418.8	1 418.8
ΔNPV/NPV	—	166.4%	62.5%	38.4%	27.8%	21.7%	17.9%	15.1%	13.2%
(ΔNPV/NPV)/5%	—	33.3	12.5	7.7	5.6	4.3	3.6	3.0	2.6
IRR	11.9%	15.1%	18.1%	21.1%	23.9%	26.7%	29.4%	32.1%	34.7%
ΔIRR	—	3.1%	3.0%	2.9%	2.9%	2.8%	2.7%	2.6%	2.6%
ΔIRR/IRR	—	26.3%	20.1%	16.3%	13.6%	11.6%	10.2%	9.0%	8.1%
(ΔIRR/IRR)/5%	—	5.3	4.0	3.3	2.7	2.3	2.0	1.8	1.6

根据表 7-6，销售收入在(−20%，20%)的范围内每增加 5%，NPV 均增加 1 418.8 万元，IRR 增加 3%左右，变化范围从 3.1%逐步到 2.6%。

同时，随着销售收入越来越高，NPV 增加幅度也越来越小，幅度从 166.4%下降到 13.2%；敏感系数从 33.3 下降到 2.6，表示敏感程度越来越低。IRR 的增幅也是越来越小，幅度从 26.3%下降到 8.1%；敏感系数从 5.3 下降到 1.6，表示敏感程度越来越低。

(4)进行基准收益率变动的敏感性分析。一般情况下，基准收益率均为正值。本案例中，已计算出其内部收益率 IRR=23.9%，故基准收益率最大取值为 24%。基准收益率的变化范围拟选为(5%，24%)，1%为一个等级，根据式(7-24)，计算相应情况下的项目净现值，结果表 7-7。

表 7-7 基准收益率变动的敏感性分析

变动率	5%	6%	7%	8%	9%	10%	11%	12%	13%	14%
NPV/万元	10 215.6	9 400.5	8 626.4	7 891.0	7 192.2	6 527.9	5 896.2	5 295.4	4 723.7	4 179.7
ΔNPV/万元	—	−815.1	−774.1	−735.4	−698.8	−664.3	−631.7	−600.8	−571.6	−544.0
$\Delta NPV/NPV$	—	−8.0%	−8.2%	−8.5%	−8.9%	−9.2%	−9.7%	−10.2%	−10.8%	−11.5%
$(\Delta NPV/NPV)/1\%$	—	−8.0	−8.2	−8.5	−8.9	−9.2	−9.7	−10.2	−10.8	−11.5
变动率	15%	16%	17%	18%	19%	20%	21%	22%	23%	24%
NPV/万元	3 661.8	3 168.7	2 699.1	2 251.7	1 825.4	1 419.1	1 031.8	662.6	310.5	−25.3
ΔNPV/万元	−517.9	−493.1	−469.6	−447.4	−426.3	−406.3	−387.3	−369.2	−352.1	−335.8
$\Delta NPV/NPV$	−12.4%	−13.5%	−14.8%	−16.6%	−18.9%	−22.3%	−27.3%	−35.8%	−53.1%	−108.1%
$(\Delta NPV/NPV)/1\%$	−12.4	−13.5	−14.8	−16.6	−18.9	−22.3	−27.3	−35.8	−53.1	−108.1

根据表 7-7，随着基准收益率的提高，NPV 逐步减少，从对应 5% 的 10 215.6 万元下降到对应 24% 的 −25.3 万元。基准收益率每提高 1%，NPV 的减少值从 815.1 万元降到 335.8 万元，也即下降绝对值呈递减趋势。但是，下降幅度呈递增趋势，随着 NPV 值越接近于零，下降幅度快速增加，敏感系数同步快速放大，敏感系数从不超过 −10（对应的基准收益率小于 12%）到迅速突破到 −108.1。表示随着基准收益率越来越高，敏感系数的绝对值越来越大，对项目 NPV 的影响也越来越大。

4. 图解单因素敏感性分析

类似盈亏平衡分析图，也可以通过在坐标图上画出项目各个不确定性因素的敏感性曲线，确定各个因素的敏感程度，进而求出导致项目由可行变为不可行的不确定性因素变化的临界值，从而以图解的方法对项目进行单因素敏感性分析。

以例 7-4 的计算数据为基础，单因素敏感性分析的图解方法如下：

(1) 将相关不确定性因素的变化幅度作为横坐标，以某个项目评价指标为纵坐标作图。本例中选择土地费用、建安成本、销售收入为不确定性因素，其变化幅度(−20%，20%)为横坐标，以 5% 为一个刻度；纵坐标表示净现值。

(2) 根据敏感性分析的计算结果绘出各个不确定性因素对应的敏感性曲线。图 7-3 中分别以直线 $NPV-S$、$NPV-V_0$、$NPV-L$ 来表示销售收入、建安成本、土地费用的敏感性曲线。

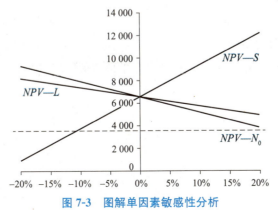

图 7-3 图解单因素敏感性分析

在这 3 条直线中，斜率最大的直线对应的不确定性因素为最敏感因素，斜率最小的直线对应的不确定性因素相对为最不敏感因素。从图中可以看出，直线 $NPV-S$ 的斜率最大，因此销售收入为最敏感因素，其余依次为建安成本、土地费用。

(3)在坐标图上做出项目评价指标的临界曲线，求出各不确定性因素的敏感性曲线与临界曲线的交点，则交点处所对应的横坐标称为各不确定性因素变化的临界值，即该变量因素允许变动的最大幅度，或称项目由可行到不可行的极限变化值。

本案例中投资者要求项目的内部收益率不低于 15%，对应的净现值 $NPV_0=3\ 661.8$ 万元。如图 7-3 所示，NPV_0 直线为一条水平直线，与纵坐标轴相交点的刻度值即 3 661.8，该线即临界曲线。

当直线 $NPV-L$ 与临界曲线(NPV_0 直线)相交时，对应的横坐标值约为 21%，即表示土地费用在现值基础上的最大涨幅为 21%，超过 21%，则表示项目的净现值将会小于 NPV_0，项目变为不可行。同样，直线 $NPV-S$ 与临界曲线相交时，对应的横坐标值约为 -10%，即表示销售收入在现值基础上的最大跌幅为 10%，跌幅超过 10%，则表示项目变为不可行。

三、多因素敏感性分析

1. 多因素敏感性分析的含义

多因素敏感性分析是同时分析两个或两个以上的不确定性因素发生变化时对项目经济评价指标的总体影响，确定敏感性因素及其极限值，并通过对多个因素的组合测试分析多因素变化产生的叠加影响或抵消影响。

多因素敏感性分析也是假定同时变动的几个不确定性因素都是相互独立的，且各因素发生变化的概率相同。其分析的基本原理与单因素敏感性分析大体相同，可以用解析法或作图法的方法进行分析。

2. 多因素敏感性分析步骤

下面以两因素同时变化为例，说明多因素敏感性分析的方法。

(1)选定敏感性分析的主要经济指标作为分析对象，可参照单因素敏感性分析，如项目的净现值、内部收益率等。

(2)根据单因素敏感性分析的结果，从项目所有的不确定性因素中，选择两个最敏感的因素作为分析的变量。

(3)以两个最敏感因素的变化作为分析变量，列出方程式。并按项目投资的基本可行条件将方程式转化为不等式。

(4)根据方程式列表计算敏感性分析的结果，也可以做出敏感性分析的平面图。

3. 多因素敏感性分析案例

【例 7-5】 根据例 7-4 的资料，进行该项目的两因素敏感性分析。

【解】

根据前面的单因素敏感性分析分析结果，不考虑基准收益率，选择土地费用和销售收入的变化率作为分析变量。

假设土地费用和销售收入的变化率分别为 X、Y，则项目的净现值

$$NPV=-\frac{L(1+X)}{1+i}-\sum_{t=1}^{3}\frac{C_t}{(1+i)^t}+\sum_{t=3}^{5}\frac{S_t(1+Y)}{(1+i)^t} \tag{7-26}$$

把表 7-7 中数据及 $i=10\%$ 代入公式(7-26),可得

$$NPV=6\,527.9-13\,636.4X+28\,376.1Y \tag{7-27}$$

由于投资者要求项目的内部收益率不低于 15%,对应的 NPV_0 为 3 661.8 万元,则要求项目的 $NPV>NPV_0$,即

$$6\,527.9-13\,636.4X+28\,376.1Y>3\,661.8$$

化简为

$$-13\,636.4X+28\,376.1Y+2\,866.1>0 \tag{7-28}$$

式(7-28)即两因素敏感性分析的不等式。

令不等式左边多项式等于 0,即为图解中的临界线,在该多项式大于 0,即符合不等式要求的变化率就是项目可行的变动条件。

(1) 列表计算两因素敏感性分析。假设土地费用变化率 X、销售收入变化率 Y 的变动范围均为(-20%,20%),5% 为一个等级,根据式(7-27)计算相应情况下的项目净现值,结果见表 7-8。

表 7-8 两因素敏感性分析表 万元

销售收入变化率 Y	土地费用变化率 X								
	-20%	-15%	-10%	-5%	0%	5%	10%	15%	20%
	项目净现值								
-20%	3 579.9	4 998.7	6 417.5	7 836.3	9 255.1	10 673.9	12 092.8	13 511.6	14 930.4
-15%	2 898.1	4 316.9	5 735.7	7 154.5	8 573.3	9 992.1	11 410.9	12 829.7	14 248.5
-10%	2 216.3	3 635.1	5 053.9	6 472.7	7 891.5	9 310.3	10 729.1	12 147.9	13 566.7
-5%	1 534.5	2 953.3	4 372.1	5 790.9	7 209.7	8 628.5	10 047.3	11 466.1	12 884.9
0%	852.6	2 271.5	3 690.3	5 109.1	6 527.9	7 946.7	9 365.5	10 784.3	12 203.1
5%	170.8	1 589.6	3 008.4	4 427.2	5 846.1	7 264.9	8 683.7	10 102.5	11 521.3
10%	-511.0	907.8	2 326.6	3 745.4	5 164.2	6 583.0	8 001.8	9 420.6	10 839.5
15%	$-1\,192.8$	226.0	1 644.8	3 063.6	4 482.4	5 901.2	7 320.0	8 738.8	10 157.6
20%	$-1\,874.6$	-455.8	963.0	2 381.8	3 800.6	5 219.4	6 638.2	8 057.0	9 475.8

可以看出,表 7-8 中以 X、Y 取值为 0 处的栏目可以把表格中的 NPV 数值分为四个象限区域,右上象限的 NPV 数值最大,为销售收入增长同时土地费用下降的最理想区域;其次是右下象限,销售收入增长,但是土地费用也同时增长,相对的 NPV 数值有所下降,但仍然较高;再次是左上象限,销售收入下降,同时土地费用下降,相对的 NPV 数值再次下降,但不是最差情况;最后是左下象限,销售收入下降,同时土地费用上升,为最不利状况,NPV 出现负值。

显然,右上、左下象限区域发生了敏感因素的叠加效应,而右下、左上象限区域发生了敏感因素的抵消效应。在叠加效应下,项目经济指标变化幅度增大,风险也相应被放大。

(2) 图解两因素敏感性分析。类似单因素敏感性分析图,在两因素敏感性分析图中,以横轴和纵轴分别代表两种因素的变化率,并将项目主要经济指标(如财务净现值)等于最低目标要求(如 NPV_0)的临界线绘于图中。临界线将平面图划分为两半,一半为项目可行区域,另一半为项目不可行区域。如果两因素变化率取值的坐标点落在项目可行区域,则表示该变化率组合下项目主要经济指标符合要求,否则为项目的不可行组合。

如图7-4所示，项目指标临界线将平面图分为上下两个区域，在临界线以上区域，土地费用和销售收入的变化率组合都是项目可行的组合；在临界线以下区域，两因素的变化率组合则为项目不可行的组合。

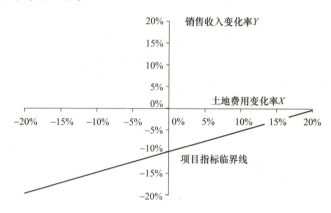

图7-4　图解双因素敏感性分析

第四节　风险分析

敏感性分析指出了项目经济效果评价指标对各种不确定性因素的敏感程度，以及项目可行条件下所能允许的不确定性因素变化的极限值，却没有考虑各种不确定性因素在未来发生变化的概率，因此也无法计算这种概率情况下不确定性因素的变化对经济效益评价指标的影响程度。实际上，各种不确定性因素在未来发生变化的概率一般是有所不同的。比如，最敏感的一级因素发生变动对项目的经济效果影响最大，但是它发生不利变动的概率很小，因而实际上所带来的风险并不大，以至于可以忽略不计。相反，一些相对不太敏感的因素未来发生不利变动的概率很大，它所带来的风险比一级因素更大。这时候敏感性分析无法解决的问题，需要采用风险分析。

一、房地产投资风险概述

1. 风险的含义及特点

所谓风险，是项目未来可能结果发生的不确定性，表现为在一定环境下和一定限期内客观存在的、影响项目目标实现的各种不确定性事件，这些事件发生的概率及影响程度是无法事先预知的，而且将对项目投资活动及其经营目标产生影响。换言之，风险是项目投资所期望的目标与实际结果之间的偏差程度。

风险具有随机性、不确定性、相对性、客观性、社会性、可测控性等特点。风险事项发生的原因是错综复杂的，唯有众多的因素共同作用才有可能导致风险的发生。随机性是指任何一项具体的风险事项，其发生的时间、地点以及具体的表现形式，通常都是随机的。不确定性是指风险发生时间的不确定性。从总体上看，有些风险是必然要发生的，但何时发生是不确定性的。例如，在生命风险中，死亡是必然发生的，这是人生的必然现象，但是具体到某一个人何时死亡，在其健康时是不可能确定的。相对性是指风险性质会因时空各种因素变化而有所变化,如承受主体不同,时空条件不同,风险的含义也不尽相同。客观性指风险是一种不以人的意志为转移,独立于人的意识之外的客观存在。人类只能掌握事物运动变化的规律,在有限的时间和空间范围内认识风险因素,而不能完全排除风险。社会性是指风险的后果与人类社会的相关性决定了风险的社会性,具有很大的社会影响。可测控性是指人们通常可以根据过去的统计资料,利用现代的科学方法分析和判断风险形成的原因、发展规律、影响因素和可能造成经济损失的程度,即具有随机性的风险事项并不是不可知的。

通过风险分析,可以识别项目中的风险因素,确定各风险因素间的内在联系,避免因忽视风险的存在而蒙受损失。投资项目的分析与评价旨在为投资决策服务,如果忽视风险的存在,仅仅依据基本方案的预期结果,即某项经济评价指标达到可接受水平来简单决策,就有可能蒙受损失。这就需要项目投资者在充分了解风险因素的影响程度后,有的放矢地制定相关的风险防范措施,使风险发生的可能性和损失降到最低。

2. 房地产投资风险种类

房地产投资可以获得较高的利润,但同时也存在较大的风险,特别是由于房地产具有投资成本大、周期长、位置的不可移动及市场竞争不充分等特点,房地产投资的风险程度更高。房地产投资风险就是从事房地产投资而造成损失的可能性大小,这种损失包括所投入资本的损失与预期收益未达到的损失。

房地产投资风险多种多样,根据风险因素的不同,可以将风险划分为系统风险和非系统风险。系统风险又称市场风险或不可分散风险,是由项目外部因素引起的风险,它影响市场上所有的项目资产、不能通过资产组合而消除,例如经济周期、通货膨胀、能源危机和宏观政策调整、政权更迭、战争、自然灾害等。非系统风险又称非市场风险或可分散风险,是指只对个别项目产生影响的风险,它通常是由某一特殊的因素引起,是发生于个别项目的特有事件造成的风险,与整个市场的变化不存在系统、全面的联系。如项目的经营风险、信用风险、流动性风险、操作性风险等。非系统风险通过分散投资,个别风险可以被降低甚至被消除。

(1)系统风险。房地产项目投资首先面临的是系统风险,投资者对这些风险不易判断和控制,如政策风险、政治风险、市场风险、通货膨胀风险和利率风险等。

1)政策风险。政策风险主要指政府的政策调整而使项目原定目标难以实现、对项目投资主体造成损失的风险。项目是在一个国家或地区的社会经济环境中存在的,由于国家或地方各种政策,包括经济政策、技术政策、产业政策等,涉及税收、金融、环保、投资、土地、产业等政策的调整变化,都会对项目带来各种影响。特别是对于海外投资项目,由于不熟悉当地政策,规避政策风险更是项目决策阶段的重要内容。例如,国家土地政策的调整,严格控制项目新占耕地,提高项目用地的利用率,对房地产项目的规划布局会带来重大影响;此外,国家对过热的房地产行业进行限制,并相应调整信贷政策,收紧银根,提高利率等,将导致房地产项目融资困难,可能带来项目的停工甚至破产。

2)政治风险。政治风险指完全或部分由政府官员行使权力和政府组织的行为而对投资项目产生的不确定性,也包括政府的不作为或直接干预对项目投资主体造成损失的风险。政治风险主要有政变、战争、社会动乱、经济制裁、罢工、政府行政干预过多、政府对项目采取限制措施等。如项目所在国政府由于某种政治原因或外交政策上的原因,对项目实行征用、没收、中止债务偿还等。房地产的不可移动性,使房地产项目投资者要承担相当程度的政治风险。政治风险一旦发生,不仅会直接给建筑物造成损害,而且会引起一系列其他风险的发生,是房地产投资中危害性极大的一种风险。

3)市场风险。市场风险是房地产项目经常遇到的重要风险。它的损失主要表现在项目产品销路不畅、产品价格低迷等,以致产品售价、销售收入或租金都达不到预期的目标。其不利情况主要体现在三方面:一是业主或租客的消费习惯、消费偏好发生变化,使得市场需求发生重大变化,导致项目的市场出现问题,市场供需总量的实际情况与预测值发生偏离;二是市场预测方法或数据错误,导致市场需求分析出现重大偏差;三是市场竞争格局发生重大变化,竞争者采取了进攻策略,或者出现了新的竞争对手,对项目的销售产生重大影响。这些情况都导致项目产品滞销,对项目的效益产生了重大影响。

市场风险主要来源为房地产供应的时滞性,由于房地产开发从计划启动到建筑完工需要一定时间,随着项目的竣工,而市场供求关系可能今非昔比,甚至会发生逆转,这就产生了较大的市场风险。

市场风险包括房地产市场的周期波动给投资者带来的风险。正如经济周期一样,房地产市场也存在周期波动或景气循环现象。房地产市场周期波动可分为复苏与发展、繁荣、危机与衰退、萧条四个阶段。经验表明,发达国家和地区房地产市场的周期有长有短,长则达20年,短则约7年。当房地产市场从繁荣阶段进入危机与衰退阶段,进而进入萧条阶段时,房地产市场将出现持续时间较长的价格下降、交易量锐减、新开发建设规模收缩等情况,给房地产投资者造成损失。房地产价格的大幅度下跌和市场成交量的萎缩,常使一些实力不强、抗风险能力较弱的投资者因金融债务问题而破产。

4)通货膨胀风险。通货膨胀风险又叫购买力风险,是指由于通货膨胀因素,房地产项目成本增加或实际收益减少的可能性。因为房地产投资周期较长,只要通货膨胀因素存在,就会使投资完成后所收回的资金的购买力降低,从而使项目资产的实际投资收益下降。

投资项目的资产实际收益率等于资产名义收益率减去通货膨胀率,通货膨胀率越高,资产实际收益率越低,当通货膨胀率高于资产名义收益率时,资产实际收益率即负数,资产的实际购买力反而下降了。所以,从资产角度看,通货膨胀对房地产投资项目来说是一种"无形税收"。

通货膨胀风险主要体现在:一是在通货膨胀时期,存贷款利率通常会相应提高,从而直接加大项目的贷款成本;二是在通货膨胀情况下,物价普遍上涨,社会经济运行秩序混乱,企业生产经营的外部条件恶化,房地产市场也难免深受其害,所以购买力风险是难以回避的;三是在通货膨胀条件下,随着众多商品价格的上涨,房地产价格也会上涨,项目投资者的货币收入有所增加,会使投资者产生一种货币幻觉,忽视通货膨胀风险的存在;四是由于货币贬值,货币购买力水平下降,项目投资者的实际收益不仅没有增加,反而有所减少。

5)利率风险。利率风险是指资金利率的变化对房地产市场的影响和可能给项目投资者带来损失的风险。通过调整利率,政府可以调节资金的供求关系、引导资金投向,从而达到宏观调控的目的。利率调升以后,房地产项目进行投资分析时,需要相应提高折现率,这会使投资项目的财务净现值减小,甚至出现负值,从而使投资项目的实际价值出现贬值。利率调升还会加大项目开发者、投资者的债务负担,导致贷款利率上升,还贷困难。这会加大房地产市场供需双方的融资成本,抑制市场的供求数量,从而对于整个房地产市场起着降温效果。

(2)非系统风险。房地产项目投资的非系统风险,主要包括销售变现风险、资本价值风险、未来经营费用风险、完工风险、交易时间风险、或然损失风险和道德风险等。

1)销售变现风险。房地产项目销售变现风险主要是指在房产销售或出租交易过程中不能及时实现成交,导致房地产商品或服务不能变成货币或延迟变成货币,从而给房地产投资者带来损失的风险。

一般情况下,房地产商品的每套住宅或物业的市场价值量都较大,购买者的自有资金往往无法足额买下,还需要进行贷款,这就导致了购买者的购买行为较为谨慎,从看房开始到最终签订合同往往花费数月不等。由于买家数量少,交易时间长,交易手续复杂,所以房地产商品的快速变现能力相对较差。房地产项目竣工后,如果房地产开发商不能及时变现,致使销售期延长,房地产商品不能很快转为货币,会使待偿还的贷款延期,增加债务利息的支出。销售变现风险还使得房地产项目的销售现金流状况不理想,如果销售收入或租金收入带来的现金流不能够弥补现金支出,就有可能发生资金链断裂的危险,最终对项目投资的收益产生较大的不利影响。

2)资本价值风险。房地产商品的市场价格具有波动的特点,这会导致房产商开发的、置业投资者持有房地产商品资产的价值也出现波动的情况,从而预期资本价值和现实资本价值之间产生差异,出现资本价值风险。当房价出现上行趋势时,预期资本价值将大于现实资本价值,房地产商品资产发生溢价,房产商、置业投资者的资产价值呈现保值增值的有利情形。反之,当房价出现下行趋势时,预期资本价值将小于现实资本价值,房地产商品资产发生折价,房产商、置业投资者的资产面临缩水的风险。

房地产商品的资本价值在很大程度上取决于预期收益现金流、未来经营费用水平和商品残值的折现值。然而,即使预期收益和经营费用都不发生变化,资本价值也会随着基准收益率(或折现率)的变化而变化。

3)未来经营费用风险。未来经营费用风险,是指物业实际经营管理费用支出超过预期经营费用而带来的风险。为了保证物业的正常运行和使用,业主必须提供物业的日常维护、维修及保养费用。但与此同时,物业在经营管理过程中发生的大修理费用和设备更新费用存在着一定的不确定性,如建筑物在运营中发现结构存在缺陷或出现损坏状况,必然要进行修复,而修复费用难以预计。此外,一些老旧物业存在装潢过时、功能不足的瑕疵,而现代社会的租户对建筑功能、使用环境的要求也越来越高,这又可能迫使置业投资者不得不额外支付较为昂贵的更新改造费用,而这些费用在初始的项目评估中是不可能考虑到的。

4)完工风险。完工风险是指房地产项目可能出现无法按时保质保量建设完成工程、实现竣工验收并交付使用的情况。房地产开发项目发过程包括勘察、设计、施工、监理、银行贷款、政府监管等诸多环节,是一个复杂的系统工程。

成本超支是完工风险的最主要表现形式。造成成本超支的原因主要有施工单位在项目建设过程中缺乏严密的工程支出预算,不厉行节约,浪费严重;通货膨胀、物价上涨等市场因素造成的建筑材料和机械费用等工程款超出项目预算数字;项目建设产生环境污染,为治理环境支出的费用会导致成本超支;政府进行宏观调控、出台新经济政策造成项目建设费用超支。

完工风险的第二种主要表现形式是建设延期。其原因有施工单位缺乏科学严密的组织管理,工程进度不合理,造成施工过程中的停工、窝工或工程进展效率不高;原材料或能源供应商由于各种原因没有按照供应合同的规定,及时供应原材料或能源,造成工期延误;

项目建设中发生技术障碍，或采用的新技术不顺利、出现了新技术难题，攻克这些技术问题需花一定的时间；资金没有按照建设合同规定的时间及时到位，影响了工程进度。

完工风险的第三种主要表现形式是中途停建。其原因有项目在建设过程中出现了成本严重超支，如果继续建设下去，从经济的角度考虑会出现"得不偿失"的局面；项目建设过程出现了无法攻克的技术难题，项目被迫停建；政府实行干预。

此外，不可抗力都会导致这三种完工风险。不可抗力是在项目建设中，发生了未曾预料的、难以控制的事件，如地震、火灾、水灾等自然灾害，或者动乱、革命、战争等事件，从而对项目建设产生破坏性影响，由此也可导致项目成本超支、建设延期或中途停建。不可抗力事件的发生，不能归责于任何当事人。

5）交易时间风险。交易时间风险是指房地产投资中与交易时间和交易时机选择因素相关的风险。合理的房地产投资强调在适当的时间，选择合适的地点和物业类型进行投资，这样才能使其在获得最大投资收益的同时使风险降至最低限度。交易时间风险不仅表现为选择合适的时机进入市场，还表现为物业持有时间的长短、物业持有过程中对物业重新进行装修或更新改造时机的选择、物业转售时机的选择以及转售过程所需要时间的长短等。

其中，持有期风险是指与房地产投资持有时间相关的风险。一般来说，投资项目的寿命周期越长，可能遇到的影响项目收益的不确定性因素就越多。不难理解，如果某项置业投资的持有期为1年，则对于该物业在1年内的收益以及1年后的转售价格相对较容易预测；但如果这个持有期是3年，那对3年持有期内的收益和3年后转售价格的预测就要困难得多，预测的准确程度也会差很多。因此，置业投资的实际收益和预期收益之间的差异是随着持有期的延长而加大的。

6）或然损失风险。或然损失风险是指火灾、风灾或其他偶然发生的自然灾害引起的房地产开发投资或置业投资损失的风险。尽管投资者可以将这些风险转移给保险公司，然而在有关保单中规定的保险公司的责任并不是包罗万象的，有时还需就洪水、地震、核辐射等灾害单独投保，盗窃险有时也需要安排单独的保单。另外，尽管置业投资者可以要求租客来担负其所承租物业保险的责任，但是租客对物业的保险安排对业主来说往往是不够全面的。一旦发生火灾或其他自然灾害，房子不能再出租使用，房地产投资者的租金收入自然也就不再存在了。所以，有些投资者在物业投保的同时，还希望其租金收入也能有所保障，因此也就对租金收益进行保险。然而，投保的项目越多，其投资的安全程度就越高，但投保是要付出支付费用的代价，如果保险费用的支出占租金收入的比例太大，投资者就会得不偿失。所以，最好的办法是加强物业服务工作，定期对建筑物及其附属设备的状况进行检查，防患于未然。

7）道德风险。道德风险是指房地产投资参与人员在经营过程中违背职业道德违规操作，以获取自身不当利益为目标，做出损害投资者的行为。投资参与人员包括公司股东、管理层、经办人等。所有的投资、开发与经营业务均需要由具体的个人去执行，而具体个人的道德是难以衡量和识别的。例如，公司股东在投资于某房地产开发项目的时候，约定贷款的利率超过项目的投资利润率，则项目未来获得的投资利润可能会低于债权利息，因此，项目开发者在此次融资行为具有一定的赌博性。一旦该项目开发销售出现困难，项目开发者极有可能会冒道德风险选择自身利益最大化而放弃债权对自身的约束，导致债权人出现损失。道德风险不是在投资开始阶段就能识别和显现的，防范道德风险的最佳方式应以有效激励约束的理念来制定完善公司内控制度和核心事项表决制度。

总之，房地产投资过程是一个长期的、涉及面广且复杂的过程。这一过程中存在着大量不确定的风险因素，同时还涉及房地产投资者与政府部门、最终用户等之间的诸多关系以及大量的政策、法规法律、环境和社会问题，要做出一系列非确定性决策，这些决策属于风险性决策范畴，决策是否正确，直接影响投资的效果甚至投资的成败。因此，上述所有风险因素都应引起投资者的重视，而且投资者将这些风险因素对投资收益的影响估计得越准确，所做出的投资决策就越合理。

3. 房地产投资风险分析

房地产投资风险分析是认识项目可能存在的潜在风险因素，估计这些因素发生的可能性及由此造成的影响，分析为防止或减少不利影响而采取对策的一系列活动。它包括风险识别、风险估计、风险评价与风险对策管理四个基本阶段。

(1)风险识别。风险识别，首先要认识和确定房地产项目究竟可能存在哪些风险，这些风险因素会给项目带来什么影响，具体原因又是什么？在对风险特征充分认识的基础上，识别项目潜在的风险和引起这些风险的具体风险因素，只有首先把项目主要的风险因素揭示出来，才能进一步通过风险评估确定损失程度和发生的可能性，进而找出关键风险因素，提出风险对策。

房地产投资风险识别应注意借鉴历史经验，特别是后评价的经验。同时，可运用"逆向思维"方法来审视项目，寻找可能导致项目不可行的因素，以充分揭示项目的风险来源。

房地产投资项目可行性研究阶段涉及的风险因素较多，要根据房地产行业和项目的特点，采用适当的方法进行。风险识别应采用分析和分解原则，把综合性的风险问题分解为多层次的风险因素。常用的风险识别方法主要有风险分解法、头脑风暴法、德尔菲法、故障树分析法和情景分析法等。在具体操作中，常通过头脑风暴法、德尔菲法来完成风险识别。

(2)风险估计。风险估计是估计风险发生的可能性及其对项目的影响。投资项目涉及的风险因素有些是可以量化的，可以通过定量分析的方法对它们进行分析；同时，客观上也存在着许多不可量化的风险因素，它们有可能给项目带来更大的风险，有必要对不可量化的风险因素进行定性描述。因此，风险估计应采取定性描述与定量分析相结合的方法，从而对项目面临的风险做出全面的估计。应该注意到，定性与定量不是绝对的，在深入研究和分解之后，有些定性因素可以转化为定量因素。

风险估计的方法包括风险概率估计方法和风险影响估计方法两类。前者分为主观估计和客观估计，后者有概率树分析、蒙特卡洛模拟、层次分析等方法。

(3)风险评价。风险评价是在风险估计的基础上，通过相应的指标体系和评价标准，对风险程度进行划分，以揭示影响房地产项目成败的关键风险因素，以便针对关键风险因素采取防范对策。风险评价包括单因素风险评价和整体风险评价。

1)单因素风险评价，即评价单个风险因素对房地产项目的影响程度，以找出影响项目的关键风险因素。评价方法主要有风险概率矩阵、专家评价法等。

2)整体风险评价，即综合评价若干主要风险因素对房地产项目整体的影响程度。对于重大投资项目或估计风险很大的项目，应进行投资项目整体风险分析。

(4)风险对策管理。在房地产投资项目决策前的可行性研究中，不仅要识别项目可能面临的风险，也要提出针对性的风险对策，避免风险的发生或将风险损失减低到最低程度，才能有助于提高投资的安全性，促使项目获得成功。同时，可行性研究阶段的风险对策研究可为投资项目实施过程的风险监督与管理提供依据。

为将风险损失控制在最小的范围内，促使项目获得成功，在项目的决策、实施和经营的全过程中实施风险管理是十分必要的。要注意风险对策应具针对性、可行性和经济性，而且应是投资项目有关各方的共向任务，项目发起人和投资者应积极参与和协助进行风险对策研究，并真正重视风险的对策管理。风险的对策管理主要有以下四种。

1）风险回避。风险回避是彻底规避风险的一种做法，即断绝风险的来源。对房地产投资项目可行性研究而言，意味着提出推迟或否决项目的建议。在可行性研究过程中，通过信息反馈彻底改变原方案的做法也属于风险回避方式。例如，风险分析显示房地产商品市场方面存在严重风险，若采取回避风险的对策，就会做出缓建（待市场变化后再予以考虑）或放弃项目的决策。这样固然避免了可能遭受损失的风险，同时也放弃了投资获利的可能。因此，风险回避对策的采用一般都是很慎重的，只有在对风险的存在、发生和风险损失的严重性有把握的情况下才有积极意义。所以，风险回避一般适用于两种情况：一种是某种风险可能造成相当大的损失，且发生的频率较高；另一种是应用其他风险对策防范风险的代价大。

2）风险控制。风险控制是针对可控性风险采取的防止风险发生，减少风险损失的对策，也是绝大部分项目应用的主要风险对策。可行性研究报告的风险对策研究应十分重视风险控制措施的研究，应就识别出的关键风险因素逐一提出技术上可行、经济上合理的预防措施，以尽可能低的风险成本来降低风险发生的可能性，并将风险损失控制在最低程度。在可行性研究完成时的风险对策研究，可针对决策、设计和实施阶段提出不同的风险控制措施，以防患于未然。

房地产风险控制措施必须针对项目的具体情况提出，既可以是项目内部采取的技术措施、工程措施和管理措施等，也可以采取向外分散的方式来减少项目承担的风险。例如，房地产项目为了降低依赖单一银行来源的贷款风险，可以同时向多家银行申请授信额度，还可以考虑安排其他多种筹资方式，以保证建设资金的充裕。

3）风险转移。风险转移是指房地产投资者将可能面临的风险转移给他人承担，以避免风险损失的一种方法，主要包括契约性转移、购买房地产保险和房地产资金证券化等。

①契约性转移是房地产投资风险转移中常见的方法，主要包括预售、预租和一定年限物业使用权的出售。投资者在开发房地产的过程中，通过预售、预租这两种销售方式，不仅可以把价格下降、租金下降带来的风险转移给客户、承租人，同时也可以把物业空置带来的风险转移给客户、承租人。一定年限物业使用权的出售是房地产投资者出售一定年限的物业使用权，到期后投资者收回物业使用权的行为。这种做法一般多见于商业物业，且出售的年限较长，不仅可以为投资者筹集大量资金，而且能为投资者转移不少风险。

②购买房地产保险是转移或减少房地产投资风险的主要途径之一。房地产保险是指以房屋及其有关利益或责任为保险标的的保险。投资者通过预测项目开发经营过程中可能存在的风险，向保险公司投保，通过订立保险合同，将些自然灾害、意外事故等所引起的风险转移给保险公司。它是一种及时、有效、合理的分摊经济损失和获得经济补偿的方式。

③房地产资金证券化是指将用于投资房地产项目的资金转化为有价证券的形态，使项目投资者与所投资的房地产项目之间由直接的物权关系转变为以有价证券为承担形式的债权、债务关系。房地产项目资金证券化是运用金融工具进行风险转移：一是房地产投资者通过发行股票、债券等有价证券筹集项目资金，将投资风险转移给其他股东或给债券持有者；二是房地产投资者委托信托投资机构开发和管理房地产信托项目，将风险转移给购买

房地产项目信托计划的投资者。

4) 风险自担。风险自担也称为风险自留，风险自担就是将风险损失留给项目投资者自己承担。其适合于两种情况：一种情况是已知有风险，但由于可能获利而需要冒险时，必须保留和承担这种风险；另一种情况是已知有风险，但是若采取某种风险措施，其费用支出会大于自担风险的损失时，常常主动自担风险。

以上所述的风险对策不是互斥的，实践中常常组合使用。例如，在采取措施降低风险的同时并不排斥其他的风险对策，如向保险公司投保。可行性研究中应结合项目的实际情况，研究并选择相应的风险对策。

在完成房地产项目风险识别和评估后，应归纳和综述项目的主要风险，说明其原因、程度和可能造成的后果，以全面、清晰地展现项目的主要风险。同时，将风险对策研究结果进行汇总，制作风险对策汇总表，见表7-9。

表7-9　风险对策汇总表

主要风险	风险起因	风险程度	后果与影响	主要对策
1.××风险				
2.××风险				
……				

二、概率分析

1. 房地产投资概率分析的含义

概率分析又称风险分析，是运用概率理论和数理统计原理，通过研究各种不确定性因素发生不同变动幅度的概率分布及其对项目经济效益指标的影响，对项目可行性和风险性以及方案优劣做出判断的一种不确定性分析法。概率分析常用于对大中型重要若干项目的评估和决策之中，通过计算项目目标值（如净现值）的期望值及目标值大于或等于零的累积概率来测定项目风险大小，为投资者决策提供依据。

房地产投资概率分析就是根据房地产投资不确定性因素在一定范围内的随机变动，分析确定这种变动的概率分布和它们的期望值以及标准偏差，说明房地产项目在特定收益状态下的风险程度，进而为投资者决策提供可靠依据。

2. 主观概率估计

概率分析主要是确定风险因素的概率分布以及项目经济评价指标的概率、期望值和偏差。其中，对风险因素的概率分布估计可分为主观概率估计和客观概率估计。一般来说，风险事件的概率分布应由历史资料确定，是对大量历史进行统计分析得到的，这样得到的概率分布即客观概率。

当没有足够的历史资料确定风险事件的概率分布时，由决策人自己或借助于咨询机构或由专家凭经验进行估计得出的概率分布为主观概率。因为概率分析是针对拟建项目实施之前进行的，所以不可能拥有大量准确的项目客观信息。因此，在概率分析中，风险估计主要是主观概率估计。实际上，主观概率也是人们在长期实践基础上得出的，并非纯主观的随意猜想。

在实践中，许多项目风险是不可预见、并且不能精确计算的。为了保证房地产项目风

险估计的可靠性,主观概率应通过专家进行估计,其具体步骤如下:

(1)根据需要调查问题的性质组成专家组。专家组成员由熟悉该风险因素的现状和发展趋势的专家、有经验的工作人员组成。

(2)调查某一变量可能出现的状态数及各种状态出现的概率,或变量可能出现的状态范围及变量发生在状态范围内的概率,由每个专家独立使用书面形式反映出来。

(3)整理专家组成员的意见,计算专家意见的期望值和意见分歧情况,反馈给专家组。

(4)专家组讨论并分析意见分歧的原因,并将统计结果反馈给专家组成员。

(5)专家组成员重新"背靠背"地独立填写变量可能出现的状态或状态范围及其出现的概率,如此重复进行,最好不超过三轮循环,直至专家意见分歧程度满足要求值为止。

3. 期望值分析法

在房地产项目评价中,期望值分析是概率分析中最为基本的评价方法,该方法一般是计算项目净现值的期望值及净现值大于或等于零的累计概率,为项目决策提供依据。

(1)概率分布。期望值分析法首先是要确定风险事件的概率分布,而概率分布函数给出的分布形式、期望值、方差、标准差等信息,可直接或间接用来判断项目的风险。常用的概率分布类型有离散型概率分布和连续型概率分布。

所谓离散型概率分布,是指当变动因素的取值为离散的,并知道各取值的概率,就可以在给定的条件下计算相应的指标值,从而得出判断指标的概率分布。在这种分布下的指标期望值为

$$E(x) = \sum_{i=1}^{n} x_i p_i \tag{7-29}$$

式中 $E(x)$——指标的期望值;

x_i——第 i 种状态发生的指标值;

p_i——第 i 种状态发生的概率;

n——可能的状态数。

指标的方差为

$$D(x) = \sum_{i=1}^{n} [x_i - E(x)]^2 p_i \tag{7-30}$$

相对于离散型概率分布的为连续型概率分布。当一个变量的取值范围为一个区间时,这种变量称为连续变量,其概率密度分布为连续函数。常用的连续概率分布有正态分布、均匀分布、指数分布等,其期望值、方差计算公式在这里不再详细介绍。

(2)期望值分析法的计算步骤。

1)列出各种需要考虑的不确定性因素。例如销售价格、销售量、投资和经营成本等,均可作为不确定性因素。要注意的是,所选取的不确定性因素之间应是互相独立的。

2)设定各个不确定性因素可能发生的情况,即其数值发生变化的几种情况。

3)分别确定每种情况出现的可能性,即概率。每种不确定性因素的可能发生情况出现的概率之和必须等于1。

4)计算目标值的期望值。可根据方案的具体情况选择适当的方法,假若采用净现值为目标值,则分别求出各可能发生事件的净现值、加权净现值,然后求出净现值的期望值。

5)求出目标值大于或等于零的累计概率。可以列表计算累计概率,累计概率值越接近1,说明该项目方案的风险越小,反之,则项目方案的风险越大。

(3)期望值分析法案例。

【例 7-6】 某投资者花费 45 万元购买一套二手商业住宅,预计未来每月可获得租金收入 5 000 元,每月物业费用支出 1 000 元,可用来出租 30 年,期末无残值。根据经验推断,租金收入和物业费用为离散型随机变量,其值在估计值的基础上可能发生的变化及其概率见表 7-10。试确定该项目净现值≥0 的概率(基准收益率 $i_0=10\%$)。

表 7-10　商业住宅的基本数据估算表

风险因素	变动幅度		
	−20%	0	+20%
租金收入/万元	0.2	0.5	0.3
物业费用/万元	0.2	0.4	0.4

【解】

(1)商业住宅项目净现金流量未来可能发生的估算状态见表 7-11。

(2)分别计算商业住宅项目净现金流量各种组合状态的概率 $P_i(i=1, 2, \cdots, 9)$,填入表中。

如 $P_1=0.2×0.2=0.04$,$P_2=0.2×0.4=0.08$,$P_3=0.2×0.4=0.08$,其余依次类推。

(3)分别计算商业住宅项目各种组合状态下的净现值 $NPV_i(i=1, 2, \cdots, 9)$,填入表中。

例如,在第 1 种组合状态下,租金收入=5 000×(1−20%)=4 000(元),物业费用=1 000×(1−20%)=800(元),$NPV_1=-45+(4\ 000-800)(P/A, 10\%/12\ 360)/10\ 000=-8.54$(万元),其余依次类推。

表 7-11　商业住宅净现金流量未来可能发生的估算状态

租金收入 状态概率	物业费用 状态概率	组合状态 i	组合状态 的概率 P_i	NPV_i/万元	$NPV_i×P_i$/万元
0.2	0.2	1	0.04	−8.54	−0.34
	0.4	2	0.08	−10.81	−0.87
	0.4	3	0.08	−13.09	−1.05
0.5	0.2	4	0.1	2.86	0.29
	0.4	5	0.2	0.58	0.12
	0.4	6	0.2	−1.70	−0.34
0.3	0.2	7	0.06	14.25	0.86
	0.4	8	0.12	11.98	1.44
	0.4	9	0.12	9.70	1.16
合计			1.00	5.22	1.26

(4)计算商业住宅项目净现值的期望值:

$E(NPV)=0.04×(-8.54)+0.08×(-10.81)+0.08×(-13.09)+0.1×2.86+0.2×0.58+0.2×(-1.70)+0.06×14.25+0.12×11.98+0.12×9.70$
$=1.26$(万元)

根据式(7-30)，该项目净现值的方差：

$D(NPV)=1.78$ 万元

则均方差 $\sigma(NPV)=1.33$ 万元

变异系数 $v=\sigma(NPV)/E(NPV)=1.06$

(5)计算商业住宅项目净现值≥0 的概率：

该项目组合状态 1、2、3、6 的净现值为负，则

$$P(NPV\geqslant 0)=1-0.04-0.08-0.08-0.2=0.6$$

对上述计算结果进行分析得出结论：因 $E(NPV)=1.26$ 万元 >0，故本项目是可行的；又因 $P(NPV\geqslant 0)=0.6$，说明本项目的可靠性一般。但由于标准差 $\sigma(NPV)=1.33$ 较大，变异系数 $v=1.06>1$，说明项目的风险程度相对较大，而且期望值不一定能反映项目实施后的净现值。

第八章　房地产投资决策分析

知识目标

1. 了解房地产投资决策的含义、类型、要求、程序与方法；
2. 熟悉房地产投资方案的类型；
3. 掌握房地产投资方案比选的指标及方法。

能力目标

1. 能分析房地产投资决策的类型；
2. 能分析房地产投资方案的类型；
3. 能进行房地产投资方案比选指标的计算和分析；
4. 能进行房地产投资不同类型方案的比选。

第一节　房地产投资决策概述

一、房地产投资决策的含义

决策即做出决定或选择，是指人们为实现预期的目标，运用一定的科学理论、方法和手段，通过一定的程序，对若干有可行性的行动方案进行研究论证，从中选出最满意方案的过程。决策包括提出问题、确立目标、设计和选择方案，其关键步骤是选择方案，即从几种备选的行动方案中做出最终选择。

投资决策就是围绕事先确定的经营目标，在占有大量信息的基础上，借助现代化的分析手段和方法，通过定性的推理判断和定量的分析计算，对各种投资方案进行比较和选择的过程。在房地产投资活动中，一般都会有不同的投资方案可供选择，各个方案决策伴随着不同的风险和收益。如何利用有效、准确的方法实现正确的选择，在众多的投资方案中找出最佳方案，就是房地产投资决策。

房地产投资决策的内容主要有房地产投资方向和战略决策、房地产投资目标与计划决策、房地产项目决策、土地购买决策、价格与成本决策、财务决策、经营组织决策、房地产销售决策、工程招标投标和房地产投资方案优选决策。

1. 房地产投资决策问题的构成条件

构成一个房地产投资决策问题，必须具备以下几项基本条件。

（1）有明确的决策目标，即要求解决什么问题。确定目标是决策的基础，决策目标应明确具体，并且是可以定量描述的。房地产投资决策的目标是最大限度地规避风险，获得最好的收益。

(2)有两个以上可供选择和比较的决策方案。一个决策问题往往存在多种备选实施方案，方案的数量越多、质量越好，选择的余地就越大。决策的过程也就是方案的评价和比较过程。

(3)有评价方案优劣的标准。决策方案的优劣必须有客观的评价标准，并且这些标准应当尽可能地采用量化标准。决策不能总是依靠经验、直觉和主观判断，还必须融合量化标准，这样才可以大大提高决策的准确度。

(4)有真实反映客观实际的数据资料。客观准确的原始数据资料与科学正确的决策方法一同构成了科学决策的两个方面，两者缺一不可。运用正确的数理统计和调查研究方法，通过考察分析因果关系，对未来的事物进行估计和预测，为决策者做出决策提供重要的依据。

正确的决策不仅取决于决策者个人的素质、知识、能力、经验以及审时度势和多谋善断的能力，而且需要决策者熟悉和掌握决策的基本理论、基本内容和类型，以及应用科学决策的基本方法。

2. 房地产投资决策的要求

房地产投资决策有其自身的规律，要保证决策能够达到预期收益，就必须遵循一定的决策要求，具体内容如下：

(1)要遵循客观规律。决策者要以科学的资料为依据，减少主观因素带来的决策风险，尤其是项目规模大、技术高、情况复杂的大型房地产项目，仅凭借个人的经验和智慧决策是远远不够的，必须依照科学方法进行分析，以保证决策的客观性，降低决策风险。

(2)要依据科学的程序。房地产投资必须依据科学的程序，决策者应按合理合规的方式进行，使定量和定性方面的分析尽可能精确。要依据程序，反复检验，发现问题，再进行决策方法改进和论证。

(3)要明确投资目标。房地产投资项目建设实施的目的在于创造经济效益和社会效益，其中经济效益是投资的核心问题，提高经济效益是房地产投资决策的基本出发点。

(4)要广泛进行决策咨询。房地产投资决策的制定应充分发挥多方面的积极性，广泛听取各方面专家、学者的意见，集思广益。对不同的意见要认真研究，积极采纳其合理化建议，规避决策风险。

(5)要落实决策责任。房地产投资决策直接关系着房地产开发与经营的效果，因此，必须建立明确的决策责任制。项目决策与开发的机构和当事人要对自己的决策行为和做出的投资决定负责，应明确承担与自己职权相称的风险和责任，这样决策者对于决策会更加慎重，减少盲目、轻率的投资决策行为。

二、房地产投资决策的类型

房地产投资决策可以按照不同的标准进行分类。

1. 按决策信息的不同性质划分

按决策信息的不同性质划分，房地产投资决策可分为确定型决策、风险型决策和不确定型决策。

(1)确定型决策。确定型决策是指影响决策的因素是明确肯定的,即存在一个明确的决策目标,存在一个明确的自然状态,存在可供决策者选择的多个行动方案,而且可求得各方案在确定状态下的损益值。由于每种方案的运行结果是明确的,因此可以对各方案的投资效果进行比较,选择出最满意的投资方案。

(2)风险型决策。风险型决策又称随机型决策,是指每一种方案的运行都会出现若干种不同的结果,并且各种结果的出现都具有一定的概率,即每种选择都存在风险。进行风险型投资决策应具备的条件:具有明确的期望目标;每个投资方案存在两种或两种以上的自然状态,这种自然状态是不以投资决策者主观意志为转移的,而且受外界客观环境的影响;每个方案存在的各种不以决策者主观意志为转移的自然状态是概率事件,这一概率可以估计得到;每种自然状态下的投资方案的损益值可以计算得出。风险型决策由于决策者对待风险的态度不同,进行方案比较的标准(决策准则)也不相同。

(3)不确定型决策。不确定型决策是指投资决策方案在未来的运营过程中会出现多种不以投资决策者主观意志为转移的自然状态,并且这些自然状态具有无法估计发生的概率,而主要依赖投资决策者的投资经验和决策偏好对投资结果进行判断。

不确定型决策与风险型决策的主要区别:投资决策方案未来的各种自然状态是否为概率事件,以及投资决策是否主要依赖投资者的决策偏好。

2. 按决策问题的性质划分

根据决策问题的性质,房地产投资决策可分为战略型决策和战术型决策。

(1)战略型决策。战略型决策是根据企业内部条件和外部环境的具体情况,确定有关企业发展方向、远景规划等重大问题的决策,它关系到组织的生存和发展。这种决策旨在全面提高企业的素质和经营效能,使其经营活动与外部环境变化能够保持动态的协调。战略型决策一般多由企业高层次决策者做出,是组织经营成败的关键,房地产投资方向、投资目标决策属于这一类决策。

(2)战术型决策。战术型决策是为实现企业战略决策而服务的,是指组织的某个或某些具体部门在未来各个较短时期内,在既定方向和内容下对活动方式进行的执行性决策。其重点是如何有效地组织和利用企业内部的人、财、物各种资源,包括管理和业务两个方面的决策。如房地产项目的融资决策、销售决策属于这一类决策。

3. 按决策问题出现的状态划分

按决策问题出现的状态,房地产投资决策可划分为程序化决策和非程序化决策。

(1)程序化决策。程序化决策解决企业生产经营过程中经常性、重复出现的问题,是指决策过程的每个步骤都有规范化的固定程序,这些程序可以重复使用以解决同类的问题,如企业的考勤制度、财务制度等。一般基层机构管理者通常使用程序化决策。

(2)非程序化决策。非程序化决策主要解决突发性或不经常出现的问题,是指问题涉及面广,偶发或首次出现,没有固定程序可遵循,只能在问题提出时进行特殊处理的决策。如新产品的开发、开拓新市场的决策等。在经营决策中重要而又困难的是非程序化决策,要求决策者具有丰富的知识和经验。高层管理者一般主要处理非程序化决策,包括进行组织设计与选择投资策略等。

4. 其他划分类型

此外,房地产投资决策按决策目标多少划分,可分为单目标决策和多目标决策;按决策制定的方式划分，可分为单层决策和多层决策；按决策使用的分析方法划分，可分为定性分析决策和定量分析决策；按决策期限划分，可分为长期决策与短期决策等。

三、房地产投资决策的程序

房地产投资决策程序的科学程度是决策成功的重要基础。科学的决策过程一般包括决策目标的确定、决策方案的拟订、决策方案的优选和决策方案的执行四个基本阶段。

1. 决策目标的确定

房地产投资决策的目的就是要达到投资所预定的目标，因此确定投资决策的目标是投资决策的前提和依据。投资者在投资决策时，一般来说，经济效益最大化是核心目标，当然还应兼顾投资项目的社会效益、环境效益等其他因素。分析到这个层次还是不够的，因为投资目标应该是明确、具体的，而不是抽象或含糊不清的。确定目标的关键在于，进行全面的市场调研和预测。通过周密的调查分析研究，发现问题并认清问题的性质，从而确定问题解决后所预期达到的结果，使投资的目标具体明确。

2. 决策方案的拟订

在进行房地产投资决策过程中，根据已确定的目标，拟订多个可行的备选方案。可行方案或备选方案是指具备实施条件、能够实现决策目标的各种途径或方式。对于某一决策目标存在多种实现方式，而这些方案的具体实施往往存在不同程度的差异，决策者需要进行选择。方案的可行性应该按技术经济学原理分析一些评价标准，如技术上是否先进、生产上是否可行、经济上是否合算、财务上是否盈利。拟订可行方案的过程应该是一个充满创新精神的过程，方案拟订者需要尽可能多地收集相关数据资料，既要避免遗漏最优方案，又要严格论证、反复计算、细致推敲，使各可行方案具体化。

3. 决策方案的优选

可行方案拟订后，下一步就是对这些方案进行比较和分析，以便从中选出符合要求的方案加以实施，这就是可行方案的择优过程。这一过程需要对有关技术经济和社会环境等各方面条件、因素以及潜在问题进行可行性分析，并与预先制定的目标进行比较并做出评价，最终做出择优选择。

优选决策方案的过程中有两个关键因素：一个是判断标准，即衡量方案的标准。常见的标准是"最优"，如最大利润、最高效用、最低成本等，但"最优"判断标准在实践中也存在一定的操作难度，主要是因为受到信息情报、回报与风险的关系、决策和执行时机等因素的影响。现代决策理论以"满意"标准来判断可行方案的优劣，即所选择的方案基本上能实现决策目标，能够取得比较令人满意的结果，则该方案就算是一个理想的实施方案。另一个关键因素是选择方法，最终选定的项目方案是否科学合理，在很大程度上取决于择优的方法。选择方案的具体方法很多，大致可分为定性分析方法和定量分析方法两大类。

4. 决策方案的执行

决策的最终目的在于实施，并达到预期目标。优选方案是否科学合理也只有通过实践才能得到最终检验。在执行过程中，执行者的作用十分关键，执行者能否充分理解方案、遇到风险时能否机智应变是决策执行顺利与否的两个决定性因素。优选方案在执行过程中，完善的检查制度和程序、及时的信息反馈等对于规避风险是十分重要的。一旦发现原方案有缺陷，或因客观条件变化而出现新问题，要及时对项目方案加以纠正和修订。

四、房地产投资决策的方法

在房地产投资决策过程中,由于投资决策对象和内容不一样,所用的决策方法也不尽相同,这些方法按照其研究方式的不同可分为定性分析方法与定量分析方法两种。

1. 定性分析方法

在房地产投资决策中,定性分析方法的运用较为广泛。因为许多因素难以定量描述,而且影响因素相当复杂,所以从目前情况来看,采用定性分析的方法更为普遍。定性分析方法通常有以下两种类型。

(1)经验判断法。经验判断法是依据既有房地产领域的决策经验来进行判断。目前,该方法被普遍应用于一般决策中。例如,在一些房地产行业的刊物和网站上,房地产中介经常向投资者推荐各种房地产项目的投资技巧,如"投资别墅住宅高回报、低风险""店面投资盈利高"等,这些判断大多是从房地产投资的主观经验积累中得来的。这种方法直观易用,缺点是分析不深入,缺乏严谨充分的论证。

(2)创造工程法。创造工程法是运用创新思维提出问题与解决问题的一种方法,即针对目标或一定的问题提出创新性的方法或方案。这种方法把决策过程看成一个有秩序、有步骤的创新过程。一般分为确定问题阶段、孕育创新阶段、提出设想和付诸实施阶段三个阶段。创造工程法的核心是第二阶段,其灵魂是创造性思维。从表面上看,它是人的直观、灵感、经验、形象思维和创新能力的综合,但实质上这种方法有其科学基础,其主要技术方法包括畅谈会法、综摄法、形态方案法和主观概率法等。

2. 定量分析方法

定量分析方法是主要采用数量指标和数学模型来进行房地产投资决策的方法,通过对决策问题进行定量分析、计算,以期取得最优方案。在决策分析中常用的定量分析方法有确定型决策法、风险型决策法和不确定型决策法。

在模型范围内,定量分析方法要进行较精确的计算和分析,从而可以将决策推向科学化。当然,定量方法也有缺陷,如果决策涉及较多的社会因素、心理因素和人为因素时,由于许多因素很难量化处理或难以精确化,这时定量方法就显得无能为力。

房地产投资决策涉及的因素总是多方面的,一项房地产投资决策的制定往往是定性分析、定量分析两类方法综合运用的结果。

第二节 房地产投资方案比选

一、房地产投资方案比选的含义

在房地产投资单一方案分析评价中,运用净现值、内部收益率、投资回收期等指标得出的结论基本是一致的。但对于多方案的分析评价,采用这些指标得出的结论未必一致。这是因为在多方案问题中,考虑的范围不是单个方案,而是一个项目群;追求的不是单个方案的局部最优,而是项目群的群体最优。所以,在多方案评价中,必须研究项目各方案之间的相互关系,以便得出正确的判断。

实际房地产项目投资中，投资者面临的投资方案大多不是唯一的。相反，是多种可能方案。由于投资者所掌握的人、财、物等资源的限制，再加上对各种风险因素的考虑，投资者必须从各种投资机会和可能投资方案中选择预期收益最大者，这个过程就是投资方案的比选。

投资方案的比选是寻求房地产合理开发的经济和技术决策的必要手段，也是房地产投资分析工作的重要组成部分。它是对房地产投资项目面临的各种可供选择的开发经营方案，进行计算和分析，从中筛选出满足最低收益率要求及可供比较的方案，并对这些方案进行最后选择的过程。投资决策的实质就在于选择最佳方案以取得最好的投资效益，实现利润最大化目标。

方案比选要做到合理，需要考虑的因素很多，如各方案是否具备可比的基础，不同投资方案的计算期是否相同，资金有无约束条件，投资规模是否相同等。投资者在进行项目的多方案比选时，首先必须分析各项目方案之间的相互关系，选择相应正确的评价指标，才能以简便的方法做出科学的决策。

二、房地产投资方案的类型

投资方案的类型很多，根据多个方案之间的经济关系，可以分为互斥方案、独立方案和混合方案三类。

1. 互斥方案

互斥方案是在若干个方案中，选择其中任何一个方案则其他方案就必须被排斥的一组方案。土地、资金等资源的有限性是这类投资的一个共同特点。资源的有限性使投资者难以实施所有的投资方案，只能从众多投资项目中选择最令人满意的一项。例如，在某一个确定的地点有建商场、写字楼、住宅等方案，此时投资者选择其中任何一个方案，其他方案就无法实施，方案之间具有排他性，接受一个项目意味着要倾其所有，因此不可能再接受其他项目。

在互斥方案比选中，理论上任意两个方案都要进行两两比较，才能得到决策结果。实际上，可以根据比选指标，对所有方案的计算结果进行排序，选出最优方案。

2. 独立方案

独立方案是指一组相互独立、互不排斥的方案。在独立方案中，选择某一方案并不排斥选择另一方案。独立方案的特点是诸方案之间没有排他性，只要条件（如资金）允许，就可以几个方案共存，直到所有资源得到充分运用为止。例如，某房地产公司想同时投资开发几个项目时，这些方案之间的关系就是相互独立的。

显然，房地产独立方案存在的前提条件有以下几项。
(1)投资资金来源、土地资源无限制。
(2)投资资金、土地资源无优先使用的排列。
(3)各投资方案所需的人力、物力均能得到满足
(4)不考虑地区、行业之间的相互关系及其影响。
(5)每一投资方案是否可行，仅取决于本方案的经济效益条件。

3. 混合方案

混合方案是独立方案和互斥方案的混合结构，兼有互斥方案和独立方案两种关系。具

体来说，是指在一定约束条件下(人、财、物等)，有若干个相互独立的方案，在这些独立方案中又分别包含有几个互斥方案。

例如，某房地产开发公司目前投资意向有两宗地，每宗可开发土地均有两套开发方案。在公司资金允许的情况下，两宗地分别对应的方案 A 和方案 B 就属于独立方案，选择任何一个方案并不排斥另外一个方案。在宗地方案 A 中，又包含方案 C 或 D，方案 C 的开发设想是建设一座五星级的酒店，而方案 D 的开发设想是建设一座高标准的公寓。在同一宗土地上只能有一个开发方案能够落实，那么方案 C 和 D 之间就属于互斥方案。同样道理，在方案 B 下也有两个互斥的方案 E 和 F。上述六个方案组成了一个混合方案组合。由于资金有限，因此需要选择能使资金得到充分运用的方案，这时就面临着混合方案的选择问题。

在方案选择前搞清项目方案属于哪种类型至关重要，因为方案类型不同，其选择、判断的尺度也不同，最终选择的结果就会不同，投资者的投资效益也可能相差甚远。

三、房地产投资方案比选的指标

房地产投资方案比选中常用的分析指标有投资方案比选中常用的分析指标有静态指标和动态指标。其中静态指标包括差额投资收益率、差额投资回收期。动态指标包括净现值、净现值率、差额投资内部收益率、等额年值、费用现值和等额年费用等。

1. 静态指标

静态指标是指不考虑资金的时间价值因素的指标。由于它没有考虑资金时间价值，故在实际操作中只是作为初期的大致评价，主要有以下两种。

(1)差额投资收益率(ΔR)。差额投资收益率是单位追加投资所带来的成本节约额，也叫追加投资收益率。其表达公式为

$$\Delta R = \frac{C_2 - C_1}{I_1 - I_2} \tag{8-1}$$

式中　ΔR——差额投资收益率；
　　　C_1、C_2——两个比较方案的年经营成本；
　　　I_1、I_2——两个比较方案的总投资。

(2)差额投资回收期(ΔP)。差额投资回收期是指通过成本节约收回追加投资所需的时间，有时也叫追加投资回收期。其表达公式为

$$\Delta P = \frac{I_1 - I_2}{C_1 - C_2} \tag{8-2}$$

式中　ΔP——差额投资回收期；
　　　C_1、C_2——两个比较方案的年经营成本；
　　　I_1、I_2——两个比较方案的总投资。

2. 动态指标

动态指标是指考虑了资金时间价值因素的指标。动态指标主要有以下几种。

(1)净现值(NPV)。净现值是投资项目净现金流量的现值累计之和。用净现值进行方案比选的方法叫净现值法，有时也叫现值法。其表达公式为

$$NPV = \sum_{t=0}^{n} (CI_t - CO_t)(1 + i_0)^{-t} \tag{8-3}$$

式中　NPV——净现值；
　　　CI_t——第 t 年的现金流入量；
　　　CO_t——第 t 年的现金流出量；
　　　t——项目计算期（$t=0$，1，…，n）；
　　　i_0——行业或部门基准收益率或设定的目标收益率。

如果判断项目的可行性，则 $NPV \geqslant 0$ 的拟建方案是可以考虑接受的；如果进行方案比选，则以净现值大的方案为优选方案。

（2）净现值率（$NPVR$）。净现值率是投资方案的净现值与投资现值的比率，它表明单位投资的盈利能力和资金的使用效率。由于用净现值指标进行多个项目的比选时，没有考虑各个项目投资额的大小，因而不能直接反映资金的利用效率。为了考虑资金的利用效率，通常采用净现值率指标作为净现值的辅助指标。

其表达公式为

$$NPVR = \frac{NPV}{I_p} \tag{8-4}$$

式中　$NPVR$——净现值率；
　　　NPV——净现值；
　　　I_p——投资现值。

在进行方案比选时，净现值率大的方案为优选方案。

（3）差额投资内部收益率（ΔIRR）。差额投资内部收益率是两个方案各期净现金流量差额的现值之和等于零时的折现率。其表达式为

$$\sum_{t=0}^{n} [(CI_t - CO_t)_1 - (CI_t - CO_t)_2](1 + \Delta IRR)^{-t} = 0 \tag{8-5}$$

式中　ΔIRR——差额投资内部收益率；
　　　$(CI_t - CO_t)_1$——投资大的方案第 t 期的净现金流量；
　　　$(CI_t - CO_t)_2$——投资小的方案第 t 期的净现金流量；
　　　n——开发经营期。

用这种方法比选的实质是，将投资大的方案和投资小的方案相比，其所增加的投资能否被其增量的收益所抵偿，即分析判断增量的现金流量的经济合理性。

其计算步骤是：若多个方案比选，首先按投资由小到大排序，再依次就相邻方案两两比选；在进行方案比选时，可将上述所求得的差额投资内部收益率与投资者最低可接受的收益率（$MARR$，有时把 i_0 作为投资者最低可接受的收益率）进行比较。当 $\Delta IRR \geqslant MARR$（或 i_0）时，以投资大的方案为优选方案；反之，当 $\Delta IRR < MARR$（或 i_0）时，以投资小的方案为优选方案。运用差额投资内部收益率法时，需要注意的是，只有投资小的方案被证明是合理的，投资大的方案方能与之比较。

（4）等额年值（AW）。将项目的净现值换算为项目计算期内各年的等额年金就是等额年值。用等额年值来进行多方案比选的方法就叫作等额年值法。等额年值是考察项目投资盈利能力的指标。其表达式为

$$AW = NPV(A/P, i, n) = NPV \frac{i_0 (1+i_0)^n}{(1+i_0)^n - 1} \tag{8-6}$$

式中 AW——等额年值;

$(A/P,i,n)$——资金回收系数;

i_0——行业或部门基准收益率或设定的目标收益率;

n——开发经营期。

从其表达式可以看出，AW 实际上是 NPV 的等价指标。也可以说，在进行方案比选时，等额年值大的方案应为优选方案。

(5)费用现值(PC)。把项目计算期内的各年投入(费用)按基准收益率折现成的现值就是费用现值。用费用现值进行方案比选的方法就叫作费用现值法。它是一种特定情况下的净现值法。其表达式为

$$PC = \sum_{t=0}^{n}(C_t - B_t)(1+i_0)^{-t} \tag{8-7}$$

式中 PC——费用现值;

C_t——第 t 年的现金流入量;

B_t——第 t 年的期末余值回收;

t——项目计算期($t=0,1,\cdots,n$);

i_0——行业或部门基准收益率或设定的目标收益率;

n——项目的开发经营期。

在进行方案比选时，以费用现值小的方案为优选方案

(6)等额年费用(AC)。将项目计算期内所有的费用现值，按事先选定的基准收益率折算为每年等额的费用叫作等额年费用。以此方案比选的方法，叫作等额年费用比较法。其表达式为

$$AC = PC(A/P,i,n) = PC\frac{i_0(1+i_0)^n}{(1+i_0)^n - 1} \tag{8-8}$$

式中 AC——等额年费用;

PC——费用现值;

$(A/P,i,n)$——资金回收系数;

i_0——行业或部门基准收益率或设定的目标收益率;

n——开发经营期。

在进行方案比选时，以等额年费用小的方案为优选方案。

3. 比选指标的综合评价运用

房地产开发项目涉及内容众多，任何个别指标都难以作为唯一的评判方案优劣的标准。一个方案往往要考虑到经济、社会、技术、环境等诸多因素，对于投资方案的比选要采用综合评价法。综合评价法的步骤如下。

(1)选择方案的多个评价指标，包括经济、社会、技术、环境指标。

(2)对方案的各项指标规定一个满意程度。

(3)根据指标的重要性赋予各个指标适当的权重。

(4)编制综合评价指标计算表(表 8-1)。

(5)计算各个方案的单个指标值。

(6)计算各个方案的综合指标评分值。

(7)比较各个方案的综合指标评分值，高分的(如收益指标)或低分的(如风险指标)方案是优选方案。

表 8-1　综合评价指标计算示意表

指标项目		权重	方案1	…	方案n
经济指标	指标1				
	…				
	指标n				
社会指标	指标1				
	…				
	指标n				
技术指标	指标1				
	…				
	指标n				
环境指标	指标1				
	…				
	指标n				
其他指标	指标1				
	…				
	指标n				
合计		___个 100%			
综合评分					

四、房地产投资方案比选的方法

房地产投资项目比选可采用效益比较法、费用比较法和最低价格（服务收费标准）比较法。

1. 效益比较法

效益比较法包括净现值法、净年值（等额年值）法、差额投资内部收益率法。

（1）净现值法。比较备选方案的财务净现值，以净现值大的方案为优。比较净现值时应采用相同的折现率。

（2）净年值（等额年值）法。比较备选方案的净年值（等额年值），以净年值（等额年值）大的方案为优。比较净年值（等额年值）时应采用相同的折现率。

（3）差额投资内部收益率法。计算差额投资财务内部收益率（ΔR），与设定的基准收益率（i_0）进行对比，当差额投资财务内部收益率大于或等于设定的基准收益率时，以投资大的方案为优，反之，以投资小的方案为优。在进行多方案比较时，应先按投资金额由小到大排序，再依次对相邻方案两两比较，从中选出最优方案。

2. 费用比较法

费用比较法包括费用现值比较法、费用年值比较法。

（1）费用现值比较法。计算备选方案的总费用现值并进行对比，以费用现值较低的方案为优。

（2）费用年值比较法。计算备选方案的费用年值并进行对比，以费用年值较低的方案为优。

3. 最低价格(服务收费标准)比较法

在相同产品方案比较中，以净现值为零推算备选方案的产品最低价格，应以产品价格最低的方案为优。

五、房地产投资方案比选的注意事项

上面介绍的指标都是较常用的，且都有各自的适用范围。不过，费用现值和等额年费用指标在进行方案比选时，除了常用在效益相同或基本相似的房地产投资项目方案比选中以外，一般没有其他的限制条件，而净现值、净现值率和内部收益率三个指标则有一定的限制条件。

1. 内部收益率与净现值

一般来讲，内部收益率比较直观，能直接反映项目投资的盈利能力，但当项目有大量追加投资时，则可能有多个内部收益率，从而使其失去实际意义。净现值的优点在于它也很直观地反映了投资项目的绝对经济效果，并且考虑了时间因素及项目整个计算期内的全部经营情况。不足之处是，它不能反映项目投资的相对经济效果，即目标项目的盈利能力究竟比所要求的水平高多少，则表示不出来。

另外，计算净现值时必须事先有已确定的基准收益率或折现率。大多数情况下的独立项目的财务分析中，用净现值和内部收益率指标来判断项目的可行性，所得出的结论是一致的。因此，两个指标都可以作为项目财务分析指标。但是在某些情况下(如多个方案进行比较和选择时)，会出现相互矛盾的信号，这两种方法可能会对现有的备选方案做出不同的排序。因为投资者必须在众多的备选方案中做出抉择，而不仅仅是接受或拒绝这样简单的选择问题，因此对备选方案的不同排序将引起严重的问题。尤其当股本金有限，而能够满足最低可接受标准的方案又同时存在多个时，更是如此。

这种备选方案不一致的问题主要是由于各备选方案的初始投资规模不同，或者现金流量产生的时间不同所引起的。

(1)规模不同引起的差异。考虑两个互不相容的、在规模上差别巨大的投资项目 A 和 B，两者的投资期都是 1 年，项目 A 的初始投资额为 20 万元，期末回收额为 28 万元；项目 B 的初始投资额为 150 万元，期末回收额为 200 万元。

首先计算内部收益率，项目 A 的内部收益率为 40%，而项目 B 的内部收益率为 33.3%。根据内部收益率的选择标准，项目 A 排在项目 B 之前。其次从净现值角度来看，假定基准收益率为 10%，则项目 A 的净现值为 5.45 万元，而项目 B 的净现值为 31.8 万元，按照净现值的选择标准，则是项目 B 排到项目 A 之前。

显然，根据两个指标的选择结果不一样。

(2)现金流量时间不同所引起的差异。再考虑两个互斥的投资项目甲和乙，其现金流量情况见表 8-2。

表 8-2 甲和乙两项目的现金流量

年份	现金流量/万元	
	项目甲	项目乙
初始投资	−10 000	−10 000

续表

年份	现金流量/万元	
	项目甲	项目乙
1	2 000	4 000
2	3 000	4 000
3	4 000	4 000
4	5 000	4 000
5	6 000	4 000
6	7 000	5 000

通过计算，项目甲的内部收益率为29.8%，项目乙的内部收益率为33.5%。项目乙的内部收益率高于项目甲，投资者应选择项目乙。从净现值角度来看，假定基准收益率为10%，则项目甲的净现值为7 631.5万元，而项目乙的净现值为7 259.6万元。项目甲的净现值大于项目乙，投资者应选择项目甲。同样，在本例中，根据净现值和内部收益率指标得出的是相互矛盾的选择结果。

当内部收益率方法与净现值方法提供的决策信号不同时，一般认为净现值方法更优。这是因为大多数投资分析师认为，投资者应努力使他们资产价值的绝对收益最大化。

不过，在这样的方案比选中，通常不直接采用内部收益率指标比较，而采用净现值和差额投资内部收益率指标作为比较指标。

2. 净现值与净现值率

净现值与净现值率这两个指标在方案比较和项目排队时，有时也会得出相反的结论。在进行方案比选时，若无资金限制条件，此时可采用净现值作为比选指标；相反，当事先明确了资金限定范围时，应进一步用净现值率来衡量，这时使用净现值率排序法。

该方法在对多个方案进行排队时，往往是在资金限定的范围内，采用净现值率指标来确定各方案的优先次序并分配资金，直到资金限额分配完为止。这样，既符合资金限定条件，又能使净现值最大的方案入选，以实现有限资金的合理利用。不过净现值率排序法的缺点是，由于投资方案的不可分性，经常会出现资金没有被充分利用的情况，因而不一定能保证获得最佳组合方案。

第三节　不同类型方案的比选

一、互斥型方案的比选

1. 互斥型方案比选的原则

互斥型方案比选有以下四项原则，只有在这四项原则的基础上，才能进行互斥型方案的比选。

(1)现金流量的差额评价原则。该原则认为，在评价互斥型方案时，应该首先计算两个方案的现金流量之差，然后考虑某一方案比另一方案增加的投资在经济上是否合算。

(2) 比较基准原则。比较基准原则认为，在多个互斥型方案比选时，均应以某一给定的基准收益率 i_0 作为方案比选的基准。

(3) 环比原则。环比原则认为，在互斥型方案的比选中，必须将各方案按投资额由小到大排序，依次比较，在此基础上进行方案比选。而不能将各方案与投资最小的方案进行分别比较，最后选择差额指标最好的方案为最优方案。

(4) 时间可比原则。时间可比原则认为，在比选互斥型投资方案时，各方案的寿命（计算期、开发经营期）应该相等，否则必须利用某种方法进行方案寿命的变换，以保证各方案具有相同的比较时间。

2. 不同类型互斥型方案的比选

根据《房地产开发项目经济评价方法》的规定，房地产投资互斥型方案比选有以下几种情况和具体比选做法。

(1) 开发经营期（计算期）相同的互斥型方案比选。当可供比较的互斥投资方案的开发经营期（计算期、寿命期）相同时，可直接选用差额投资内部收益率、净现值或等额年值指标进行方案比选。

【例 8-1】 设某出租经营型物业项目有三种互斥的实施方案，其寿命年限均为 9 年，9 年后残值为零。假设基准收益率为 10%，各方案的初始投资及年净经营收益见表 8-3。试进行投资方案的比选。

表 8-3 某出租经营型项目各互斥方案数据

方案	投资额/万元	年净收益/万元	寿命期/年
A	4 000	1 000	9
B	5 600	1 500	9
C	7 000	2 000	9

【解】

(1) 用净现值法求解。根据净现值的计算公式，可以求得三个互斥方案的净现值分别为

$$NPV_A = 1\ 599.1\ 万元$$
$$NPV_B = 2\ 762.3\ 万元$$
$$NPV_C = 4\ 107.3\ 万元$$

根据净现值大者为最优方案的原则，可以判断 C 为最优方案。

(2) 用等额年值（AW）法求解。根据等额年值的计算式(8-6)，可以分别求得各互斥方案的 AW 值为

$$AW_A = 277.7\ 万元$$
$$AW_B = 479.6\ 万元$$
$$AW_C = 713.2\ 万元$$

根据等额年值法的选择标准，仍以 C 方案为最优。

(3) 用差额投资内部收益率法求解。根据差额投资内部收益率法的选择准则，利用该方法进行投资方案比选的一般步骤如下。

第一步，将备选互斥投资方案按照投资规模的大小顺序排列，即 C、B、A。

第二步，计算投资规模最小方案的内部收益率。如果所求的内部收益率小于基准收益

率或折现率(或 MARR)所预定的投资收益水平,则淘汰此方案,并继续重复这一步,计算次最小方案的内部收益率,若求得的内部收益率大于或等于基准收益率或折现率所预定的投资收益水平,则转入下一步。

本例物业项目中 A 方案投资规模最小,利用内插法计算其内部收益率,得到 $IRR_A=20.2\%$,因为 $IRR_A>10\%$,因此可以转入下一步。

第三步,计算投资规模最小方案与其投资规模相近的投资方案的现金流量差额,求出投资增量的内部收益率。如果所得到的内部收益率不能达到预定的投资收益水平,则淘汰投资规模大的方案,否则淘汰投资规模小的方案,再转入下一步。

本例物业项目投资规模最小的 A 方案与其投资规模相近的投资方案 B 的期初投资的差额为 1 600 万元,年净经营收益差额为 500 万元,投资增量的内部收益率 $\Delta IRR_{B-A}=27.8\%>10\%$,因此淘汰投资规模小的 A 方案,转入下一步。

第四步,如果只剩下一个投资方案,则此方案就是最优方案;若剩下不止一个方案,再转入第三步,直到剩下一个投资方案为止。

继续计算,B 方案与其投资规模相近的方案 C 的期初投资差额为 1 400 万元,年净经营收益差额也为 500 万元,则投资增量的内部收益率 $\Delta IRR_{B-A}=33.0\%>10\%$,因此淘汰投资规模小的 B 方案,选择 C 方案。

此时,由于只剩下 C 方案,则 C 方案为最优。

由以上计算结果可以看出,对于项目开发经营期(计算期、寿命期)相同的互斥投资方案,用以上三种方法来比选的结果是一致的。事实上,差额投资内部收益率、净现值或等额年值指标有着本质上的内在联系,三个指标的变动方向是一致的,这也可以用三个指标的计算公式推导出来。

(2)开发经营期(计算期)不同的互斥型方案比选。当开发经营期(计算期、寿命期)不同时,一般宜采用等额年值指标进行比选。为了表达方便,以下都把"开发经营期(计算期、寿命期)"统一称为"开发经营期"。如果要采用差额投资内部收益率指标或净现值指标进行方案比选,须对各可供比较方案的开发经营期和计算方法按有关规定做适当处理,然后进行比选。

1)用差额投资内部收益率指标或净现值指标进行方案比选。某些情况下,被比较的几个互斥型投资方案的开发经营期往往不同。例如,建造的建筑物结构形式(如砖混结构、钢结构、钢筋混凝土结构等)不同,其投资额与寿命期就会不同。此时,如果直接用差额投资内部收益率指标或净现值指标进行方案比选,就会因为互斥型方案之间没有可比性而使方案的比选显得困难。为了比较这类开发经营期不同的方案,理论上有两种方法,以使各方案的现金流量具有时间上的可比性。

方法一:方案重复法,又称最小公倍数法。其做法是,选择若干方案的投资活动有效期的最小公倍数作为这些方案共同的有效期。因此,这些方案都有可能重复数次(实际中未来的情况很难预测,因此只能假设重复),而每次重复时(方案重置)都假定投资与现金流量不变,即不考虑方案重置过程中可能具有的通货膨胀与技术进步等问题。在这个基础上,进行若干互斥投资方案的比选。这种方法适用于最小公倍数较小情况下的方案比选。

方法二:最短计算期法。其做法是,直接选取一个适当的分析期作为各个方案共同的开发经营期,通过比较各个方案在该计算期内的净现值来对方案进行比选。这里的分析期的选取没有统一规定,但一般以方案中计算期最短者为分析期,以使计算简便,同时可以避免过多的重复型假设(因为过多的方案重复是不经济的,甚至是不可能的)。这种方法适用于最小公倍数较大情况下的方案比选。

【例 8-2】 某房地产公司有三个互斥的投资方案,各方案的初始投资、年净收益及计算期见表 8-4。假设基准投资收益率(折现率)为 10%,试进行三个互斥方案的比选。

表 8-4 计算期不同的互斥方案

方案	期初投资额/万元	年净收益/万元	计算期/年
A	2 000	1 000	3
B	3 500	1 500	4
C	5 000	2 000	6

【解】 由于有方案重复,容易带来差额投资内部收益率的多重值,因此,这里仅用净现值指标进行方案比选。三个方案的计算期不同,需取三个方案计算期的最小公倍数 12 年作为计算时间,在 12 年内 A 方案共有 4 个周期,重复更新 4 次;B 方案共有 3 个周期,重复更新 3 次;C 方案共有 2 个周期,重复更新 2 次。

根据表 8-4,编制 12 年内各方案净现金流量的数据表,见表 8-5。

表 8-5 最小公倍数 12 年内不同互斥型方案的净现金流量

计算期/年	现金流量/万元		
	方案 A	方案 B	方案 C
0	−2 000	−3 500	−5 000
1	1 000	1 500	2 000
2	1 000	1 500	2 000
3	−1 000	1 500	2 000
4	1 000	−2 000	2 000
5	1 000	1 500	2 000
6	−1 000	1 500	−3 000
7	1 000	1 500	2 000
8	1 000	−2 000	2 000
9	−1 000	1 500	2 000
10	1 000	1 500	2 000
11	1 000	1 500	2 000
12	1 000	1 500	2 000

根据表 8-5 和净现值的计算公式,可以求得三个互斥方案的净现值:

$$NPV_A = 1\ 212.7\ 万元$$
$$NPV_B = 2\ 452.0\ 万元$$
$$NPV_C = 5\ 277.3\ 万元$$

根据净现值大者为最优方案的原则,可以判断 C 方案为最优方案。

2)采用等额年值指标进行互斥型方案的比选。

等额年值具有等额不变的特性。一个方案无论重复多少次,其等额年值都是不变的。

因此，采用等额年值法无须重复方案就使开发经营期不等的方案具有可比性。这样，通过直接计算比较开发经营期不等的方案的等额年值，就可以得到与方案的多次重复相一致的比选结论。

【例 8-3】 以例 8-2 的数据为依据，采用等额年值法进行方案比选。

【解】
利用等额年值的计算式(8-6)，可以分别求得三个互斥方案的 AW 值为

$$AW_A = 178.0 \text{ 万元}$$
$$AW_B = 359.9 \text{ 万元}$$
$$AW_C = 774.5 \text{ 万元}$$

根据等额年值法的选择标准，仍以 C 方案为最优。

根据等额年值大者为最优方案的原则，可以判断 C 为最优方案

由此可见，计算一个周期的等额年值(原计算期的净现值)与计算最小公倍数统计算期的净年值，在选择最优方案的结果上是一样的。因此，在实践中一般按各方案的原计算期的净年值来进行方案比选。

(3)开发经营期较短的出售型房地产项目互斥型方案比选。对于开发经营期较短的出售型房地产项目，可直接采用利润总额、投资利润率等静态指标进行方案比选。因为比较简单，这里不再赘述。

(4)效益相同或基本相同的房地产项目互斥型方案比选。对效益相同或基本相同的房地产项目方案进行比选时，为简化计算，可采用费用现值指标和等额年费用指标直接进行方案费用部分的比选。

【例 8-4】 某投资项目拟订了三个使用功能相同的建设方案，三个方案的费用支出情况见表 8-6，残值均按初始投资的 10% 计算，基准收益率为 12%，试采用费用现值和等额年费用指标进行投资方案比选。

表 8-6 某投资项目各投资方案的有关数据

计算期	收支项目	互斥方案		
		A	B	C
0 年	初始投资额/万元	2 000	3 500	5 000
1～10 年	年经营费用/万元	400	600	800
10 年年末	残值回收/万元	200	350	500

【解】
(1)用费用现值法进行投资方案比选。根据费用现值的计算式(8-7)，可以得到三个互斥方案的费用现值：

$$PC_A = 2\,000 + 400(P/A, 12\%, 10) - \frac{200}{(1+12\%)^{10}} = 3\,739.3 (\text{万元})$$

$$PC_B = 3\,500 + 600(P/A, 12\%, 10) - \frac{350}{(1+12\%)^{10}} = 6\,039.2 (\text{万元})$$

$$PC_C = 5\,000 + 800(P/A, 12\%, 10) - \frac{200}{(1+12\%)^{10}} = 8\,339.2 (\text{万元})$$

计算结果表明，A 方案的费用现值最小，A 方案为最优方案。

(2)用等额年费用法进行投资方案比选。根据等额年费用指标的计算式(8-8),可求得三个方案的等额年费用:

$$AC_A = 661.8 \text{ 万元}$$
$$AC_B = 1\,068.8 \text{ 万元}$$
$$AC_C = 1\,475.9 \text{ 万元}$$

计算结果表明,A方案的等额年费用最小,所以A方案为最优方案。

由(1)、(2)两种比选结果可以看出,采用费用现值和等额年费用指标进行投资方案比选,其结果是相同的。

二、独立型方案的比选

1. 无资金限制的独立型方案比选

当投资者资金充裕,不受约束时,投资方案的选择可以按照单个方案的经济评价方法进行,即 $NPV \geqslant 0$ 或 $IRR \geqslant i_0$ 时,投资方案可行。$NPV < 0$ 或 $IRR < i_0$ 时,投资方案不可行。

2. 有资金限制的独立型方案比选

当各方案相互独立时,最常见的情况是投资资金有限制,资金不足以分配到全部经济合理的方案,这时就出现了资金的最优分配问题,或者说资金约束条件下的优化组合问题,即以资金为约束条件,来选择最佳的方案组合,使有限的资金得到充分运用,并能获得最大的总体经济效益,即方案组合的净现值之和最大。

有资金限制的独立型方案比选,最好的比选方法是互斥组合法,即把所有方案的组合都罗列出来,每个组合都代表一个满足约束条件(如资金及内部收益率约束)的项目总体中相互排斥的一个方案,这样就可以利用互斥型方案的经济评价方法,来选出最优的组合方案。

在实际的方案比选工作中,尤其是独立型方案的比选,经常出现这种情况,即所有的备选方案都不能让人满意:要么投资方案的风险溢价的水平和决策者的风险偏好不匹配;要么投资风险太大,盈利多少难以把握;要么风险虽小,但是收益水平欠佳;要么各单个投资方案都没有充分利用现有资源,造成浪费。也就是说,在实际的投资中,取得完美的投资方案只是一个理想情况。很少有方案能够同时在财务效益、社会效益和投资风险等诸方面都能够让人满意。因此,最终所选择的投资方案通常要经过一定的修正,甚至是几个备选方案的组合。当然,对于这个组合方案也要做可行性的论证。

本质上,房地产投资方案的组合是一次方案再造。组合的投资方案既降低了投资风险,又满足了各种类型的物业彼此的互补性需要,同时还能最大限度地利用开发商的资金等资源,满足对投资的现金流安排。

互斥组合法在方案比选中应用的一般步骤如下。

(1)列出独立方案的所有可能组合。
(2)剔除不满足约束条件的投资组合。
(3)按投资额从小到大排列投资方案组合。
(4)计算各组合投资方案的 NPV(或 ΔIRR)。
(5)用最大 NPV(或 ΔIRR)作为选择标准选出最优方案组合。

【例 8-5】 某房地产公司即将开发的投资项目有四个相互独立的投资方案,各方案投资额、每期期末的年净收益以及寿命期见表 8-7,如果基准收益率为 10%,开发公司能承受的总投资额的上限(包括自有资金和融资额)是 30 000 万元,试进行投资方案的比较选择。

表 8-7 某项目独立方案的数据

方案	初始投资额/万元	年净收益/万元	寿命期/年
A	4 000	1 000	10
B	7 000	2 500	10
C	10 000	3 200	10
D	15 000	4 000	10

【解】

(1)列出独立方案的所有可能组合。从表 8-7 可以看出四个独立方案都没有充分利用公司现有资金,不能实现收益最大化的目标,因此,单个的投资方案不再作为可能的投资方案,而只考虑其他组合。具体的可能组合方式见表 8-8,共有 10 组。

表 8-8 独立方案的可能组合及计算

序号	组合方案	总投资额/万元	总年净收益/万元	NPV/万元	NPV 排序	组合结果
1	AB	11 000	3 500	9 550.9	8	保留
2	AC	14 000	4 200	10 733.8	6	保留
3	BC	17 000	5 700	16 385.5	4	保留
4	AD	19 000	5 000	10 657.1	7	保留
5	ABC	21 000	6 700	18 335.1	1	保留
6	BD	22 000	6 500	16 308.8	5	保留
7	CD	25 000	7 200	17 491.7	3	保留
8	ABD	26 000	7 500	18 258.4	2	保留
9	BCD	32 000	—	—	—	超额,剔除
10	ABCD	36 000	—	—	—	超额,剔除

(2)剔除不满足约束条件的投资组合。从表 8-8 中可以看出,组合投资方案 BCD、ABCD 的总投资额都超过开发公司能承受的总投资额上限 30 000 万元,因此予以剔除。

(3)按投资额从小到大排列投资方案组合,共有 8 组。

(4)以 $i_0=10\%$ 作为折现率计算各个投资组合方案的净现值,填入表中。

(5)用 NPV 最大作为选择标准选出最优方案组合。通过比较可以发现,在符合条件的组合方案中,ABC 组合方案获得的总净现值是最大的,在 NPV 排序中为第一,因此选择方案 ABC 作为最优方案组合。

第九章　房地产项目的国民经济评价与社会评价

知识目标

1. 掌握房地产项目国民经济评价及社会评价的含义；
2. 了解房地产项目国民经济评价及社会评价的目的；
3. 掌握房地产项目国民经济评价及社会评价的方法；
4. 了解房地产项目国民经济评价报表的编制。

能力目标

1. 能解释房地产项目国民经济评价及社会评价的含义；
2. 能进行房地产项目国民经济评价及社会评价分析。

随着改革开放的不断深入以及国民经济的迅猛发展，我国城市化进程日益加快，各行各业繁荣发展。在我国经济高速发展的同时，房地产投资活动也越来越活跃，房地产业作为国民经济的支柱产业，为我国的经济繁荣做出了重大贡献。

房地产项目的经济效益评价是房地产可行性研究中的核心内容，是房地产投资决策分析过程中的关键步骤，是房地产开发项目投资决策的有效依据。科学、正确的投资决策对于房地产企业及投资者来说至关重要。针对投资项目全面的分析、论证，以及各方案之间相互比较与评价，可以保障拟建项目在技术上可行、环境上允许、经济上合理，并且可带来显著的综合效益。所以，只有加强对房地产投资项目经济效益评价的重视，才能减少甚至避免投资决策的盲目性，同时提高相关单位的经济效益，保障城市土地合理使用，符合相关国民经济利益。

第一节　房地产项目的国民经济评价

一、国民经济评价的概念及目的

国民经济评价是指从国家的整体经济出发，以能反应实际价值的影子价格、影子工资、影子汇率，计算工程项目的费用和效益并消除各项内部转移支付，从国民经济全局的角度出发，考察项目的经济合理性和在宏观经济上的可行性。

国民经济评价的目的是把国家有限的各种资源（包括资金、外汇、劳动力、土地和自然资源等）投入国家和社会最需要的项目，并使这些可用于投资的社会有限资源能够合理配置和有效利用，以取得最大的投资效益。

那么房地产项目的国民经济评价作为房地产开发项目可行性研究的前提，有着非常重要的作用。假设，从投资企业的角度分析该项目的结论是可行的，而站在整个国民经济和社会评价角度是不可行的，那必须以国民经济评价作为最终决策标准；如果站在国民经济和社会评价的角度看项目是可行的，站在企业角度评价是不可行的，则国家或当地政府应考虑给予企业适当的政策支持和优惠，帮助其在企业的经济角度上具备可行性。

二、国民经济评价的方法

房地产项目的国民经济评价是从国民经济的角度，考察投资项目所消耗的社会资源及其对社会的贡献，从而评估项目的合理性。通过识别国民经济效益与费用，计算和选取影子价格，编制国民经济评价表，计算国民经济评价指标并进行方案的比选，从而确定最终行之有效的投资方案。

1. 国民经济效益及国民经济费用

（1）国民经济效益是指项目对国民经济所做的贡献，分为直接效益和间接效应两种。

其中，直接效益是指由项目产出物直接生成，并在项目范围内计算的经济效益。其表现如下：

1）增加项目产出物或服务的数量以满足国内需求的效益；

2）替代效益较低的相同或类似企业的产出物或者服务，使被替代企业减产（停产），从而减少国家有用资源耗费或者损失的效益；

3）增加出口或者减少进口，从而增加或者节支的外汇等。

（2）国民经济费用是指国民经济为项目所付出的代价，同样分为直接费用与间接费用两种。

直接费用由项目使用投入物所形成，并在项目国内计算的费用。其表现如下：

1）其他部门为本项目提供投入物，需要扩大生产规模所耗用的资源费用；

2）减少对其他项目或者最终消费投入物的供应而放弃的效益；

3）增加进口或者减少出口，从而耗用或者减少的外汇等。

间接效益与间接费用是指项目对国民经济做出的贡献与国民经济为项目付出的代价中，在直接效益和直接费用未得到反映的那部分效益和费用。

2. 转移支付

项目的某些财务收益和支出，从国民经济角度看，并没有造成资源的实际增加或者减少，而是国民经济内部的"转移支付"。不计做项目的国民经济效益与费用。

转移支付的主要内容如下：

（1）国家和地方政府的税收；

（2）国内银行借款利息；

（3）国家和地方政府给予项目的补贴。

如果以项目的财务评价为基础进行国民经济评价时，应从财务效益与费用中剔除在国民经济评价中计作转移支付的部分。

3. 国民经济评价参数

国民经济评价参数体系分为通用参数和一般参数。

（1）通用参数（如社会折现率、影子汇率和影子工资等），由有关专门机构组织测算和发布。

(2)一般参数(货物影子价格等)，由行业或者项目评价人员测定。

4. 影子价格

影子价格是依据一定原则确定的，能够反映投入物和产出物真实经济价值，反映市场供求状况，反映资源稀缺程度，使资源得到合理配置的价格。

影子价格是进行项目国民经济评价，计算国民经济效益与费用时专用的价格，进行国民经济评价时，项目的主要投入物和产出物价格，原则上都应采用影子价格。

(1)政府调控价格货物的影子价格。有些货物或者服务不完全由市场机制形成价格，而是由政府调控价格，例如由政府发布指导价、最高限价和最低限价等。这些货物或者服务的价格不能完全反映其真实价值。在进行国民经济评价时，应对这些货物或者服务的影子价格采用特殊方法确定。

(2)确定影子价格的原则。

1)投入物，按机会成本分解定价。

2)产出物，按消费者支付意愿定价。

(3)土地影子价格。土地影子价格反映土地用于该拟建项目后，不能再用于其他目的所放弃的国民经济效益，以及国民经济为其增加的资源消耗。土地影子价格按农用土地和城镇土地分别计算。

农用土地的影子价格是指项目占用农用土地后国家放弃的收益，由土地的机会成本和占用该土地而引起的新增资源消耗两部分构成。

城镇土地影子价格通常按市场价格计算，主要包括土地出让金、征地费、拆迁安置补偿费等。

5. 影子汇率

影子汇率是指能正确反映外汇真实价值的汇率(投资项目投入物和产出物涉及进出口的，应采用影子汇率换算系数调整计算影子汇率)。

6. 社会折现率

社会折现率代表社会资金被占用应获得的最低收益率，并用作不同年份资金价值换算的折现率。可根据国民经济发展多种因素综合测定。

三、国民经济评价报表编制

(1)国民经济效益费用流量表一般在项目财务评价基础上进行调整编制。以项目财务评价为基础编制国民经济效益费用流量表，应注意合理调整效益与费用的范围和内容。步骤如下：

1)剔除转移支付，将财务现金流量表中列支的销售税金及附加、增值税、国内借款利息作为转移支付剔除。

2)计算外部效益与外部费用，根据项目的具体情况，确定可以量化的项目外部效益和外部费用。分析确定哪些是项目重要的外部效果，需要采用什么方法估算，并保持效益费用的计算口径一致。

3)调整建设投资，用影子价格、影子汇率逐项调整构成投资的各项费用，剔除涨价预备费、税金、国内借款建设期利息等转移支付项目。

4)调整流动资金,财务账目中的应收、应付款项及现金并没有实际耗用国民经济资源,在国民经济评价中应将其从流动资金中剔除。

5)调整经营费用,用影子价格调整各项经营费用,对主要原材料、燃料及动力费用用影子价格进行调整;对劳动工资及福利费用,用影子工资进行调整。编制国民经济评价经营费用调整表。

6)调整销售收入,用影子价格调整计算项目产出物的销售收入。编制国民经济评价销售收入调整表。

7)调整外汇价值,国民经济评价各项销售收入和费用支出中的外汇部分,应用影子汇率进行调整,计算外汇价值。从国外引入的资金和向国外支付的投资收益、贷款本息,也应用影子汇率进行调整。

8)编制项目国民经济效益费用流量表和国内投资国民经济效益费用流量表。

(2)有些项目也可以直接编制。其步骤如下:

1)确定国民经济效益、费用的计算范围,包括直接效益、直接费用和间接效益、间接费用。

2)计算各种主要投入物的影子价格和产出物的影子价格,并在此基础上对各项国民经济效益和费用进行估算。

3)编制国民经济效益费用流量表。

第二节 房地产项目的社会评价

一、社会评价的概念及目的

房地产项目社会评价是指系统地调查和收集与项目相关的社会因素和社会数据,了解项目实施过程中可能出现的社会问题,研究、分析对项目成功有影响的社会因素,提出保证项目顺利实施和效果持续发挥的建议和措施的一种项目评价方法。

通过社会评价方法,分析项目所在地区的社会环境对项目的适应性和可接受程度,通过分析项目涉及的各种社会因素,提出项目与当地社会需协调的关系,规避社会风险,促进项目顺利实施,保持社会稳定。

影响项目的社会因素很多,涉及面很广,在进行社会评价时多为定性分析,很难定量判断。

二、社会评价的方法

从房地产项目的社会评价框架体系来看,社会评价秉持以人为本的原则,研究内容包括项目的社会影响分析、项目与所在地区的互适性分析和社会风险分析三个方面的内容。

1. 社会影响分析方面

项目的社会影响分析主要从以下7个方面来进行:

(1)项目对所在地居民收入的影响。分析预测由于房地产项目实施可能造成当地居民收入增加或减少的范围、程度及其原因。

(2)项目对所在地区居民生活水平和生活质量的影响。分析预测项目实施后居民消费水平、消费结构、家庭结构变化、收入变化等其原因。

(3)项目对所在地区居民就业的影响。分析预测项目的建设、运营对当地居民就业结构和就业机会的正面影响和负面影响。其中正面影响是增加就业机会和就业人数，从而带来的社会积极效应；负面影响是指可能减少原有就业机会和就业人数，以及由此引发的社会矛盾。

(4)项目对所在地区不同利益群体的影响。分析预测项目的建设和运营所带来的受益或受损群体，以及对受损群体的补偿措施和途径。例如拆迁安置项目的经济补偿，或项目兴建过程中带来的消费需求。

(5)项目对所在地区文化、教育、卫生的影响。分析预测项目的建设和运营期间是否可能引起的当地文化教育水平、卫生健康程度的变化以及对当地人文环境的影响，提出减小不利影响的措施建议。保障性项目要特别加强这项内容的分析。

(6)项目对当地基础设施、社会服务容量和城市化进程的影响。分析预测项目的建设和运营期间，是否可能增加或者占用当地的基础设施，包括道路、桥梁、供电、供给排水、供汽、服务网点，以及产生的影响。

(7)项目对所在地区少数民族风俗习惯和宗教的影响。分析预测项目的建设和运营是否符合国家的民族和宗教政策，是否充分考虑了当地民族的风俗习惯、生活方式或者当地居民的宗教信仰，是否会引发民族矛盾、宗教纠纷，影响当地社会安定。

2. 互适性分析方面

互适性分析主要分析预测项目的建设和运营能否为当地的社会环境、人文条件所接纳，以及当地政府、居民支持项目存在与发展的程度，考察项目与当地社会环境的相互适应关系。

(1)分析预测与项目直接相关的不同利益群体对项目建设和运营的态度。选择可以促使项目成功的各利益群体的参与方式，对可能阻碍项目存在与发展的因素提出防范措施。因此，有必要在项目周期的各个阶段，对社区参与的可行性进行考察和评估，其考察的内容：分析项目社区中不同利益集团参与项目活动的重要性，分析当地人民的参与有影响的关键的社会因素，分析在项目社区中是否有一些群体被排斥在项目设计之外或在项目的设计中没有发表意见的机会，分析找出项目地区人民参与项目设计、准备和实施的恰当的形式和方法。

(2)分析预测与项目所在地区的各类组织对项目建设和运营的态度。

1)分析当地政府对项目的态度及协作支持的力度。如果投资者不是当地政府及其下属企业，则项目的建设和运营必须征得当地政府的同意并取得支持和协作，尤其是大型项目，在后勤保障等一系列问题上更离不开社会支撑系统。应当认真考察需要由当地提供交通、电力、通信、供水等基础设施条件，粮食、蔬菜、肉类等生活供应条件，医疗、教育等社会福利条件的，是否能够得到有力保障。

2)分析当地群众对项目的态度以及群众参与的程度。任何一个项目，必须造福于民、取信于民，使群众以各种方式参与到项目的设计、决策、建设、运营和管理中来，才能得到群众的拥护和支持。评价者要判明项目的受益者是谁，受益面多大，受损者是谁，受损程度如何，怎样给予合适的补偿，这些问题都应在社会评价中予以解决。

3. 社会风险分析方面

项目的社会风险分析是对可能影响项目的各种社会因素进行识别和排序，选择影响面大、持续时间长，并容易导致较大矛盾的社会因素进行预测，分析可能出现这种风险的社会环境和条件，并提出有效的解决方案。例如，进行大型房地产项目的建设过程中，就要分析项目占地的移民安置和受损补偿问题。如果移民群众的生活得不到有效保障或生活水平大幅度降低，受损补偿又不尽合理，群众抵触情绪就会滋生，就会直接导致项目工期的拖延，甚至会给项目预期效益的实现带来风险。

第十章　房地产开发项目可行性分析报告撰写

知识目标

1. 了解房地产开发项目可行性分析报告的构成；
2. 掌握房地产开发项目可行性分析的方法；
3. 掌握房地产开发项目可行性分析报告的主要内容。

能力目标

1. 能进行房地产开发项目可行性分析报告的撰写；
2. 能评价房地产开发项目可行性分析报告优劣。

第一节　房地产开发项目可行性分析报告的基本构成

通过前九章的学习，我们已经知道房地产投资分析的目的、任务、内容，具体描述了房地产投资环境分析、市场分析的内容与方法，投资基础数据的估算分析、财务分析、不确定性分析以及投资决策分析方法。具体工作完成以后需要形成一份报告，提交给客户或者决策者，这份报告通常称为可行性分析报告。可行性分析报告是开发商进行最终决策的依据，是开发商筹集建设资金的依据，是开发商与有关各方签订协议或合同的依据。

一个房地产开发项目可能有三份可行性报告：第一份是侧重市场调查分析和财务分析的内部报告；第二份是侧重社会效益、环境分析的呈递给政府相关部门审批的报告；第三份则是侧重盈利能力分析和偿债能力分析的提交给银行等金融机构进行融资的报告。

可行性分析报告一般由封面、摘要、目录、正文、附表和附图六个部分构成。

一、封面

封面应注明项目名称、投资者单位名称或姓名（说明了报告是为谁撰写的）、可行性分析报告的撰写单位和撰写时间等内容。同时应注意封面的字体设计、排版，使其美观、重点突出。

二、摘要

摘要用简洁、明了的语言，把关键的信息告诉读者，例如项目所在地的市场情况、项目本身的情况和特点，写清研究项目、研究结果及结论。一般来说，摘要的读者对象是没有时间看详细报告但又对项目的决策起决定性作用的人，所以，摘要的文字要言简意赅。

摘要通常写完报告以后再写，字数以 300~500 字为宜。

三、目录

目录的设计旨在帮助读者找到报告中的相应内容。一份非常短的报告不需要目录，但一份较长的报告则必须有一份目录，目录通常显示三级就可以了，正文部分的标题设置为"标题"格式以后，可以自动生成目录。

四、正文

正文是可行性分析报告的主体，一般要按照逻辑顺序，从总体到细节循序进行。对于投资决策使用的可行性分析报告，通常包括的具体内容有项目总说明、项目概况（含区位描述或分析）、投资环境分析、市场分析、项目规划与产品定位、项目投资基础数据的估算、财务分析、不确定性分析、结论与建议等内容。如果是立项审批使用的可行性分析报告，还应包括项目开发组织机构和组织方式、环境影响评价、社会效益分析等方面的内容。因此，可行性分析报告正文中应包括什么内容，要视可行性分析的使用者确定，如果需要对建设项目的技术可行性进行分析，则应增加建筑结构及组织施工方面的可行性论证分析内容。

五、附表

对于正文中不便插入的较大表格，为了使读者便于阅读，通常将其按顺序编号后附于正文之后。对于房地产开发投资者使用的可行性分析报告，一般包括市场调查分析表、规划设计方案主要数据列表、项目总投资估算表、租售收入与经营税金及附加估算表、借款还本付息估算表、土地增值税估算表、投资计划与资金筹措表、利润表、资金来源与运用表、现金流量表、敏感性分析表等。

六、附图

为了辅助文字说明，使读者很快建立空间的概念，通常要有一些附图。这些附图一般包括项目位置示意图、项目规划用地红线图、规划设计方案平面图、项目用地附近的土地利用现状图、项目用地附近竞争性项目分布示意图等。

第二节 房地产开发项目可行性分析报告正文的写作要点

一、项目总论

1. 项目背景

项目总说明的内容包括项目背景、开发商的目前状况与过去的主要业绩、可行性分析的目的、可行性分析的时点、可行性分析报告编制的依据、分析的假设及有关说明等。

2. 可行性研究结论

可行性研究结论主要包括宏观投资环境分析、项目市场前景预测、投资估算和资金筹措、项目经济效益结论及建议。

二、项目概况

项目概况应该包括项目基本状况描述、区位状况描述。

1. 项目基本状况描述

对房地产开发项目基本状况的描述,应简要说明以下方面:

(1)名称:说明投资分析对象的名字。
(2)坐落:说明投资分析对象的具体地点。
(3)四至:说明投资分析对象的四邻。
(4)出让规定文件设定的规划条件:说明咨询对象的规划用地面积、容积率、绿化率、建筑密度、规划用途、建筑高度限制、教育配套要求等。
(5)宗地现状。
(6)地势、地表现状,地形地貌:如地形是否规整,是否有市政代征地、市政绿化带、市政道路、名胜古迹、江河湖泊等因素分割土地地块。地表是否涉及居民拆迁、旧厂搬迁或其他改造等,并说明拆迁对项目开发进度的影响;地下情况,包括管线、地下电缆、暗渠,土地的历史使用等。
(7)附图:平面地形图,标记四至范围及相关数据;地形地貌图,主要反映宗地地面建筑。

2. 区位状况描述与分析

区位状况包含的内容比较多,为了使报告条理更清晰,描述与分析可以参考以下几个部分进行说明。

(1)位置描述。说明项目在所在城市的方位。
(2)交通描述。通过道路及公共交通线路说明交通的通达性及便捷性。
(3)周围环境和景观描述。
(4)外部配套设施描述。

说明公共配套设施及基础配套设施的情况,如项目的道路、水、电等基础市政配套情况,一般重点需要说明的道路现状及规划发展,包括现有路幅、规划路幅,规划实施的时间,与宗地的关系(影响)。

三、项目投资环境分析

项目投资环境分析主要针对宏观经济与社会发展环境、政策法规环境、自然条件、基础设施、城市发展规划环境等进行分析,总结宏观投资环境对房地产行业发展及本项目开发的启示。

四、房地产市场分析

房地产市场分析内容组织按第三章所介绍的三个层次进行组织,从大到小进行论述。

1. 城市总体房地产市场分析

城市总体房地产市场分析主要分析项目所在城市的房地产市场总体供给、需求状况,平均价格及其近年的走势等,对未来房地产市场发展研判。

2. 区域住宅市场成长状况

区域住宅市场成长状况包括各档次同类区域内分布状况、购买人群变化等，区域住宅市场各项指标成长状况。如，开工量/竣工量、销售量/供需比、平均售价等；分析区域内供应产品特征。

3. 区域内竞争项目分析

区域内竞争项目分析包括项目周边楼盘个案分布图、未来 2～3 年区域内可供应土地状况、产品供应量和产品类型，各竞争项目的去化情况、成交均价、销售周期等。

4. 结论

(1)区域市场在整体市场的地位及发展态势。
(2)本案所在位置的价位区间和本案开发产品的价位区间。
(3)本案在区域市场内的机会点。

五、项目定位

1. 开发项目 SWOT 分析

对项目优势、劣势、机会、威胁进行分析，通过 SWOT 的分析总结项目开发策略。

2. 目标市场分析与项目定位分析

(1)目标市场分析包括目标客户分析(打算购买该房子的人是第一类人)；目标客户群的状态(年龄、职业、收入)、行为(生活方式、消费模式)、地理分布；目标客户购房动机分析；目标客户群的需求特点、需求的区位分布；目标市场对价格的承受能力分析等，最后概括总结拟建项目的特色。

(2)项目定位分析。通过上述分析，确定本项目的风格、市场地位、销售对象，以便与目标群体需求相呼应。

六、项目规划与产品设计

在考虑投资项目出让规划条件限制及项目已有定位的基础上，提出开发方案，具体内容包括但不限于以下内容：

(1)项目总体规划：建筑总面积、档次、功能面积分配、总户数、绿地率等，列表说明项目各项技术指标。
(2)产品形态分析：栋数、高低配比、户型配比等。
(3)绿化景观规划：说明项目景观打造的设想，为估算绿化费用提供依据。
(4)规划设计可行性分析：分析规划条件、土地本身特征、周边环境、配套设施、市场分析结果对产品设计的影响及解决方案。

七、项目开发建设进度安排

项目开发建设进度安排主要包括有关工程计划说明、前期开发计划、工程建设计划、项目实施安排、编制项目计划进度表及画出项目进度计划横道图等。

八、投资估算与资金筹措

1. 项目总投资估算

详细说明各种成本要素的估算方法及估算依据，估算指标确定方法，估算说明列完后，汇总形成总投资的估算结果报表。

2. 销售收入及销售税金估算

说明房地产项目租售计划，包括拟租售的房地产类型、时间和相应的数量、租售价格及收款方式。测算项目分期销售收入及销售税金。

估算土地增值税，形成"土地增值税估算表"。

3. 项目投资来源、筹措方式确定

根据工程进度计划做出资金投入，结合资金投入计划及回款计划，完成项目的资金筹措方案，并形成"投资计划与资金筹措表"。

九、项目经济效益分析

项目经济效益分析是可行性分析报告最关键的部分。房地产开发项目的财务分析，应在数据基础上，编制利润表、现金流量表等基本报告，并计算各项经济指标值，分析项目三个方面的能力，具体为项目盈利能力分析；项目偿债能力分析；财务生存能力分析。

如何分析，详见第六章财务评价的相关内容。

十、项目不确定性及风险分析

1. 项目盈亏平衡分析

项目盈亏平衡分析主要说明盈亏销售率、盈亏平衡销售单价。

2. 项目敏感性分析

项目敏感性分析选择销售收入、建安工程费（开发建设投资）作为敏感性要素，分析两要素发生变化时内部收益率（税前）、财务净现值（税前）指标影响，列敏感性分析表及做敏感性分析图。

3. 项目风险分析

项目风险分析主要包括项目竞争风险、政策风险、市场风险、筹资风险等的分析。

十一、项目社会经济评价及环境影响评价

规模比较大的住宅项目或者非住宅类项目应进行社会经济评价及环境影响评价，分析项目为社会带来的经济效益及社会为项目所付出的代价，项目开发建设给环境带来的影响评价。评价方法见本书第九章。

十二、项目可行性研究结论与建议

(1) 项目可行性研究结论。
(2) 项目主要问题及解决建议。
(3) 项目风险及防范建议。

第三节　房地产开发项目可行性分析报告案例

一、总论

(一)项目概况

1. 项目情况

(1)项目名称：顺天大厦。
(2)项目地址：××市××区。
(3)总建筑面积：19 160 m²。其中：公寓及写字间约 11 369 m²，商铺约 5 091 m²，地下停车场及设备用房约 2 660 m²。
(4)建筑高度：15 层(含地下一层)。

2. 建设单位情况

(1)建设单位：××市××房屋开发有限公司。
(2)法人代表：×××。
(3)资质等级：房地产开发企业资质三级。
(4)公司地址：××省××市××区彩塔街 11 号。

(二)项目建设的必要性

略。

(三)可行性研究报告编制依据

(1)《投资项目可行性研究指南》，2002，国家计委，计办投资〔2002〕15 号文件，中国电力出版社。
(2)《建设项目经济评价方法与参数(第三版)》，2006，中国计划出版社。
(3)其他有关依据资料。
(4)项目批复文件。
(5)(略)。

(四)主要技术经济指标与研究结论

表 10-1　顺天大厦项目主要技术经济指标表

序号	项目	指标	单位
一	建筑类		
1	总建筑面积	19 160	m²
2	占地面积	6 105.3	m²
二	投资类		
1	项目投入总资金	10 175.08	万元

续表

序号	项目	指标	单位
1.1	土地取得费用	3 064.86	万元
1.2	前期费用	210.76	万元
1.3	城市基础设施配套费	283.57	万元
1.4	建筑安装工程费	4 897.30	万元
1.5	园区配套费	574.80	万元
1.6	管理费用	135.47	万元
1.7	销售费用	220.60	万元
1.8	财务费用	434.15	万元
1.9	预备费	353.57	万元
2	资金筹措	10 175.08	万元
2.1	项目资本金	4 000.00	万元
2.2	银行借款	5 194.54	万元
2.3	销售收入投入	964.91	万元
三	财务类		
1	净现值(税后 $i_c=8\%$)	669.15	万元
2	内部收益率(税后)	14.84	%
3	静态投资回收期(税后)	1.91	年
4	借款偿还期	1.79	年

"顺天大厦"项目经测算，预计总投资为 10 175.08 万元，预计总销售收入为 13 787.685 万元，经计算，该项目的盈利水平较高、偿债能力较强，而且销售收入及建设投资等不确定性因素基本处于可控范围之内，因此，项目可行，值得投资。

二、项目选址和建设条件

(一)项目所处区域

(1)××市概况(略)。
(2)××区概况(略)。

(二)项目建设地点

1. 项目位置

(1)东：现状住宅。
(2)南：航空西路。
(3)西：滂江街。
(4)北：107 中学。
(5)项目位置图(略)。

2. 周边配套设施提高了项目的宜居性

项目地块所在地是城市中心次热点区域，西临城市内环线交通干道的滂江街；北为沈阳市重点初中 107 中学；正东为辽宁省重点中学沈阳市第一高级中学；周边有以"东逸花园"为首的等高档生活社区；有"世纪联华"大型商业卖场；西南面为距今已有百年历史万泉公园，园区内水面面积为 5.23 hm^2，草木繁茂。项目所在地的自然环境优越，区位条件良好。

3. 即将建成地铁提高了项目未来的发展潜力

项目地块处于滂江街地铁站南延长线上。目前，滂江街附近的星级宾馆只有黎明国际酒店，没有大型的商场和高档的写字楼，而这里将是地铁一号线和地铁五号线的交会点，未来的商流、客流量将十分巨大。大东区将据此打造发展潜力巨大的滂江商贸圈。

4. 沈阳发展规划为项目提供了无限想象空间

根据沈阳市的发展战略，中捷友谊厂、矿山机械厂都将搬迁至铁西新区，这就为地铁滂江站提供了广阔的空间。在这里将建设义乌沈阳国际商贸城，义乌的商品将通过这里发往东北各地。同时，在地铁滂江站东部将建设大型的商场、星级的宾馆、高档的写字楼，使这里成为新兴的商贸圈。

(三)建设条件

1. 自然环境条件

略。

2. 工程地质条件

该地段地处浑河南岸二级冲积阶地，地表为较厚的第四系冲积物，地基承载力较大，地下岩性稳定，季节性冻土层厚度约 1.2 m。经工程地质初勘，地基岩土稳定，无不良地质现象，适宜工程建设，一般多层、高层均可采用常规桩基础。

3. 基础设施条件

随着道路的改建、扩建和新建，给水、雨水、污水、电力、电信、集中供热、燃气等多条市政管线已相继敷设至本地段，完全能够满足本项目的建设开发、使用经营需要。项目建设具备的基础设施条件表见表 10-2。

表 10-2 项目建设具备的基础设施条件表

类别	容量或管线直径	备注
电力	10 kV 和 6 kV 线路	可满足二级符合要求
集中供热	惠天热电 φ1 500 供热管线	
给水	××市东部水厂供水管线	
电信	可满足 1 000 对中继线	
燃气	φ800 的中压和 φ500 低压管线	

三、市场分析

(一)沈阳市写字楼市场现状

1. 写字楼市场的区域特征逐渐形成

沈阳市写字楼现有项目主要分布于三个区域，即太原街商业区周边，如总统大厦、中兴商业大厦写字楼、海润国际等；市府广场周边，如方圆大厦、新基火炬大厦、沈阳财富中心等；三好街及青年大街一带，如华新国际大厦、中润国际、百脑汇资讯广场等。也开始出现了一些至少在价格上可以与发达城市高档写字楼物业相当的项目，如总统大厦、方圆大厦等几个沈阳市场上的顶级写字楼，年租金已达到 1 400 元/m^2。而目前深圳市的顶级写字楼华润中心，平均租金换算为年租金 1 560 元/m^2，地标性建筑地王大厦年租金也仅为 1 200 元/m^2。

当然，与全国几个发达城市比较，沈阳的写字楼市场还是不成熟的。从同价位产品质量比较，所形成的商务中心成熟度的比较，写字楼物业服务水平的差异等方面，都可以看出与北京、上海、深圳、广州等城市的相对成熟的写字楼市场的较大差距。当然，这是与沈阳的经济发展水平相对应的。

2. 写字楼开发商大多都是本土企业

与北京、上海等发达城市中统一业权写字楼物业大多由外资或港资发展商持有不同的是，沈阳市的统一业权写字楼物业基本由本地开发商持有，甚至在沈阳市写字楼市场上，包括高档写字楼市场，外地发展商较少，除上海昌鑫开发的昌鑫置地广场，新加坡华新国际开发的华新国际大厦等少数的几个外地资本项目，其余均为本地发展商开发，而本地的发展商大多具有工业企业集团资本背景。当然，这与沈阳作为老工业基地的历史经济背景联系在一起。但是沈阳作为东北的经济中心、物资流通中心，以及国家振兴东北的大背景，沈阳写字楼市场有很大的发展潜力。

随着对沈阳经济的进一步发展，作为东北商贸中心功能的进一步完善，会有越来越多的外地资本进入沈阳的写字楼市场，越来越多的更加专业的商业地产发展商会进入沈阳市场，提供更多高素质的统一产权的写字楼物业。

3. 沈阳市写字楼市场上的产品质量差异较大

从写字楼物业内部的配套水平、装修水平到物业服务水平都存在较大差异，当然，相应的价格也存在较大的差异。这样的差异是由于沈阳写字楼市场上存在的写字楼既有近几年上市的引进较先进设计理念的高档次写字楼物业，也有大量的由非专业的房地产开发商开发销售或出租的质量参差不齐的中低档次的写字楼。相应的写字楼物业服务市场水平与发达城市市场也有较大差距。只有极少数的高档次写字楼物业由专业的高素质写字楼物业服务公司接手，大部分是发展商自己成立的附属物业服务公司或者市场上小规模的物业服务公司。

4. 统一业权写字楼物业服务主要由开发商自营

可以认为统一业权形式下发展商有在商务配套上投入更大成本的动机。而统一业权的写字楼物业服务水平不显著高于分散业权的写字楼物业服务水平。实际上，在实地调查中发现，统一业权的写字楼项目的物业大多由发展商自己的物业服务公司接管。如房地产大厦(金厦广场)的金厦物业，玛丽兰总统大厦的玛丽兰物业(仲量联行为合作方)，东北电力开发的光明大厦的东电物业，以及世鸿地产的三个统一业权写字楼项目均由世鸿的鸿运物业接管。

实际上沈阳市写字楼物业服务市场上高质量的专业物业服务公司较少，除了地王国际的凯宾斯基酒店管理，汇宝国际的世邦魏理士，以及商贸国际的戴德梁行等少数几个知名的写字楼物业服务公司，其余的都是沈阳市本地的小型的物业服务公司或附属于发展商的物业服务公司，管理水平参差不齐。随着更专业的写字楼开发商进入沈阳市写字楼市场，更多符合现代商务活动要求的写字楼也要求相应的高水平的物业服务，将会有更多的专业的写字楼物业服务公司出现。

(二)沈阳市写字楼市场分类研究

1. 酒店连体项目

此类项目是依托于较高档次酒店，酒店的开发商在开发酒店时将部分物业作为商务目的的招租，并与酒店物业统一管理，此类物业包括四星级酒店高登国际大酒店的写字楼项目，以及四星级酒店皇城酒店的写字楼项目。

2. 开发商持有项目

房地产开发商开发并持有的中高档写字楼物业，包括华新国际开发的华新国际大厦，玛丽兰房地产开发公司开发的总统大厦等。另外，还包括由世鸿地产开发并统一持有的三个中档写字楼物业鸿洋大厦、东祥大厦、鸿运大厦等。

3. 非专业房地产企事业单位持有项目

这类是由大型非专业房地产企事业单位开发小部分自用，大部分出租的写字楼项目。比较具有代表性的是建筑面积 7.3 万 m^2 的房产局开发的房地产大厦(金厦广场)，以及东北电力开发的光明大厦。

(三)项目影响因素分析

由于写字楼市场的影响因素众多而复杂，因此有必要对其进行归纳和分类。本文主要从影响写字楼需求及价值的范围来分类归纳，划分为一般因素、区域因素和个别因素三类，各类中又有众多不同的次一级的影响因素、因子，构成写字楼的需求量影响因素体系。

具体要素分析(略)。

(四)项目 SWOT 分析

1. 优势

该项目地块处于滂江街地铁站南延长线上。目前，滂江街附近的星级宾馆只有黎明国际酒店，没有大型的商场和高档的写字楼，而这里将是地铁一号线和地铁五号线的交会点，未来的商流、客流量将十分巨大。大东区将据此打造发展潜力巨大的滂江商贸圈。

(1)地理位置优越。"顺天大厦"位于滂江街的城市交通内环线主干道上。该地区处于市中心商业区"中街"的边缘，是城市中心次热点的地理位置，又处于规划中极具发展潜力的滂江街商贸圈的上游，"依繁华存在，享都市宁静"。

(2)绿化与景观。"顺天大厦"地处老生活区，在景观方面似乎没有什么优势，但大厦正处于万泉公园北面，登高远眺，密集而有序的绿化景观便展现在眼前。

(3)成熟的环境配套。"顺天大厦"的周边过去是老城区的传统小商业，经过近几年现代生活区的开发，现代商业已经形成；而这里的文化氛围是早已形成的，有省市的重点学校、专业医院、国家重点研究所等；邮政、银行、商业、宾馆和商务公寓等环境配套逐渐积聚和发展起来。深厚的文化积淀、雄厚的科技实力、完善的基础设施，可满足多方面需求，形成良好的投资创业环境。

(4)市、区两级政府的战略规划。在未来城市战略规划中,这里是沈阳市东部的新兴商贸圈,是沈阳市的又一个商业集散地。大东区结合地铁建设提出"一带三圈"的规划,滂江街站口的商贸圈,将建设大型的商场、星级宾馆、高档写字楼,充分发挥向四周辐射的功能,使这里成为现代商贸圈。"顺天大厦"的开发建设必将成为这里的亮点。

(5)项目的建筑质量和内在环境。发展商丰富的开发经验,严谨的施工管理,先进的建筑技术,低能耗的功能设计,楼宇智能化的引入,生态环境的构建,是项目的质量保证和内涵所在。

2. 劣势

(1)没有形成规模效应。项目建筑面积不足 2 万 m^2,规模较小。

(2)临时停车受到限制。由于邻近一线马路,临时停车量有一定局限。

(3)商住氛围不明显。目前项目区域内未形成成熟的商住氛围,是销售不可忽略的难点。

(4)公交线路较少。大厦前的公共交通线路仅有两条,而其他公共交通线路距大厦有超过步行五分钟以上的距离,对商住有一定影响。

3. 机会

(1)地理位置具有发展潜力。"顺天大厦"是位于地理位置极具发展潜力和投资升值空间的多功能建筑。

(2)项目顺应建筑潮流。"顺天大厦"是具有高品位、高素质、高智能、高质量、低能耗的生态建筑。

(3)项目适应办公居住需求。"顺天大厦"在空间划分上的灵活性,即同一楼层中单元格局的处理可按需间隔,以适应不同买家的规模需要;单元内可适应SOHO族的家居"多功能化",办公、居住、厨、卫可自主分隔和组合。"顺天大厦"是"区隔任意,设置随意,功能惬意"的建筑。

(4)提出"整合型商务楼"概念。随着中小企业、创意产业、跨国公司代表处的发展,引入"整合型商务楼"的理念,更具市场竞争优势。写字楼的硬件标准、生活空间的灵活配置、行政商务资源的共享,"三位一体"的"整合型商务楼"概念的首次提出,为"顺天大厦"确立了项目的整合优势。

4. 威胁

(1)周边有类似销售项目。项目对面是正在销售中的商务公寓(东逸花园商务公寓)。

(2)商住楼有集中趋势。全市的行政办公楼盘、商务公寓楼盘项目大多处于地理位置优越、保有量丰富的状态。

(3)缺乏商务氛围。区域内没有商务氛围,写字楼、商务公寓的原有量和现有量几乎为零,没有集中商务广场的优势。

(4)商业贷款政策调整。项目的公建属性,给销售过程中的银行按揭带来局限,不利于销售。

5. 项目 SWOT 的综合分析

通过以上SWOT分析,得出只要策略处理得当,完全可以转化为对本项目有利的因素。特别在劣势威胁中,只要控制、引导得当,这些影响不至于成为本项目的硬伤。其他几点只能根据市场及项目实施进行修正。所以从理论上来看,只要方法到位,本项目是完全可以成功的。

综合以上分析，可以得到 SWOT 综合分析表（表 10-3）。

表 10-3　SWOT 综合分析表

项目	竞争优势（Strength）	竞争劣势（Weakness）
—	略（参见 3.3.2）	略（参见 3.3.3）
机会（Opportunity）	SO 战略	WO 战略
略（参见 3.3.4）	1. 项目应尽快动工，以赶在 20××年前全盘推向市场，以合理利用下一个需求高峰； 2. 充分利用交通和区位的优势，宣传以写字楼供应为主，提高项目的知名度	1. 物业交由仲量联行这一类高质量的专业物业服务公司进行管理； 2. 学习、借鉴成功经验，对国际知名品牌的统一招商、管理等； 3. 把握机会做好宣传，提高影响，突出该项目楼盘的优势，以降低竞争对手给予的写字楼的租售压力
威胁（Threat）	ST 战略	WT 战略
略（参见 3.3.5）	1. 营销和宣传是关键，要把握好尺度，促进租售及资金回笼； 2. 做好融资相关工作，保证项目按规定进度进行； 3. 尽量提升使用价值； 4. 为弱化不确定性因素带来的影响，按月进行滚动预算，不断修正项目管理的细部	1. 注意品质，保证达到甲级写字楼的标准； 2. 密切关注写字楼市场的供需、价格等情况； 3. 保证资金链的连续性； 4. 注意宏微观及区域市场的定期和不定期分析，以降低风险

从市场消化能力来看，销售、租赁都会有一定的空间。但从资金回笼的角度看，则应利用好优势，引入新的主题概念和卖点，以缩短销售周期、提高楼盘附加值。

作为城市内环线位置上以价值型商务为主的物业，以发展商公司品牌与项目品牌相结合打造整体形象，在产品品质、资源配置上做实质性投资，以满足使用功能为主，客户群对高档写字楼外形象提升的要求。

"顺天大厦"作为公建立项的产品，前期推广应深入，把握入市时机，力争各大楼盘销售暂缓期入市，以短平快的方式销售，以规避各大楼盘集中上市的风险。

同时要特别关注地缘甲级写字楼与周边商住客群，关注周边科研单位的购买力，有意识从区域周边各项目分流买家。

四、项目定位分析

（一）项目名称及产品定位

1. 项目名称理念

整体建筑群命名为"顺天大厦"。

"顺天"取自《孟子·离娄上》"顺天者存"。所谓"顺天者存"就是顺应天命就会存在，而天命就是一种有益于人类繁衍生息的伟大而神奇的力量。

项目开发主题"顺应天意、联合创利"。

"顺天大厦"定位为"整合型商住楼",提倡"资源共享,商住空间、SOHO一族"的理念。项目的结构形式,同时加入厨、卫功能,兼顾生活所需。在整体设计上充分考虑商住的需求,在楼层面的空间划分上保证分隔和组合的灵活性。

2. 定位阐述

(1)位置、地段和未来升值是商务广场租、售行为的重要因素,"顺天大厦"在该方面具有一定的优势,而完美的外观设计,在区域内极具视觉冲击力,能够激发购买和入住的冲动。

(2)综合素质高,在建筑期已能通过效果图等资料提前体现,基于项目的先天优势,买家对这方面的利益承诺应有一定的信心。

(3)大厦自身的资源整合、智能管理、生态环境,不仅使得商务形象优越,而且更具个性,能给客户良好的观感和深刻的印象,这是定位中的"独特的卖点"。

(4)市区两级政府的前景规划,使得保值、升值潜力得以提前体现,这是攻克市场观望心理的唯一出路。此外,引入"整合型商务楼"经营模式,准确针对目标客户,与目标客户形成广泛有效的沟通,达成发展商与买家双赢的局面。新经营思路(整合型商务楼)的引入更可提高投资者探究的渴求,增强投资信心。保值、升值是作为楼盘入市的必要条件。

综上所述,本定位的目标是结合项目先天后天优势,发掘新亮点;在市场上赢取美誉并得到经济利益回报。

(二)目标客户

1. 客户类型分类

(1)初创业者。有短期及长期发展思路,资金有一定压力,初创业时机在选择寻找中,微有急进心理,既想节省开支,又想有规模,够体面。本项目对其具有相当的吸引力。

(2)一般投资者。偏向于稳重、谨慎;在投资选择时有优选及备选、保底三种计划。投资分析思路经常是"如果……就……,退而求其次也……,再恶劣也……"模式的填空思维。规划的优势能最终触动其投资决策。

(3)中小企业主。需要一定的面积,开间要合理,发展成败取决于短期市场成绩,所以,资金的投入会集中在硬件(包括场地)及广告推广、客户服务三方面上。

(4)跨国公司或大型公司代表处。实力强大,在当地已经具备了规模优势,并有长期发展的规划,需要有完整的办公系统和派驻人员生活空间。对于买、租办公楼时会考量长期的运营成本和投资收益,往往选择前者。

(5)风险投资者。一种典型的急需出路的资金持有者,好方案、新思维就值得一试,赌博心理甚重,但对项目出路的分析能力很强。

经分析,"顺天大厦"基本能满足这几类客户需求,而且具很大的可塑性;可充分迎合目标客户需求。

2. 客户属性分析

(1)行业属性。取向较为散化,以第三产业、服务业、创意产业的中小型发展公司为主。

1)A类:传媒机构、文化传播公司、广告发布公司、广告艺术公司、广告设计公司、印刷公司、公关活动公司、图文信息公司、影视文化公司、培训教育机构、图书机构、家具设计公司、杂志社等。

2)B类：贸易公司、旅游公司、货运代理公司、航空公司、销售（医药、涂料、照明等）公司。

3)C类：投资管理公司、咨询服务公司、律师事务所、会计师事务所、驻沈代表处（办事处）、中介服务公司、顾问公司、环保类公司。

4)D类：服务行业的品牌公司，如食品、酒业、保健、体育等，娱乐行业机构。

5)E类：电子商务公司、软件高科技公司、通信公司、网络公司。

6)F类：证券金融系统、商会组织、出国留学组织等。

7)G类：装修公司、装饰公司及其他。

(2)职业性。国有、集体及股份制企事业单位法人，私营、民营、三资企业主为主，兼顾少部分外籍服务型公司。

(3)文化/年龄。大学专科程度居高，其次是大专文化与大学本科不相上下；28～35岁为主，35～45岁为辅。

(4)收入水平。公司每月纯利润为5万～80万元，其中以10万～15万元居多。

(5)购房情况。绝大多数为首次置业购买商务楼，60%以上将在一个月内购买本项目；20%以上1～3个月决定购买。交通位置是购房首要因素；第二是物业形象与户型大小合理；第三是价位低（包括首付/月供/物业费）；第四是办公环境与配套并重（如停车位/员工餐厅/空调）；第五是技术指标（使用率/层高）及物业服务。以上五个因素实际的比例相差甚微，可以作为同层面同时考虑的五大因素。

(6)区域分布。工作区域在大东区将占到50%左右，沈河区占30%左右，其他城区20%。

(7)支付能力。首付10万～30万元将会过半，其中以20余万者居多；月还款能力以6 000～10 000元为主。

(8)购房目的。70%以上为自己办公；另有部分投资客户购买后转租或转售。

(三)定价策略

1. 定价原则

(1)应以支持实现高速销售目标为确定销售价格的前提；

(2)以全程销售期内具有良好性价比优势作为市场竞争的重要手段；

(3)以入市形成较好的人气为基准，建立逐步上扬的价格体系；

(4)合理安排不同位置、不同类型、不同朝向物业的价格结构，在一定周期内，确保各类物业的相对均衡出货；

(5)计划的底商类物业销售适当后置，以便在前期接待中积累客户，谋求更大利润空间。

2. 价格定位

通过区域地缘性项目的价格可接受度调查，可行性市场定位价格：写字间全层均价6 150元/m^2；底商均价12 500元/m^2；"顺天大厦"属小高层商务楼，同一面积区间、同一位置差价不宜过大，楼层差相对减小（建议位置差、楼层差50～80元/m^2）。建议入市以5 800元/m^2左右价格起面市，先期以开盘均价为6 000～6 200元/m^2控制，在销售形势看好、销售速度保障的前提下，逐渐提升价格至6 500元/m^2；具体价格方案包括各种户型价差、开盘价格明细及销控、后期价格调整，在户型设计方案确定后再做定案。

3. 价格定位说明

以上定价是在分析了沈阳市的类似楼盘的基础上得出的。根据"低开高走"的定价原则，如开盘均价 5 800 元/m²，经过 1 个月的客群成交、市场摸底试探，如反馈良好可以提升 200 元/m² 左右，即均价 6 000 元/m²；经过两三个月的热销反馈，再提升至 6 500 元/m² 是有可能的。市场预期良好，争取半年左右能够结案，入住前均价将上浮至 6 800 元/m² 左右。但认购初期如果卖出项目的最高价，会违背低开高走的原则。

（四）销售安排

1. 把握入市时机

市场上公建立项的商务广场，普遍采取销售短平快的策略，首先是因为购买商务广场的客群不同于购买私宅的，其选择周期相对较长，一般以租赁为主的客户转为购买，存在租房公约的合同时间限制；再者几乎每家公司都要做年度资金投入计划，先期纳入计划就会尽早地批复用以决策。同时同类竞品竞争面扩大，能够先入为主就能抢占 15% 以上的客源。

2. 办公、商铺联动销售

联动销售体现办公、商铺的整体联动，而不是割裂开来推广；充分利用这两类物业各自的优势，起到相互促进的作用。

3. 尽量缩短工期

由于建筑工期尚未确定，建议尽量缩短工期，力争在 2006 年 11 月进行项目上市前的预热，2007 年 2 月进入内部认购期，2007 年 3 月末正式开盘，避开 5 月住宅上市的黄金季。

4. 把握销售黄金周

在上市推广一个月后，对销售情况进行分析，把握五一国际劳动节放假假期，争取积累更多的准客户。

五、项目建设方案

（一）建筑设计方案

1. 建筑面积和内容

（1）建筑面积。总面积约 19 160 m²，其中：公寓及写字间约 11 369 m²，商铺约 5 091 m²，地下停车场及设备用房约 2 660 m²。

（2）建筑高度。共 14 层。

（3）建筑群组成。包括 14 层的主体大厦、后 4 层的附楼、地下一层停车场、主建筑户外停车场及院落。

14 层主体楼规划为 1~14 商务公寓，地下一层为停车场。

建筑首层主要功能为大堂和接待等空间，车辆可以驶入大堂，宾客再通过设于大堂内的前厅、写字间前厅进入各个功能。首层的可用出租面积全部利用为商业用房，既供大厦内部使用，也给基地周边提供服务。

2. 总体规划设计

（1）总体平面布局。作为一座综合的商业项目，平面的布局显得尤为重要。在总平面的布置上，主入口设在西面，临滂江街。塔楼后退大街一段距离，减轻对城市道路的压迫感，迎合了业主心理的要求，也符合建筑审美的需求。

(2)道路系统的规划与设计。根据整体的规划要求，主要的出入口设计在西面，保证了人流和物流路线的明确分开，路线清晰。道路等级明确区分，标识性强。

(3)功能分区设计。广场以入口将整个建筑分为三个部分，利用了道路、水景、树木以及草地营造意趣，体现出感性的一面。

(4)景观与视觉设计。园区在西主入口的前方设计了大面积的集中绿化部分，不仅可以形成良好的景观效果，而且可以形成良好的视觉效果，不仅和建筑形成良好的对话关系，并且注重了建筑群体的视觉景观均好性。

3. 建设标准

略。

4. 外观形象

(1)外立面风格。现代风格，色调整体统一的通透落地玻璃窗，结构凸出部分配饰钢材质金属框架；每个单元外立面保证整体风格的统一和谐，突出单元之间的独特性，从而达到既相互独立又整体协调的效果。

(2)外立面色系。以冷色调通透感强的玻璃窗为主，辅以浅色(暖色)高档石材墙面，以达到稳重、高档的效果。

(3)外立面材料。外墙玻璃窗为高档中空双层隔声保温玻璃，辅以金属框料(竖线饰条)。

5. 楼层功能设计

(1)商务楼层规划。商务楼首层入口大堂层高 4.2 m(二层)，标准层高为 3.15 m。主入口设在南面，临航空街；地下停车场入口设于主楼东端。

每层商务楼层面积约为 889 m^2，标准层使用率在 70% 以上。

(2)室内厨、卫功能设置。公寓层每个独立单元预留室内卫生间、通风换气管道及上下水管道，写字间层设置公用卫生间；公寓层每个独立单元划分出厨房区域，不设管道煤气；每层防火通道前厅，设立为楼层的公共吸烟区。

(3)主楼与附楼地下一层利用。

1)主楼地下一层设立物业办公室、设备间。

2)附楼地下一层为地下车库，与主楼地下一层相同，设三个独立入口，电梯直接可从地下一层直达顶层。

(二)结构设计方案

略。

六、环境影响评价

(一)项目建设与运营对环境的影响

1. 环境影响范围与影响因素

本项目对周边的环境影响主要表现在社会环境、生活环境和生态环境三个方面。就社会环境而言，主要影响参数为周边的土地资源、建筑物、人文景观等；生活环境影响参数是指关系到校区及周围居民生活区的环境空气质量、声环境质量等；生态环境中的主要影响参数为水环境质量、固体废弃物与污水排放处理情况等。

根据本项目的性质、内容及规模，首先识别出工程实施后对区域环境产生影响的因素，这些因素主要体现在项目施工过程和投入使用后两个阶段中。

对于本项目而言，需要从空气环境、声环境、水环境和固体废弃物四个方面加以具体分析(表10-4)。

表 10-4　环境影响矩阵分析表

环境项目	工程活动	影响因子	工程阶段	
			建设期	运营期
空气环境	施工作业	扬尘	■	
	绿化工程	景观、减少污染	○	□
声环境	施工作业	施工机械噪声	■	
	空调系统、供排水系统噪声	设备噪声	●	▲
水环境	施工作业	施工排水	▲	
	日常工作	生活排水、综合排水		▲
固体废弃物	施工作业	建材垃圾	▲	
	日常工作	生活垃圾、综合垃圾		▲

注：□为严重正影响、○为中等正影响、△为轻度正影响、
　　■为严重负影响、●为中等负影响、▲为轻度负影响。

由表10-4可以看出，项目的建设对环境的影响主要是建设期的扬尘、噪声和建材垃圾。

2. 空气环境影响的分析和评价

(1)空气环境质量标准。空气环境质量评价执行《环境空气质量标准》(GB 3095—2012)的二级标准(表10-5)。

表 10-5　环境空气质量标准(二级标准)

污染物	浓度限值/(mg·m^{-3})		
	年平均	日平均	1小时平均
TSP	0.20	0.30	—
SO_2	0.06	0.15	0.50
CO	—	4.00	10.00
NO_2	0.04	0.08	0.12

(2)空气环境的影响。本项目建设期的主要空气污染来自土建工程施工引起的扬尘污

染。拆迁、场地平整、掘土、地基深层处理及土石方、建筑材料运输等建筑施工行为的扬尘产生情况一般是每个建筑活动月、每 4 000 m² 占地面积排放扬尘 1.2 t，工程运输车辆引起的扬尘主要对沿途 30 m 范围内空气产生影响，并且成线性污染，路边的 TSP 浓度可达 10 mg/m²，远远超过环境空气质量标准，因此，扬尘和粉尘将是影响本项目建设期空气质量的重要因素。

而本项目投入使用后会产生一定量气体污染物，在运营期会产生空气环境污染。

3. 环境噪声的影响分析和评价

(1)噪声环境质量标准。本项目属于商业为主的建筑，其施工期噪声应遵循《建筑施工场界环境噪声排放标准》(GB 12523—2011)的规定(表10-6)。而运营期的声环境应执行《声环境质量标准》(GB 3096—2008)一类标准(表10-7)。

表 10-6　不同施工阶段作业噪声限值

施工阶段	主要噪声源	噪声限值		单位
		昼间	夜间	
土石方	推土机、挖掘机、装载机等	75	55	dB(A)
打桩	各种打桩机等	85	禁止施工	dB(A)
结构	混凝土搅拌机、振捣棒、电锯等	70	55	dB(A)
装修	吊车、升降机等	65	55	dB(A)

表 10-7　城市区域环境噪声标准(一类标准)

类别	噪声限值/dB	
	昼间	夜间
1	55	45

(2)噪声影响分析。本项目的环境噪声影响评价包括施工期和运营期两部分评价内容。项目施工期噪声污染源于推土机、挖掘机、打桩机、空压机、搅拌机、风镐、振捣机、电锯等施工机械产生的机械噪声，施工机械的噪声特点是持续时间长，强度高，其瞬时噪声值可达 89~120 dB，这些突发态非稳态噪声源对周围环境产生的影响可达到严重负影响程度。

本项目投入使用后，经过建筑墙体隔声及绿化带消声之后，对外部影响较轻；此外还有空调、供排水系统设备运转产生的噪声，该部分噪声规模不大，加之绿化带的消声作用，其影响程度较轻。

4. 水环境的影响分析和评价

(1)水环境质量标准。本项目对水环境的影响主要表现为实验用水和日常工作中的污水排放，根据沈阳市污水排放使用有关标准，项目废水排放浓度限值执行《污水综合排放标准》(GB 8978—1996)的一级标准，见表10-8。

表 10-8　污水综合排放标准(一级标准)

污染物	悬浮物	化学需氧物	动植物油	元素磷
上限/(mg·L^{-1})	100	60	20	0.1

(2)对水环境的影响分析。水环境的影响主要通过对建筑范围内地面水域及功能、工程的施工方案、生活服务区的位置及规模、本项目地表适流方位及现有水污染排放源的调查，取样测试有害成分含量，决定排出污水是否处理，并提出处理措施或建议。

本项目施工期间，主要面临施工排水和生活排水问题。由于项目所在地没有临近的水源和流经的地面水域，且该区域施工排水设施比较完善，故而施工期污水对环境的影响程度较轻。

在运营期间，主要污染源是生活污水排放和综合排水，集中处理后会大大降低对环境的影响。

5. 固体废弃物对环境的影响分析和评价

在项目建设期，固体废弃物主要包括建筑垃圾和生活垃圾。在项目运营期，固体废弃物主要是生活垃圾。这些固体废弃物如果处理不当，将对周边环境产生不良影响，需要通过采取合理的规划和有效的措施加以控制。

(二)环境保护措施

针对本项目的建设期和运营期将对环境可能产生的影响，制定以下措施加以控制。

1. 空气环境保护措施

(1)建设期。根据沈阳市房屋开发和建设施工环境保护管理的有关规定，建设施工期间采取如下扬尘防治措施：施工场地周边设置高度在 1.8 m 以上的围挡；土堆、料堆进行遮盖或喷洒覆盖剂；建筑垃圾的堆放不超出场地围挡范围，施工场地不堆放生活垃圾；严禁高空抛撒建筑垃圾；建筑材料运输过程中进行遮盖，防止撒漏，尽可能减少运输中产生的扬尘。

(2)运营期。有特殊要求的项目要配备通风橱、超净工作台；放射性废气排放时应确保不污染周围空气，否则应做净化处理。

2. 水环境保护措施

(1)建设期。对施工过程中的水环境实施监控和保护，对施工填、挖方时堆积的扬土、扬尘等影响水土环境的施工废料及时进行简易的绿化措施，以保持水土状况和绿化环境。

(2)运营期。在水资源保护方面，一方面做到雨污分流，雨水通过管线排至污水管中；另一方面所有生活污水经化粪池处理后排入市政管网，输送至污水处理厂。

3. 声环境保护措施

(1)建设期。本项目的施工是露天施工，具有流动性和间歇性较强的特点，施工过程中优先采用低噪声机械设备，严禁使用明显老化或拟淘汰的设备，同时，对各施工环节中噪声较强的设备采取局部吸声、隔声降噪措施，建设临时隔声屏障以达到降噪效果。对不同阶段的施工噪声应严格遵守《建筑施工场界环境噪声排放标准》(GB 12523—2011)中规定标准，将施工噪声对学校正常的教学活动产生的干扰降至最低。

(2)运营期。通风、空调系统制冷机设备选用低噪声设备，对电动机、水泵、风机等设备采取隔声、吸声、减振降噪措施，对噪声较大环节建设隔声机房。在运营期，将按时组织设备维护保养，检查噪声源，将设备噪声控制在最低水平。

4. 固体废弃物控制措施

(1)建设期。在项目建设期，及时处理和清运建筑垃圾和生活垃圾，防止污染地下水源；严禁焚烧有毒有害物质污染空气；设立达标卫生设施，污水经处理后方可排放。

(2)运营期。无毒废物按垃圾处理；能够自然降解的有毒废物，集中深埋处理；不能自然降解的有毒废物，集中到焚化炉焚烧处理；放射性固体废物，先集中在专用的废物桶内，再根据具体情况采用放置、焚化等方法处理。

5. 环境保护设施与投资

根据国家有关规定，本项目的建设严格做到"三同时"，将环境保护措施的费用列入工程概算。

(1)环境保护设施。在室外配套工程建设中，结合规划，重点规划设计并建设环保设施，如化粪池、雨污管井、生活垃圾收集点等。同时，将绿化与噪声消除、净化空气等环保措施结合起来，通过生态的方式消除噪声，达到净化空气、提高空气质量的目的。绿化景观规划主要是结合周围景观设计，在建筑物两侧布置广场和绿地，树木栽植注意多样性及高低、疏密合理搭配。

(2)环境保护投资。此外，项目投资估算中都有专项资金投资于环保配套工程，在室外配套工程费用98.00万元中，包含了建设阶段围墙、运输车遮盖、雨污分流的管网以及绿化等措施投资费用等，这些方面都可以降低项目建设对环境的影响。

(三)环境保护措施实施评价

总之，项目的建设将完全按照《环境空气质量标准》(GB 3095—2012)、《污水综合排放标准》(GB 8978—1996)、《大气污染物综合排放标准》(GB 16297—1996)、《声环境质量标准》(GB 3096—2008)等国家相关标准来指导建设工作和日常运营。

项目建设期污染属短期行为，待施工结束后即可消除。在此期间，将采取有效措施，尽量减轻扬尘的产生，采用局部吸声、隔声降噪技术，在隔离体上辅以吸声材料，降低噪声；项目建成运营期对环境的污染主要有废水、噪声和固体废弃物等，各项污染经采取适当措施治理后，均可达到相关的排放标准要求。

由于项目属于非生产性项目，除一般的生活污水和生活垃圾外，其他化学试验物和废弃物都会集中管理和处理，不产生其他严重的环境污染源。通过采取环境保护措施，完全能达到国家环境保护法律法规和技术规范的要求。

因此，从社会、经济、环境等方面综合衡量，通过落实各项污染防治措施，可以最大限度地避免对周边环境的负面影响，并可以保证较好的环境质量，从环境保护的角度分析，该项目建设是可行的。

七、项目组织机构与进度计划

(一)组织机构与人力资源

1. 组织机构

本项目是既有项目法人项目，因此，项目组织机构不需重新设立，只需在公司成立本项目管理部,负责本项目实施的组织和管理。

为了加强对本项目的管理,确保工程质量、工期和控制造价,应按项目管理模式组织工程建设。考虑到国家对建设工程有专门的法律规定,由公司履行项目法人职责,全面负责基础设施项目的规划、筹资、建设管理、协调和决策,具体负责工程项目的规划、设计、招标、施工的组织管理和办理各种建设手续。选调有经验和管理能力强的技术人员承担项目的管理工作,保证工程项目在质量、进度和造价三个方面按预定目标建成投入使用。

2. 项目管理人力资源配置

本项目人力资源配备的主要任务是在项目管理部内配备土建、电气、水暖、造价等方面的专业技术人员从事工程项目管理;项目运行后实行物业服务。

(二)项目实施进度安排

1. 建设工期

经过论证,本项目总的周期约为18个月(包括项目的立项申请)。自2007年11月起至2009年5月止。其中,建设工期约为10个月。2008年11月竣工并投入使用。

2. 项目实施进度安排

根据建设程序的要求,结合本项目的特点和工程量以及对项目的使用要求,确定本项目实施进度安排,见表10-9;项目进度计划图如图10-1所示。

表10-9 项目进度计划表

序号	工作名称	持续时间	开始时间	结束时间
1	立项申请与审批	15 工作日	2007年12月3日	2007年12月21日
2	初步设计及审批	40 工作日	2007年12月10日	2008年2月1日
3	施工图设计与审查	40 工作日	2008年1月7日	2008年2月29日
4	施工招标投标	35 工作日	2008年1月28日	2008年3月14日
5	平整场地	15 工作日	2008年3月10日	2008年3月28日
6	主体施工工程	132 工作日	2008年4月1日	2008年10月1日
7	装修与设备安装工程	55 工作日	2008年8月11日	2008年10月24日
8	室外配套工程	40 工作日	2008年9月22日	2008年11月14日
9	竣工验收交付使用	20 工作日	2008年11月17日	2008年12月12日
10	项目销售与运营	375 工作日	2008年4月25日	2009年10月1日

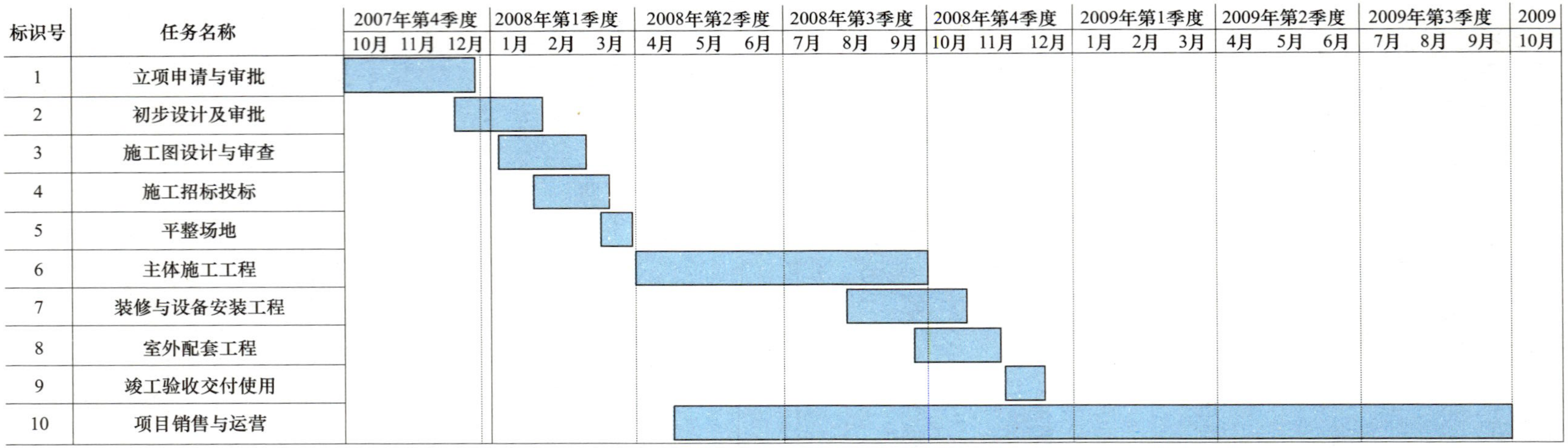

标识号	任务名称	2007年第4季度 10月 11月 12月	2008年第1季度 1月 2月 3月	2008年第2季度 4月 5月 6月	2008年第3季度 7月 8月 9月	2008年第4季度 10月 11月 12月	2009年第1季度 1月 2月 3月	2009年第2季度 4月 5月 6月	2009年第3季度 7月 8月 9月	2009 10月
1	立项申请与审批	■								
2	初步设计及审批		■							
3	施工图设计与审查		■							
4	施工招标与投标			■						
5	平整场地			■						
6	主体施工工程				■					
7	装修与设备安装工程					■				
8	室外配套工程					■				
9	竣工验收交付使用					■				
10	项目销售与运营						■	■	■	

图10-1 项目进度计划图

八、投资估算与资金筹措

(一)投资估算的依据及说明

1. 土地费用

本项目共占土地面积 6 105.3 m²,土地用途为商业,以出让方式取得,取得土地过程所支付的费用包括土地使用权出让金、动迁及安置补助费、契税及其他费用,按照目前沈阳市土地出让的基本制度及公司实际投入情况,可确定此项费用约为 5 020 元/m²。

2. 城市基础设施配套费

根据辽财综函〔2003〕133 号、沈建委发〔1999〕93 号、沈价发〔2002〕44 号、沈财综〔2003〕296 号等文件的规定,沈阳市建设项目联合收费办公室、区建设局(建委)收取城市基础设施配套费的标准为公建 148 元/m²(包含代收 40 元/m² 的人防易地建设费)。

3. 前期费用

"顺天大厦"项目的主要前期工作费用,包括政府收费、社会费用两大部分,其中政府收费包括工程定额编制测定费、建设工程质量监督费、规划服务费、卫生设施审查费等;社会费用包括勘察规划设计费、工程监理费和建筑工程保险费等,大约为每平方米建筑面积 110 元。

4. 建筑安装工程及装修费

根据建设部、财政部 2003 年 10 月 15 日联合发布的关于印发《建筑安装工程费用项目组成》的通知(建标〔2003〕206 号),结合沈阳地区的有关工程、设备及材料等的市场行情,并适当考虑《建设工程工程量清单计价规范》(GB 50500—2003)的有关精神,估算得出本项目的建筑安装工程费(含土建、水电、设备等)及装修费,大约为 2 556 元/m²。

5. 园区配套费

园区配套费包括园区内场地平整、路面、软制环境及硬制环境建设等相关费用,大约为 300 元/平方米。

6. 项目开发费用

"顺天大厦"项目的开发费用包括管理费用、销售费用、财务费用等,其主要估算过程如下:

(1)管理费用。包括管理人员的工资、办公费及差旅费等,预计为投资总和的 1.5%。

(2)销售费用。由于沈阳市公建类房地产市场的竞争日趋激烈,"顺天大厦"项目也应采取科学的营销策略、有效的营销手段,进而在市场上赢得主动。

因此,本报告将销售费用划分为营销费用(例如,广告宣传、售楼员工薪金等)和其他费用两大部分,大约的费用标准预计为销售收入的 1.6%。

(3)建设期利息。根据金融机构现行 1~3 年期限的贷款政策,贷款年利率取 7.47%。

7. 预备费

预备费包括基本预备费和涨价预备费。基本预备费,又称不可预见费,是指在项目实施中难以预料的支出。它需要事先预留,并主要用于设计变更和施工过程中可能增加工程量的费用。

涨价预备费是指针对建设期内由于可能的价格上涨引起投资增加，需要事先预留的费用。

对于"顺天大厦"项目及工期而言，上述两项费用根据估算大概为总投资的3.6%。

(二)总投资估算

1. 建筑工程工程量

依据项目初步设计方案，可以得到该项目建筑工程建筑面积工程量表(表10-10)。

表10-10　建筑工程建筑面积工程量表

序号	建设项目	建筑面积	单位
1	公寓及写字间	11 369	m²
2	商铺	5 091	m²
3	地下停车场及设备用房	2 660	m²
合计		19 120	m²

2. 总投资估算结果

依据投资估算的依据，结合建筑工程建筑面积工程量，可以得到总投资估算表(表10-11)。

表10-11　项目总投资估算表

序号	类别	计算基数	单位	技术经济指标	单位	金额/万元	备注
1	土地取得费用	6 105.30	m²	5 020	元/m²	3 064.86	
2	前期费用	19 160.00	m²	110	元/m²	210.76	
3	城市基础设施配套费	19 160.00	m²	148	元/m²	283.57	
4	建筑安装工程费	19 160.00	m²	2 556	元/m²	4 897.30	
5	园区配套费	19 160.00	m²	300	元/m²	574.80	
6	管理费用	9 031.28	万元	1.50%		135.47	
7	销售费用	13 787.69	万元	1.60%		220.60	
8	财务费用		万元	7.47%		434.15	
9	预备费	9 821.51	万元	3.60%		353.57	
合计			万元		元/m²	10 175.08	

综上可得项目总投资为10 175.08万元。

(三)投资计划

依据投资估算及说明与总投资估算结果，结合项目进度计划，可以得到项目投资计划。

(四)资金筹措方案

对于"顺天大厦"项目的开发单位沈阳市宏建房屋开发有限公司而言，将主要依靠自有资金、负债筹资(银行贷款)两种途径获得建设资金，并辅之以适量的售房款收入。

项目总投资的具体来源如下：

(1)自有资金：4 000万元，第一年全部投入；

(2)银行金融机构贷款：根据项目进展向银行金融机构贷款(年利率7.47%)；

(3)房地产预售。

根据现行银行1~3年期的企业贷款年利率，同时考虑到筹资过程中涉及的承诺费、评估费等筹资费用以及自有资金与贷款的比例等，本报告认定"顺天大厦"项目的综合资金成本率为8%，项目还款能力较强，开发单位资信良好，并配合抵押与保护性条款，银行金融的融资风险很小。因此，初步的融资方案基本可行。

九、经济效益分析

(一)项目销售计划(略)

1. 销售价格的确定

根据"顺天大厦"地块周边楼盘的情况分析，结合大东区及沈阳市房地产市场发展的趋势，本报告认定的"顺天大厦"各类物业的平均售价如下：

写字间6 150元/m^2；网点平均售价12 500元/m^2；车位12万元/个。

2. 销售计划

根据各类房地产产品的面积以及相应的销售均价，将"顺天大厦"项目的销售收入情况汇总于表10-12。

表10-12　项目销售计划汇总表

序号	项目	数量	单位	销售均价	单位	销售收入	单位
1	写字间	11 369	m^2	6 150	元/m^2	6 991.935	万元
2	商业网点	5 091	m^2	12 500	元/m^2	6 363.75	万元
3	车位	36	个	12	万元/个	432	万元
合计						13 787.69	万元

项目按季度销售计划见表10-13。

表10-13　项目按季度销售计划

序号	类别	万元	四季	一季	二季	三季
1	网点销售百分比/%	100	5	5	45	45
2	网点销售额/万元	6 363.75	318.19	318.19	2 863.69	2 863.69
3	写字间销售百分比/%	100	5	5	45	45
4	写字间销售额/万元	6 991.935	349.60	349.60	3 146.37	3 146.37
5	车位销售百分比/%	100	10	15	35	40
6	车位销售额/万元	432	43.20	64.80	151.20	172.80
7	合计/万元	13 787.69	710.98	732.58	6 161.26	6 182.86

3. 税金估算

(1)税金估算依据。项目缴纳的营业税及附加综合税率5.55%；企业预交土地增值税暂定为销售收入的1.5%，待项目清盘后按增值的30%计，多退少补。企业所得税收率25%。

(2)支付税金计划。

(二)盈利能力分析

1. 静态指标

(1)静态投资利润率。本项目年均利润额为 1 146.42 万元,项目静态投资利润率为 11.34%。

(2)静态投资回收期。

项目投资回收期(所得税前)=1.89 年;

项目投资回收期(所得税后)=1.91 年。

2. 动态指标

(1)净现值。根据银行贷款利率及风险因素,本项目采用银行贷款利率加风险调整值合计 8% 为财务基准收益率。

净现值(所得税前,全部投资,$i_c=8\%$)=1 158.37 万元

净现值(所得税后,全部投资,$i_c=8\%$)=669.15 万元

净现值(所得税后,自有资金,$i_c=8\%$)=1 463.03 万元

(2)内部收益率。

项目投资财务内部收益率(所得税前,全部投资)=19.51%

项目投资财务内部收益率(所得税后,全部投资)=14.84%

项目投资财务内部收益率(所得税后,自有资金)=31.05%

以上详见全部投资现金流量表和自有资金投资现金流量表。

(三)清偿能力分析

依据投资计划与融资方案,可以得到项目借款计划与还本付息表。

(四)不确定性分析

1. 盈亏平衡分析

盈亏平衡分析又称保本点分析或量本利分析法,是根据产品的业务量(产量或销量)、成本、利润之间的相互制约关系的综合分析,用来预测利润,控制成本,判断经营状况的一种数学分析方法。

经过盈亏平衡分析计算,可以得到以下盈亏平衡分析结论:

盈亏平衡点(房地产销售价格)=73.52%

价格允许下降为原销售价格的 73.52%,项目达到盈亏平衡。

盈亏平衡点(建安工程费)=4 166 元/m^2

建安工程费允许上升到 4 166 元/m^2,项目达到盈亏平衡。

2. 敏感性分析

敏感性分析是指从众多不确定性因素中找出对投资项目经济效益指标有重要影响的敏感性因素,并分析、测算其对项目经济效益指标的影响程度和敏感性程度,进而判断项目承受风险能力的一种不确定性分析方法。

以项目土地价格、建造成本和销售价格为影响因素,进行敏感性分析。经过计算,敏

感性分析结果见表 10-14 和图 10-2。

表 10-14　项目敏感性分析

项目	序号	变动幅度	IRR(税后)/%	NPV(税后)/万元	投资回收期(税后)/年
	0	原方案	14.84	669.15	1.91
土地价格	1.1	土地价格＋20%	10.97	301.58	1.93
	1.2	土地价格＋10%	12.88	492.17	1.92
	1.3	土地价格＋5%	13.91	587.46	1.91
	1.4	土地价格－5%	16.10	778.05	1.90
	1.5	土地价格－10%	17.27	873.34	1.89
	1.6	土地价格－20%	19.80	1 063.92	1.88
建造成本	2.1	建造成本＋20%	9.38	125.98	1.94
	2.2	建造成本＋10%	12.05	404.37	1.93
	2.3	建造成本＋5%	13.48	543.56	1.92
	2.4	建造成本－5%	16.54	821.94	1.90
	2.5	建造成本－10%	18.18	961.14	1.89
	2.6	建造成本－20%	21.71	1 239.52	1.86
销售价格	3.1	销售价格＋20%	26.35	1 833.84	1.84
	3.2	销售价格＋10%	20.66	1 258.29	1.87
	3.3	销售价格＋5%	17.82	970.52	1.89
	3.4	销售价格－5%	12.14	394.98	1.93
	3.5	销售价格－10%	9.30	107.21	1.94
	3.6	销售价格－20%	3.64	－468.33	1.98

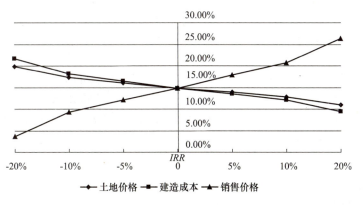

图 10-2　IRR 敏感性分析变动幅度图

从以上内容可以看出：

销售价格为最敏感性因素，在经营过程中需要密切关注，但是当销售价格降低 10% 时，项目净现值为 107.21 万元，内部收益率为 9.30%，说明该项目抗风险能力比较强。

综上所述，本项目具有良好的抗风险能力。

十、风险分析及对策

(一)政策风险

1. 政策风险分析

(1)2008年1月1日起《中华人民共和国企业所得税法》施行,规定:在中华人民共和国境内,企业和其他取得收入的组织(以下统称企业)为企业所得税的纳税人,依照本法的规定缴纳企业所得税。个人独资企业、合伙企业不适用本法。

(2)本项目企业所得税的税率为25%。

(3)国家税务总局2006年12月28日发布《关于房地产开发企业土地增值税清算管理有关问题的通知》。

(4)办小产权证时由买方交纳,是否提高该税种的比例也会有所影响。

(5)转让时交,是否提高比例、设定转让年限都有影响。

(6)《中华人民共和国物权法》的颁布,其实施对房地产行业也有影响。

2. 政策风险对策

时刻关注政策信号,根据获悉的信号,及时调整投资行为,从而规避风险。

政策的不确定性必然对项目地块的运作产生影响,从目前沈阳市和大东区政府在各领域政策的开放速度看,相应对策表现为能否有效利用新政策,公司将及时与政府沟通,反馈及时的政策信息,紧紧把握目前的历史机遇,在短期内建立全面的竞争优势。

(二)市场风险

1. 市场风险分析

基于沈阳目前的写字楼及商业裙房的供需、国家资本市场开放力度、大东区的发展,该项目主要的市场风险如下:

市场中竞争对手的情况,直接影响房地产项目的收益大小,而房地产市场变化对房地产投资的商业风险关系很大,特别是在同时期推出上市的楼盘的影响。例如,当同期、同类型竞争性房地产出现后,根据整个市场的供需情况及同期、同类型地产上市面积等因素,影响到价格、回款速度,最终与所投资的房地产项目的经营收益相关。对于竞争性房地产项目是否出现,出现时间的早晚等问题,必须在房地产投资决策之前进行详细研究。

市场风险主要源于市场对所开发产品尤其是商业部分的接受程度,据市场调查,截至本项目上市前,2008年、2009年是新写字楼的一个高峰期,而该项目完工于高峰期之时,所以在该项目上市时市场接受风险很大,但也有机会存在。

2. 市场风险对策

在项目前期,把营销推广工作做足,对商业和写字楼部分进行有针对性的特色包装推广,提高预定目标客户群的认同度,加大招商力度,控制好资金投入比例,时刻关注市场供需、价格的变动,以保证项目的顺畅运作。

所有的政策从制定到贯彻执行,乃至取得预期调控效果都有一定的时间间隔,经济学上称为政策调控时滞。其产生的主要原因:一是政策本身有一个传导和完善过程;二是政策的实施有一个由点到面的推广过程;三是政策手段产生影响,也有一个市场经济主体接受和反应的过程。商业房地产投资者可在获悉政策制定而尚未实施时,抓住时滞留出的一定空间,及时做出符合投资收益原则的进退选择。

(三)经营管理风险

1. 经营管理风险分析

对于商业房地产项目而言,经营管理不善,会使经营成本增加,营业收益低于期望值,导致经营失败,因此,经营风险是商业房地产项目面临的最重要的风险。项目的经营风险主要体现在决策方面,包括项目定位、项目招商、项目营销推广等,经营风险的回避主要是通过在充分市场调研的基础上做好项目定位、整体规划,分步实施、在动态中逐步增加投资、形成良好的资金链,通过招标选择好的施工单位、供应商,控制好建设成本。

2. 经营管理风险对策

项目管理水平的高低,决定了项目收入支出的大小,也就决定了房地产项目抗商业风险的能力。管理水平高的房地产项目,其经营支出低而经营收益高,这样就保证了尽快收回投资,保证了在外部环境变坏的情况下也能维持。因此该项目在投资时,为了降低商业风险,必须对项目经营过程中的管理水平做出准确评价。管理风险的回避主要由高效的房地产方面不同专业人士组成的项目管理团队来完成。

因为商业房地产单纯依靠经营而获得收益,需要依托于商业地段价值和经营特色,所以商业性更强,对开发商和物业服务的商业经营、管理水平要求更高。

(四)财务风险

1. 财务风险分析

(1)投资估算的风险。对项目进行投资估算时,由于存在较多不确定性,这种估算不可避免地会存在偏差,同时,建设期内相关政策、法律、市场等因素的变化可能会对估算投资产生影响,最终可能影响公司在本项目的收入和盈利能力。

(2)筹资风险。房地产项目开发50%以上的资金来自银行贷款,在沈阳,银行要求只要项目自有资金达到总投资的35%就可以进银行融资。本项目投资大,建设周期较长,建设资金预估50%通过银行贷款解决,有可能给本项目的资金筹措带来风险,若因任何不可控或不可预见的因素造成项目建设成本超支、项目建设期延长,将进一步增加资金筹措压力。

(3)贷款偿还风险。项目的开发同期两年,待项目开发上市后的市场的销售、出租情况存在不确定性,使资金回笼具不确定性,一旦项目开工,就不能停下,项目的各项目开支必须及时偿付,如果资金的筹措渠道不畅,可能造成资金非有效供给,使后续工程进度延后直至停工。

2. 财务风险对策

(1)应加大宣传、推广力度,尽可能地增加回款额或是提高回款速度。

(2)准确把握国家宏观经济形势,及时调整有关策略,并与各银行保持良好的合作关系,拓展各种可能的筹资渠道,增强项目本身的抗风险能力。

(3)在进行投资估算时,适当考虑计入一定比例的不可预见费,预算各项资金的到位额也留有一定余地在实施过程中,特别是对于企业所得税,目前企业采用的企业所得税是15%(享受税收优惠后的比例),而进行经济分析时随着两税合并的公布,修正成从2008年执行的两税合并后的 25%，对于未来，在实施过程中，应定期对估算投资进行审核验证，如发现对估算投资产生重大影响的变大，及时对估算进行调整，同时调整融资策略。

(4)加强管理，保证工程能按期完工，加强销售、出租力度，保证或提高现金回流速度。

(5)充分利用开发商资源进行融资，尽可能以多种途径调动和运作资金，减少财务压力，分担风险。

十一、结论与建议

(一)结论

经过论证，可以认为本项目将推动大东区经济的快速发展、完善，促进地区产业结构升级，对促进沈阳市乃至东北地区经济的持续快速发展也具有十分重要的现实意义，该项目的建设是十分必要的。

本项目拟订的建设规模和建设方案科学合理，经市场调查和预测分析，本项目的开发与建设符合所在地区的发展目标和方向，同时，由于该项目所处的地理位置优越，因此招商引资的市场前景比较乐观。本项目的各项技术经济指标比较理想。

敏感性分析表明该项目在土地价格、建造成本和销售价格变化时，经济效益指标（IRR 和 NPV）变化不明显，说明项目具有较强的抗风险能力。

综上所述，可以认定该项目是可行的。

(二)建议

本项目的各项经济指标说明项目在经济上是可行的，并且具有较强的抗风险能力。建议严格控制建设期，尽量使各项工程按期完工，以保证项目的整体经济效益。

随着环境保护意识的提高，企业对生态环境的要求也越来越高。因此，项目应注重健全法律和法规体系，提高地区整体的生态意识，营造良好的生态氛围；同时，应该加快区域环境建设建设步伐，改善投资环境，提高招商形象和吸引力。

综上，本研究报告认为，沈阳市宏建房屋开发有限公司在总体上应积极采取增长性战略，抓紧落实项目融资、施工单位选择等事宜，以便使本项目尽快全面地正式启动。进而，在沈阳市、大东区房地产市场形势大好的机遇中，获得更大的经济与社会效益。

本项目相关表格见表 10-15～表 10-20。

表 10-15 项目投资进度计划表　　　　　万元

序号	类别	合计	2007年	2008年				2009年		
			四季	一季	二季	三季	四季	一季	二季	三季
1	土地取得费用	3 064.86	3 064.86							
2	前期费用	210.76	210.76							
3	城市基础设施配套费	283.57				283.57				
4	建筑安装工程费	4 897.30	489.729 6	489.729 6	1 958.918 4	1 958.918 4				
5	园区配套费	574.80				287.4	287.40			
6	管理费用	135.47	56.48	7.35	29.38	37.95	4.31			

续表

序号	类别	合计	2007年	2008年				2009年		
			四季	一季	二季	三季	四季	一季	二季	三季
7	销售费用	220.60			0.00	0.00	11.38	11.72	98.58	98.93
8	财务费用	434.15							434.153	
9	预备费	353.57	137.59	17.89	71.58	92.44	10.91	0.42	19.18	3.56
合计		10 175.08	3 959.42	514.97	2 059.88	2 660.28	314.00	12.14	551.91	102.49

表 10-16　投资计划及资金筹措表　　　　　　　　　　万元

序号	类别	合计	2007年	2008年				2009年		
			四季	一季	二季	三季	四季	一季	二季	三季
1	资金支出	10 175.08	3 959.42	514.97	2 059.88	2 660.28	314.00	12.14	551.91	102.49
1.1	建设投资		3 959.42	514.97	2 059.88	2 660.28	314.00	12.14	117.76	102.49
1.2	建设期利息								434.15	
2	资金筹措	10 175.08								
2.1	项目资本金	4 000.00	3 959.42	40.58						
2.2	银行借款	5 194.54	0.00	474.39	2 059.88	2 660.28				
2.3	销售收入	980.54			0.00	0.00	314.00	12.14	551.91	102.49

表 10-17　项目还本付息表　　　　　　　　　　万元

序号	类别	2007年	2008年				2009年		
		四季	一季	二季	三季	四季	一季	二季	三季
1	长期借款			2 590.62	5 348.96	5 101.99	4 528.47		
1.1	季初借款本息累计			483.25	2 590.62	5 348.96	5 101.99	4 528.47	
1.2	本季新增借款		474.39	2 059.88	2 660.28				
1.3	本季应计利息		8.86	47.49	98.06	99.89	95.28	84.57	
1.4	本季还本					346.86	668.79	4 528.47	
1.5	本季付息							84.57	
1.6	季末借款累计		483.25	2 590.62	5 348.96	5 101.99	4 528.47	84.57	
2	偿还借款本金的资金来源					346.86	668.79	5 174.98	4 723.54
2.1	本季未分配利润					346.86	668.79	5 174.98	4 723.54

表 10-18　利润表　　　　　　　　　　万元

序号	类别	合计	2007年	2008年				2009年		
			四季	一季	二季	三季	四季	一季	二季	三季
1	营业收入	13 787.69	0.00	0.00	0.00	0.00	710.98	732.58	6 161.26	6 182.86
2	总成本费用	10 175.08	3 959.42	514.97	2 059.88	2 660.28	314.00	12.14	551.91	102.49

续表

序号	类别	合计	2007年 四季	2008年 一季	2008年 二季	2008年 三季	2008年 四季	2009年 一季	2009年 二季	2009年 三季
3	营业税金及附加	765.22	0.00	0.00	0.00	0.00	39.46	40.66	341.95	343.15
4	土地增值税	554.55	0.00	0.00	0.00	0.00	10.66	10.99	92.42	440.48
5	应纳税所得额	2 292.84	−3 959.42	−514.97	−2 059.88	−2 660.28	346.86	668.79	5 174.98	5 296.75
6	企业所得税	573.21	0.00	0.00	0.00	0.00	0.00	0.00	0.00	573.21
7	可供分配的利润						346.86	668.79	5 174.98	4 723.54
8	累计未分配利润						346.86	1 015.66	6 190.63	10 914.17

表 10-19 项目投资现金流量表   万元

序号	类别	2007年 四季	2008年 一季	2008年 二季	2008年 三季	2008年 四季	2009年 一季	2009年 二季	2009年 三季
1	现金流入	0.00	0.00	0.00	0.00	710.98	732.58	6 161.26	6 182.86
1.1	营业收入	0.00	0.00	0.00	0.00	710.98	732.58	6 161.26	6 182.86
2	现金流出	3 959.42	514.97	2 059.88	2 660.28	364.12	63.79	986.28	886.11
2.1	建设投资	3 959.42	514.97	2 059.88	2 660.28	314.00	12.14	551.91	102.49
2.2	销售税金及附加	0.00	0.00	0.00	0.00	39.46	40.66	341.95	343.15
2.3	土地增值税	0.00	0.00	0.00	0.00	10.66	10.99	92.42	440.48
3	净现金流量	−3 959.42	−514.97	−2 059.88	−2 660.28	346.86	668.79	5 174.98	5 296.75
4	累计所得税前净现金流量	−3 959.42	−4 474.39	−6 534.27	−9 194.54	−8 847.68	−8 178.89	−3 003.91	2 292.84
5	企业所得税	0.00	0.00	0.00	0.00	0.00	0.00	0.00	573.21
6	所得税后净现金流量	−3 959.42	−514.97	−2 059.88	−2 660.28	346.86	668.79	5 174.98	4 723.54
7	累计所得税后净现金流量	−3 959.42	−4 474.39	−6 534.27	−9 194.54	−8 847.68	−8 178.89	−3 003.91	1 719.63

计算指标
项目投资财务内部收益率(所得税前)=19.51%
项目投资财务内部收益率(所得税后)=14.84%
项目投资财务净现值(所得税前, $i_c=8\%$)=1 158.37 万元
项目投资财务净现值(所得税后, $i_c=8\%$)=669.15 万元
项目投资回收期(所得税前)=1.891 8 年
项目投资回收期(所得税后)=1.909 0 年

表 10-20 资本金现金流量表 万元

序号	类别	2007年	2008年				2009年		
		四季	一季	二季	三季	四季	一季	二季	三季
1	现金流入					710.98	732.58	6 161.26	6 182.86
1.1	营业收入					710.98	732.58	6 161.26	6 182.86
2	现金流出	3 959.42	40.58			396.99	720.44	5 047.41	1 356.83
2.1	项目资本金	3 959.42	40.58			0.00	0.00	0.00	0.00
2.2	借款本金偿还					346.86	668.79	4 528.47	0.00
2.3	借款利息支付							84.57	
2.4	营业税金及附加					39.46	40.66	341.95	343.15
2.5	土地增值税					10.66	10.99	92.42	440.48
2.6	企业所得税								573.21
3	净现金流量	−3 959.42	−40.58			314.00	12.14	1 113.85	4 826.02
计算指标 项目投资财务内部收益率(所得税后)=31.05% 项目投资财务净现值(所得税后,i_c=8%)=1 463.03 万元									

参 考 文 献

[1] 殷世波. 房地产投融资实务[M]. 北京：北京大学出版社，2011.

[2] 周小平，熊志刚，王军艳. 房地产投资分析[M]. 2版. 北京：清华大学出版社，2016.

[3] 柴强. 房地产估价[M]. 9版. 北京：首都经济贸易大学出版社，2019.

[4] 冯力，陈丽. 房地产投资分析[M]. 重庆：重庆大学出版社，2015.

[5] 刘秋雁. 房地产投资分析[M]. 5版. 大连：东北财经大学出版社，2017.

[6] 房地产估价师资格考试研究组. 房地产估价理论与方法[M]. 郑州：黄河水利出版社，2019.

[7] 黄英. 房地产投资分析[M]. 北京：清华大学出版社，2015.

[8] 瞿富强. 房地产开发与经营[M]. 3版. 北京：化学工业出版社，2018.

[9] 崔发强，臧炜彤. 房地产市场调查与预测[M]. 2版. 北京：化学工业出版社，2015.

[10] 龚鹏腾，赵琴. 房地产开发与经营[M]. 武汉：华中科技大学出版社，2014.

[11] 房地产估价师资格考试研究组. 房地产开发经营与管理[M]. 郑州：黄河水利出版社，2019.

[12] 何元斌，杜永林. 工程经济学[M]. 成都：西南交通大学出版社，2016.

[13] 王少文，邵炜星. 工程经济学[M]. 北京：北京理工大学出版社，2017.

[14] 刘洪玉. 房地产开发经营与管理[M]. 北京：中国建筑工业出版社，2017.

[15] 衣琳. 国民经济评价在建设项目中的决策地位[J]. 中国工程咨询，2017(3)：33—34.

[16] 王文婷，龚健，赵亮. 土地整理项目的国民经济评价体系研究[J]. 中国土地科学，2013，(12)：80—86.

[17] 武育秦，景星蓉. 工程技术经济[M]. 北京：中国建筑工业出版社，2013.

[18] 顺天大厦项目可行性研究报告[EB/OL]. [2012—12—01]. http：//www.woc88.com/d—111667792.html.

[19] 张力. 资管高层决策参考[EB/OL]. [2019—06—28]. http：//www.360doc.com/content/20/0107/19/32663811_884762689.shtml.

[20] 云帆法律评论. 自持物业该如何融资，又该如何退出？[EB/OL]. [2019—08—25]. https：//www.sohu.com/a/336386018_738074.

[21] 博志成. 房地产筹措开发资金流程？[EB/OL]. [2018—05—29]. https：//m.sohu.com/a/233349989_155346.

[22] 西政资本. 解决房企融资难！房地产项目前融五大模式逐个解析！[EB/OL]. [2019—09—19]. https：//m.sohu.com/a/341901406_530597.

[23] 天机Sir. 城市进入性研究框架[EB/OL]. [2020—03—28]. https：//mp.weixin.qq.com/s/oNtBOP2s6i72dkawPJxjJw.

[24] 大夹文踪. 图文全解读房地产行业研究方法及流程体系[EB/OL]. [2020—05—18]. https：//www.360doc.com/content/20/0518/21/36929410_913158084.shtml.